全球史与中国

02 / 第二辑

Global History and China

李雪涛　顾彬　主编

中原出版传媒集团
中原传媒股份公司

大象出版社
·郑州·

图书在版编目(CIP)数据

全球史与中国. 第二辑 / 李雪涛, 顾彬主编. — 郑州：大象出版社, 2019. 12
ISBN 978-7-5711-0304-0

Ⅰ. ①全… Ⅱ. ①李… Ⅲ. ①世界史-研究 Ⅳ. ①K107

中国版本图书馆CIP数据核字(2019)第182715号

全球史与中国　第二辑
QUANQIUSHI YU ZHONGGUO　DIERJI

李雪涛　顾　彬　主编

出 版 人	王刘纯
责任编辑	耿晓谕
责任校对	李婧慧　陶媛媛
封面设计	刘　民

出版发行	大象出版社(郑州市郑东新区祥盛街27号　邮政编码450016)
	发行科　0371-63863551　总编室　0371-65597936
网　　址	www.daxiang.cn
印　　刷	洛阳和众印刷有限公司
经　　销	各地新华书店经销
开　　本	787 mm×1092 mm　1/16
印　　张	13.5
字　　数	281千字
版　　次	2019年12月第1版　2019年12月第1次印刷
定　　价	42.00元

若发现印、装质量问题，影响阅读，请与承印厂联系调换。
印厂地址　洛阳市高新区丰华路三号
邮政编码　471003　　　　电话　0379-64606268

《全球史与中国》编辑委员会

学术顾问

巴斯蒂（Marianne Bastid-Bruguière）　腊碧士（Alfons Labisch）
蓝哈特（Wolfgang Reinhard）　李伯重（Li Bozhong）
吕　森（Jörn Rüsen）　米亚斯尼科夫（V. S. Mjasnikov）
彭　龙（Peng Long）

学术委员会

波波娃（Irina F. Popova）　伯　克（Martin Burke）
戴默尔（Walter Demel）　傅敏怡（Michael Friedrich）
耿　昇（Geng Sheng）　耿相新（Geng Xiangxin）
金国平（Jin Guoping）　李剑鸣（Li Jianming）
廉亚明（Ralph Kauz）　刘北成（Liu Beicheng）
刘家峰（Liu Jiafeng）　刘晓峰（Liu Xiaofeng）
刘新成（Liu Xincheng）　刘悦斌（Liu Yuebin）
刘岳兵（Liu Yuebing）　内田庆市（Uchida Keiichi）
欧阳平（Manel O. Rodríguez）　培高德（Cord Eberspächer）
彭小瑜（Peng Xiaoyu）　沈国威（Shen Guowei）
施耐德（Axel Schneider）　石云涛（Shi Yuntao）
宋　岘（Song Xian）　孙　江（Sun Jiang）
孙来臣（Sun Laichen）　孙立新（Sun Lixin）
孙有中（Sun Youzhong）　汤开建（Tang Kaijian）
唐日安（Ryan Dunch）　王邦维（Wang Bangwei）
王刘纯（Wang Liuchun）　王马克（Marc Matten）
夏多明（Dominic Sachsenmaier）　张国刚（Zhang Guogang）
章　清（Zhang Qing）

主　编

李雪涛（Li Xuetao）　顾　彬（Wolfgang Kubin）

副主编

柳若梅（Liu Ruomei）

执行编辑

顾　杭（Gu Hang）

主　办

北京外国语大学历史学院
(School of History, Beijing Foreign Studies University)

目　录

专　稿

欧亚知识迁移还是欧亚知识交流
　　——以书写材料出现以前的历史为例　　　　　　［德］腊碧士著　吴礼敬译　001

讲　座

如何合理地看待世界历史的发展？　　　　　　　　　　　　　　　陈志强　020
汉语的近代演进与日语　　　　　　　　　　　　　　　　　　　　沈国威　042

专　题

为什么外国的和尚会念经？
　　——早期汉译佛经译者权问题探讨　　　　　　　　　　　　张瀚墨　062
鸠摩罗什译经中的印度星占知识　　　　　　　　　　　　　　　　周利群　082
佛陀耶舍，还是卑摩罗叉？
　　——鸠摩罗什《十诵律》受学师从考析　　　　　　　　　　　姚　胜　096

论　文

全球史：中国与丝绸之路上的音乐　　　　　　［德］汉克杰著　庄超然译　112
现代早期欧洲视野下的儒学　　　　　　　　　［德］戴默尔著　王　强译　122
全球视角下19世纪的中国和德国　　　　　　　［德］培高德著　高秀平译　163

书　评

"科学"的建立
　　——评沈国威新著《严复与科学》　　　　　　　　　　　　　李雪涛　175
全球史视野下的历史学研究　　　　　　　　　　　　　　　　　　杨　钊　177
人类之网与世界历史的编织
　　——读《麦克尼尔全球史：从史前到21世纪的人类网络》　　　杨　慧　187
"充满剑与火、血与泪的变革时代"
　　——读《火枪与账簿——早期经济全球化时代的中国与东亚世界》　王　彦　192

"从旧生物体制到人类世的偶然之路"
　　——读《现代世界的起源：全球的、环境的述说，15—21世纪》　　孟亚琪　196
世界与个人：一战中的血与泪
　　——读《1916：全球史》　　文源长　201

Contents

Special Edition

Eurasian Transfer of Knowledge vs. Eurasian Interchange of Knowledge — The Times before Writing ... By Alfons Labisch ... 001

Lecture

How Shall We Perceive the Development of World History? ... By Chen Zhiqiang ... 020

The Modern Evolution of Chinese Language and its Relation with Japanese ... By Shen Guowei ... 042

Special Subject

Why the Buddhist Monks from Other Temples Chant the Scriptures Better? ... By Zhang Hanmo ... 062

The Indian Astrology in Kumārajīva's Translations of Buddhist Canon ... By Zhou Liqun ... 082

Buddhayaśas or Vimalākṣa: Whom did Kumārajīva Learn Sarvāstivādavinaya from? ... By Yao Sheng ... 096

Thesis

Global History, China and the Music of the Silk Road ... By Heinrich Geiger ... 112

Confucianism from an Early-modern European Perspective ... By Walter Demel ... 122

The 19th Century China and Germany from the Perspective of Global History ... By Cord Eberspächer ... 163

Book Reviews

The Formation of Kexue (Science)—A Review on Pro. Shen Guowei's Book *Yan Fu and Kexue* ... By Li Xuetao ... 175

Historiography in the Perspective of Global History ... By Yang Zhao ... 177

William H. McNeil, John R. McNeill: *Web: A Bird's-Eye View of World History* ... By Yang Hui ... 187

Li Bozhong: *Musket and Account Book—China and East Asia in the Early Economic Globalization Era* ... By Wang Yan ... 192

Roberts B. Marks—*The Origins of the Modern World: A Global and Environmental Narrative from the Fifteenth to the Twenty-First Century* ... By Meng Yaqi ... 196

Keith Jeffery—*1916: A Global History* ... By Wen Yuanchang ... 201

欧亚知识迁移还是欧亚知识交流

——以书写材料出现以前的历史为例

[德]腊碧士著　吴礼敬译

摘要：东亚和欧洲之间一直存在知识交流，但在东亚地区广泛讨论的现代化与工业化问题的背景下，这个主题却时常遭到忽视。这种"知识传输"与人员、动物和物品流动紧密联系，同时也促进了技术和技能的输入。双方交换的不仅是物品、技能和知识，还包括宗教、世界观和文化。因此只谈论单向的"知识迁移"是否能集思广益呢？讨论长期的双向交换，也就是"知识交流"（知识输入和输出的过程）会不会更有成效？我们应该问是什么让东亚与欧洲拉开了距离，还是应该问东亚和欧洲之间有什么共同点？

关键词：欧亚知识迁移　欧亚知识交流　绿洲丝绸之路

在研究特殊问题时我们要追问的正是这个普遍问题，这个问题并没有书面材料的记录。因此本研究主要关注最早期的历史，甚至还会涉及东西方交流的源头，通过最现代的研究方法我们可以实现这个目标。最新的考古学研究方法和研究结果是否为我们提供了相应的信息，告诉我们书写材料出现以前，东西方的知识交流在什么时间、什么地区就已存在。这个问题将被放到东西方交流的中心地带加以检视，也就是"绿洲丝绸之路"（Oasis Silk Road），包括塔克拉玛干沙漠这个瓶颈位置。目前的这份研究/报告只是引玉之砖，还需要针对具体问题进行细致研究，这一类的前期调查和初步研究也可应用于东亚其他地区的知识交流和文化互动。就方法论而言，一切历史学和考古学方法自有其优点，也有其不足之处。就"书写文字出现之前欧亚之间的知识交流"这个问题来说，历史学、现代考古学和最新的自然科学、（分子）生物考古学等学科交汇产生的成果，构成了我们当前知识的基础。根据广义的历史学和考古学的结果我们可以推测，欧亚之间一直存在材料、产品、技能和生物（动物和人员）的交换，甚至从新石器时代农耕文化开始时就已存在，因此书写时代广义的交流过程就很少有尚未被触及的领域。相反，交流过程通常建立在既有的文化特性的基础上，而既有的文化特性已经是一种文化混合物，因此它也是以前交换过程不可分离的一部分。正是在这个意义上，我们并非一定要谈论"欧亚知识迁移"，而应该讨论"欧亚知识交流"。

1. 知识迁移还是知识交流——普遍问题

当我们讨论到底是什么拉开了亚洲尤其是中国与欧洲的距离时，欧亚间的知识迁移是个必不可少的环节，有时从工业化的角度讨论，有时从现代化的角度讨论。无论是"李约瑟难题"[①]也好，还是彭慕兰的"大分流"[②]也罢，都反映出欧洲和东亚持续在科学和技术上拉开距离的时代。

在欧洲，亚欧之间知识交流的各种前现代形式主要通过报告的形式来展现：从古代（古希腊希罗多德等人撰写的历史开始），到中世纪中期（我们必须提到著名的威尼斯人马可·波罗撰写的游记），到现代早期（如耶稣会传教士从中国和日本发回的大量报道）。[③] 但是，从19世纪晚期到20世纪早期，我们从考古发现得知，早在书写材料出现以前，欧亚之间就存在积极的知识交流。

就欧洲而言，我们可以看看书写材料出现以前欧亚间知识交流的三个例子。

● 举世闻名的"冰人奥兹"（Ötzi），很可能在公元前3359年到3105年间被谋杀，因此距今有5000多年。基因和技术分析显示出他的来源地和生活环境。他使用的燧石匕首来源于近意大利北部的加尔达湖地区，他的铜制斧头很可能来自今天意大利的托斯卡纳地区[④]。

[①] TIANLIN, L. *Needham Puzzle: A Historical Approach*, 2014.www.tianlinliu.com/wp-content/uploads/2017/02/Needham-Puzzel.

[②] POMERANZ, K. *The Great Divergence. Europe, China, and the Making of the Modern World Economy*, Princeton: Princeton Univ.Press, 2000. ROSENTHAL, J.-L.& WONG, B.R. *Before and Beyond Divergence.The Politics of Economic Change in China and Europe*, Cambridge Massachusetts, Harvard UP, 2011.

[③] UHLIG, H. *Die Seidenstraße.Antike Weltkultur zwischen China und Rom*, Bergisch Gladbach, 1986. REICHERT, F.E. *Begegnungen mit China. Die Entdeckung Ostasiens im Mittelalter*, Sigmaringen, Thorbecke, 1992. FRISCH, H.-J.*Die Welt der Seidenstraße.Von China nach Indien und Europa*, Darmstadt, Theiss-WBG, 2016.

[④] FLECKINGER, A.*Ötzi 2.0 eine Mumie zwischen Wissenschaft, Kult und Mythos*, Wien, Folio, 2011. GUILAINE, J.*Caïn, Abel, Ötzi l'héritage néolithique*, Paris, Gallimard, 2011.

冰人奥兹 　　　　　　　　　　　　　　　冰人奥兹复原图

● 埃姆斯伯里的弓箭手（the Archer of Amesbury），大概于公元前 2400 年到 2200 年间掩埋于世界著名的英国巨石阵附近，距今大约 4300 年。这个人并非来自英国，而是来源于阿尔卑斯山脉北部地区。他使用的铜刀来源于法国或西班牙。①

埃姆斯伯里的弓箭手 　　　　　　　　　　英国巨石阵

● 乌鲁布伦沉船（the ship of Uluburun），沉没于公元前 1400 年左右，距今大约 3400 年，在今天的土耳其地中海沿岸。这艘船运输的物品有紫铜块和铜锭（10 吨）、锡锭（1 吨）、玻璃制品（350 公斤）以及大量其他物品。珠宝饰品来自埃及，铜制品来自塞浦路斯，圆形印章来自亚述地区，武器和陶器来自迈锡尼地区，有一把宝剑来自西西里岛，琥珀来自波罗的海，玻璃制品来自叙利亚 - 巴勒斯坦地区②。

---

① CLARK, P. *Bronze Age Connections：Cultural Contact in Prehistoric Europe*, Oxford；Oakville, Oxbow Books, 2009.FITZPATRICK, A.P. *The Amesbury Archer and the Boscombe Bowmen.Bell Beaker Burials on Boscombe Down*, Amesbury, Wiltshire, Salisbury, Wessex Archaeology, 2011.
② PULAK, C. "The Uluburun Shipwreck: An Overview," *The International Journal of Nautical Archaeology*, 1998（27）：188-224.

乌鲁布伦沉船

考古学家从以上三例得出结论，从青铜器时代早期开始，欧洲就已经存在广泛分布的贸易网络。在这个贸易网络中，不仅存在商品交换，而且还有工艺方法（如青铜或黄金制造）的传播。稀缺而昂贵的锡，与紫铜熔合在一起冶炼，可以制造出青铜。它很可能来源于那时的亚洲中部。从公元前2000年开始，锡就在后来的丝绸之路沿线地区传播。

我们的结论是：与热烈讨论的东亚地区现代化和工业化问题相比，人们往往忽略了东亚和欧洲之间一直存在的知识交流问题。"知识传输"往往和物品、动物、人员的流动相联系，同时也受到抄写技术和能力的影响。因此欧亚双方交换的不仅有物品、技能和知识，而且还有文化、世界观和宗教。

所以，我们仅仅讨论"知识迁移"还是正确的方式吗？因为知识迁移意味着知识从一方往另一方传递的过程——在前现代时期，主要指丝绸、纸张、瓷器或茶叶等从东方向西方传递，在现代时期，则先指武器然后是工业制品从西方向东方传递。难道我们不应该讨论交换的过程，进而去讨论"知识交流"？这样不但涉及送出去和拿回来的过程，而且涉及在交换过程中出现双方从未有过的新事物。

因此问题并不是到底是什么拉开了亚洲和欧洲之间的距离，而是亚洲和欧洲之间有什么共同点，亚洲和欧洲共同为人类创造了什么。

2. 书写材料出现之前的欧亚知识交流——特殊问题

这个普遍问题至少应该先以特定时期出现的特定问题的方式来处理，因此也需要特别的方法。因为有以上三个例子，我们可以假定在书写材料出现以前，东亚和欧洲之间也存在人员和物品的交换。因此"书写材料出现之前的欧亚知识交流"就成为下列问题的考虑对象：

- 能否找到有效的方法和考古发现，证明东西方之间在书写材料出现以前一直存在交流？
- 如果能找到的话，这种交流具体指的是什么？它们可以追溯到多久以前？
- 采用什么样的遗迹和方法来认定这些问题的结果和答案？
- 有哪些新发现？哪些旧的发现需要修正？哪些发现又带来了新的问题？
- 我们作为历史学家应该怎样对待这些结果和方法？
- 进一步的工作会带来什么结果？

书写材料出现以前的知识生产方法

现代历史研究的证据建立在各种人类活动的遗迹之上。事实上，历史学家主要依靠书写资料，包括古代的纸莎草纸文献、器物铭文、钱币和各种图画表现、物品、衣物、纪念碑、建筑等。

现代考古学采用的方法和结果与上述方法和材料大不相同。因此，主要关注发掘现场的全貌及其细致的环境分析的古典发掘考古学，它所采用的各种复杂方法在采用最近方法的基础上得到了扩充和巩固，如：

- 水下考古学（如沉船、货物）
- 实验考古学（如武器、机器）
- 树木年轮学（测定年代）
- 运用碳测定来分析生物学材料（测定年代）
- 古生物病理学——宏观和微观层面
- 放射性碳定年法（测定年代）
- 放射术——红外线和超声波记录
- X光
- 化学分析

最近采用的自然科学和微观生物学方法也颇值得一提：

- 空气考古学和土壤分析的地球物理学方法，例如通过磁共振、地面雷达或超声波测定隐藏物或不连续的定居痕迹，如地基或桩柱

- 锶同位素分析（包括探查人类和动物的来源和迁徙）
- 不同的基因分析法（人类、动物或任何生物遗存的来源和亲属关系）
- 树木年轮学，包括基因和分子生物学
- 冶金考古学（金属，尤其是合金的成分）
- 光谱学/质谱分析（分析化学、物理和生物发现）
- 激光扫描

以上的列举并未穷尽，但是很容易看出这些都是最现代的方法，常常伴随有科学和技术设备，在很大意义上都可归为自然科学、分子生物学或医学。

但是历史学家并非考古学家，当然更不是受过科学或生物学训练的考古学家。历史只是考古学的辅助科学，反之亦然。因为历史学、考古学都可以成为辅助科学，历史学家和考古学家之间不会总是彼此太平，一团和气。罗泰（Lothar von Falkenhausen），这位美国顶尖的考古学家，就强调考古学必须从文献研究的束缚中解放出来：书写传统并没有涵盖人们生活的方方面面。因此，罗泰认为，考古学起的绝不只是辅助作用。[①] 但是即使是对考古发现作出最细致的诠释，考古学也只能提出一些有条件的和有限度的陈述，尤其是这些考古发现常来自掩埋的地下，因此只能从有限的层面来表现人类生活的一部分。

因此答案只能是两种方法的结合。毫无疑问，考古学总是比文献材料更能深入到过去。对那些书写资料出现较早的文化，如埃及、美索不达米亚和中国，这也同样适用。

因此上述问题可以分为两步：

书写文字出现以前的东西方之间有没有知识交流？如果有，出现在什么时间、什么地点？我们从考古学的最新发现中可以知道些什么？

找到普遍问题、具体的时期和具体的调查对象以后，考古证据出现的地点就需要界定。在东西方之间，有很多著名的路线，后来被简单标记为"丝绸之路"。我们至少可以从中分辨出四条不同的路线：

- 天山以北的草原丝绸之路（Steppe Silk Road）

---

① VON FALKENHAUSEN, L. *Chinese Society in the Age of Confucius* （1000–250 BC）: *The Archaeological Evidence*. (=Cotsen Institute of Archaeology.Ideas, Debates and Perspectives), Los Angeles, University of California, 2006.SHAUGHNESSY, E.L. "Chinese Society in the Age of Confucius （1000–250 BC）: The Archaeological Evidence, " *Journal of Asian Studies*, 2007（66）: 1129–1132.

- 通过塔克拉玛干沙漠的绿洲丝绸之路（Oasis Silk Road）
- 通过帕米尔山脉的佛教丝绸之路（Buddhist Silk Road）
- 海上丝绸之路（Sea Silk Road）

我们选择"绿洲丝绸之路"，主要基于以下几点考虑：在这个再度兴起的贸易网络里，有一个区域是所有路线的必经之地，那就是人所共知的塔克拉玛干沙漠。在喀什，这条路穿过塔克拉玛干沙漠扩散到其他不同的路线上，然后和敦煌东部相连。"佛教丝绸之路"的各条道路在"绿洲丝绸之路"的南部臂弯处交会。敦煌东部汇集了"草原丝绸之路"的各条支线，它们延伸到天山北部塔克拉玛干沙漠以北，然后通往甘肃的河西走廊。

所以这项研究的范围也就确定下来：采用现当代的考古方法，同时采用自然科学和分子生物学的方法，从"绿洲丝绸之路"最早确知的遗迹开始，一直到"丝绸之路"上的书写材料出现为止（到公元前5世纪），在这段时期内寻找考古学的证据。

3. 书写材料出现之前的欧亚知识迁移与欧亚知识交流——"绿洲丝绸之路"

3.1 关于方法论的几点说明

有关丝绸之路的文献简直汗牛充栋，但如果以是否符合科学标准来衡量，这些文献顿时就会大幅缩水。符合科学标准的文献不再受到冷落，而且已经在不断增长。

从古典德语区关于丝绸之路的科学研究文献来看，很多商品贸易都已广为人知并已讨论过[①]：

- 大约7000年间来自和田的玉（后来也有来自塔什以及中国东南部的玉石产地）

---

① HAUSSIG, H.W. *Die Geschichte Zentralasiens und der Seidenstrasse in vorislamischer Zeit*, Darmstadt, Wiss.Buchges, 1983; HAUSSIG, H.W. *Die Geschichte Zentralasiens und der Seidenstraße in islamischer Zeit*, Darmstadt, Wiss.Buchges.[Abt. Verl.], 1988; KLIMKEIT, H.-J.*Die Seidenstrasse. Handelsweg und Kulturbrücke zwischen Morgen—und Abendland*, Köln, DuMont Buchverlag, 1988; PTAK, R.*Die maritime Seidenstraße.Küstenräume, Seefahrt und Handel in vorkolonialer Zeit*, München, Beck, 2007; WIECZOREK, A.& LIND, C.（eds.） *Ursprünge der Seidenstraße.Sensationelle Neufunde aus Xinjiang*, China.Ausstellungskatalog der Reiss-Engelhorn-Museen, Mannheim, Stuttgart: Theiss, 2007; HÖLLMANN, T.O. *Die Seidenstrasse*, München, Beck, 2011; SELBITSCHKA, A.Prestigegüter entlang der Seidenstraße? Archäologische und historische Untersuchungen zu Chinas Beziehungen zu Kulturen des Tarimbeckens vom zweiten bis frühen fünften Jahrhundert nach Christus.Teil 1 und Teil 2.*Asiatische Forschungen*, Bd.154.Wiesbaden: Harrassowitz Verlag, 2014.

- 矿石（如锡矿）、金属
- 支付物：贝壳、铸造金属（银、铜）、硬币
- 宝石
- 象牙
- 公元前 3600 年以来的丝绸、丝绸制造和加工技术
- 棉花、棉布
- 陶制品、它们的生产和成型技术
- 玻璃、镜子
- 双峰骆驼
- 费尔干纳的马、马雕（甘肃武威的飞马）
- 战车
- 武器和盔甲以及相关战术

但是墓葬里出土的典型的青铜时代的亚洲人工制品在以下几个方面都存在问题：由于宗教和经济结构的原因，它们代表了一种选择的过程。此外，具体时期只能确定为某个时间点以前，如地下发现的遗物在掩埋以前可能经过了相当长的使用时间。因此，就要采用复合的时间测定方法，包括可能使用的碳十四（C14）测定或树木年代学。丝绸之路上的很多考古发现，可能不如古典考古学指出的那样年代久远，但从另一方面来看，有些考古发现会比已知的年代更为久远。

从 20 世纪 80 年代到 90 年代开始，中国考古学就被吸纳到很多国际考古项目中来。1988 年联合国教科文组织启动了一个特殊的"丝绸之路项目"（http://en.unesco.org/silkroad/welcome-unesco-silk-road-online-platform），从这个项目衍生的无数相关合作项目直到今天仍在持续，如中德"丝绸之路时尚项目"（Silk Road Fashion Project）从 2013 年开始运行，主要关注从公元前 1000 年开始通过服饰展开交流的问题。①

同时 20 世纪末 21 世纪初中国的古典考古发掘成果，也被汇编成极丰富的文献

---

① WAGNER, M. "Silk Road Fashion: Clothes as a Means of Communication in the 1st Millennium BC, Eastern Central Asia," Die Arbeiten der Jahre 2012 und 2013.*FORSCHUNGSBERICHTE DES DAI*[Online], Faszikel 1, 2014.

资料不断展出，它们还被制作成美丽精良、图文并茂的目录或书籍。① 芮乐伟·韩森（Valerie Hansen）在她的著作中概括了近期的考古发现，这本书不仅读来令人心旷神怡，而且在世界范围内被推荐为丝绸之路史的标准入门读物②。

在一开始的控制阶段，只有在 2000 年左右出版的资料才会被考虑，它们讨论的是知识交流问题。知识交流中最有趣、最重要的问题和世界观融合的问题，尤其是宗教问题，却不会成为讨论的对象。

近期的研究呈现出丝绸之路的新面貌。因此就如芮乐伟·韩森通过无数协议、货单和法律纠纷所展示的那样，丝绸之路绝不是一条从欧洲最西部通往亚洲最东部的远距离道路。相反，丝绸之路是一个各种贸易线路广泛交织在一起的网络，主要的区域零售贸易借此可以连接起来。奢侈品可以从一个贸易伙伴的手里转到另一个伙伴手里，经过无数中转站，最终抵达远东或者极西地区。

Wieczorek 和 Lind 研究的结果显示，丝绸之路也绝不是奢侈品的运输线路，而是一个"自行组织的网络，其通盘运作根本无法筹划，甚至无法从一个贸易点去加以管理"。丝绸之路是地中海和黄海之间，也是西伯利亚和印度次大陆之间的关系网，而且它也连接了常遭忽略的南北轴线③。

尽管有 1990—2010 年间现代古典考古学的惊人发现，但仍然有无数的疑难问题需要解决，包括考古学自身，尤其是从可见的现场发掘环境中得不出考古发现物真正来源地的结论：这不仅是物品的问题，而且也涉及生物的问题，尤其是人类，它们有时乍一看好像是直接来自欧洲。实际上，传世文献和现代考古学都不能提供可靠的信息，告诉人们这些早期生物材料的来源。

正是在这里，考古学的最新科学和（分子）生物学手段派上了用场，它们早在

---

① CHANG, K.-C., XU, P.& ALLAN, S. (eds.) *The Formation of Chinese Civilization. An Archaeological Perspective*, New Haven/Beijing: Yale University Press/New World Press, 2005; WIECZOREK, A.& LIND, C.*Ursprünge der Seidenstrasse.Sensationelle Neufunde aus Xinjiang, China [Begleitband zur Ausstellung Ursprünge der Seidenstrasse.Sensationelle Neufunde aus Xinjiang, China; eine Ausstellung der Reiss-Engelhorn-Museen, Mannheim (Rem) ... Station Berlin, Martin-Gropius-Bau, 13.Oktober 2007 bis 14.Januar 2008]*, Darmstadt, Wiss.Buchges, 2007; LIU, L.& CHEN, X. *The Archaeology of China: From the Late Paleolithic to the Early Bronze Age*. CUP, Cambridge, 2012; ON FALKENHAUSEN, L. *Chinese Society in the Age of Confucius（1000–250 B.C.）: The Archaeological Evidence*. (=Cotsen Institute of Archaeology. Ideas, Debates and Perspectives), Los Angeles, University of California, 2006.
② HANSEN, V. *The Silk Road: A New History*, New York, Oxford Univ. Press, 2012; HANSEN, V. *The Silk Road: A History with Documents*, Oxford, OUP, 2016.
③ WIECZOREK, A.& LIND, C. (eds.) *Ursprünge der Seidenstraße. Sensationelle Neufunde aus Xinjiang, China. Ausstellungskatalog der Reiss-Engelhorn-Museen, Mannheim*, Stuttgart: Theiss, 2007.

20世纪末就和最近的技术手段相结合并得到发展。

所以我们的目的就是持一种怀疑的立场,要从考古发现的欧亚大陆最远两极——欧洲和中国——出口的物品中寻找证据,有时甚至从早期的朝鲜或日本寻找材料。讨论考古发现时,我们或者采用考古学领域利用现代自然科学和微生物手段得到的最新考古发现来完善现有文献,或者将二者相比照。因此医学和科学参考文献的书目,即 PubMed 和 Web of Science,很可能会被用作欧亚知识交流史的新资料,作为新近出版物的依据得到系统使用。我们使用的词条有:

- 丝绸之路
- 丝绸之路与历史
- 丝绸之路与考古学
- 丝绸之路与基因或基因学
- 丝绸之路与疾病

这里面有太多的数据,包括很多误报的书目数据,因此我们的研究只能限制在最近10年甚至5年的结果。

这让另一点也变得清晰起来:这份论文/演讲只能是管窥蠡测。因为除了刚才提到的那些局限,上述书目文献主要涉及的都是英文资料,而且主要来源于医学、生命科学和自然科学领域,那些在中国和德国出版的非英语文献在这些书目中并未体现出来。因此可以说目前所利用到的这一领域的相关参考资料至多不超过总量的25%,甚至更少,而且由于时空的问题,这些材料还经过严格的甄别和筛选。

3.2 在极西地区(欧洲、小亚细亚地区)出土的远东地区(中国)出口物品——丝绸及其制品

罗马帝国时代的记录材料里就已记录了丝绸的进口,因此自汉代以来,在西方沙漠地区如叙利亚的帕尔米拉古城就有关于中国丝绸的考古证据。

但是,几十年来欧洲考古学家一直试图解决"汉代以前欧亚大陆的丝绸问题"。有关古代丝绸的问题涉及很多方面:

- 丝绸这样的精细织物经过多个世纪是否极容易腐烂?
- 古代的丝绸真是中国丝绸,还是其他的蚕丝材料?
- 这些丝织品真是通过丝绸之路从中国进口的,还是从印度、美索不达米亚或希腊生产和传播出去的?

丝绸之路考古学家发现的丝织品会通过上述提到的中德合作项目得到更全面的分析，这个项目创造了一个"丝绸之路时尚"的术语。

丝绸及其制品领域的另一个主题也很复杂，这里只略为提及，那就是分析古代的染料。

3.3 在远东地区（中国）出土的从极西地区（欧洲、小亚细亚地区）出口的商品——玻璃制品

只是从汉代开始，古代典型的中国玻璃才沿着"绿洲丝绸之路"向西传播，并且范围也没有超出新疆地区。[①] 只有少量中国汉代以前的玻璃或珐琅器制品在蒙古和西伯利亚被发掘出来。

中国制造的玻璃和中亚或欧亚大陆西部地区制造的玻璃不同。周朝的玻璃制品的化学成分和珐琅器比较相似，制造技术来源于陶器和上釉技术[②]。

直到公元前500年，珐琅器和现代意义上的玻璃才在中国通过增加冶炼炉的温度和改变材料成分得以生产。但是这些碱—石灰—硅酸盐，后来是铅—钡—硅酸盐或钾碱—硅酸盐玻璃的构成还是和世界其他地区的玻璃制品不一样。在中国，玻璃主要用来制造贵重物品，模仿一些稀有的宝石，特别是宝玉。

在新疆沙漠地区春秋或战国时期的墓葬里出土了其他来自地中海或波斯的玻璃珠[③]。在萨姆拉（Sampula）沙漠发现了典型的中国设计的耳坠。在丝绸之路南部的同一座墓葬里发现了来自中国、波斯甚至小亚细亚地区的玻璃制品，但时间只能确

[①] FUXI, G. "Origin and Evolution of Ancient Chinese Glass." In: FUXI, G., BRILL, R. & SHOUYUN, T.（eds.）*Ancient Glass Research Along the Silk Road*. New Jersey et al.: World Scientific, 2009; FUXI, G. "The Silk Road and Ancient Chinese Glass." In: FUXI, G., BRILL, R. & SHOUYUN, T.（eds.）*Ancient Glass Research along the Silk Road*. New Jersey et al.: World Scientific, 2009; FUXI, G., BRILL, R.& SHOUYUN, T.（eds.）*Ancient Glass Research along the Silk Road*. New Jersey et al.: World Scientific, 2009; FUXI, G., HUANSHENG, C., YONGQING, H., BO, M. & DONGHONG, G. "Study of the Earliest Eye Beads in China Unearthed from the Yu Jialing Tomb in Xichuan of Henan Province." In: FUXI, G., BRILL, R. & SHOUYUN, T.（eds.）*Ancient Glass Research along the Silk Road*. New Jersey et al.: World Scientific, 2009.

[②] WEI, Q. "On the Glass Origins in Ancient China from the Relationship between Glassmaking and Metallurgy." In: FUXI, G., BRILL, R. & SHOUYUN, T.（eds.）*Ancient Glass Research along the Silk Road*. New Jersey et al.: World Scientific, 2009.

[③] BO, W. & LIPENG, L. "Glass Artifacts Unearthed from the Tombs at the Zhagunluke and Sampula Cemeteries in Xinjiang." In: FUXI, G., BRILL, R. & SHOUYUN, T.（eds.）*Ancient Glass Research along the Silk Road*. New Jersey et al.: World Scientific, 2009.

定到东汉时期（公元前1世纪）。

总之，"绿洲丝绸之路"沿线发现的古代玻璃显示出一条边界线：中国玻璃只出现在乌鲁木齐或吐蕃以东。

3.4. 考古发现的生物迁徙或地域传播

3.4.1. 人员（依人体测量学或文化而重建的种族类别）

对西方考古学家而言，从塔里木或阿尔泰山地区发现的干尸看起来和现代欧洲人差不多，虽然它们距离欧洲那样遥远，这一点尤为令人称奇。

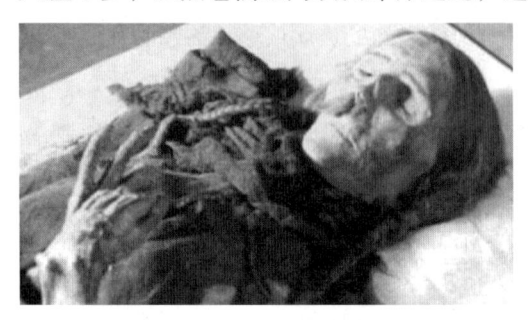

塔里木或阿尔泰山地区的干尸及复原图

但是，他们必须记住的是，这些人很可能并不是从大西洋沿岸迁徙而来，这些印欧人种的祖先很可能来自中亚咸海，甚至粟特人也可能参与到北部沿线的远距离贸易中来，从新疆、西伯利亚或哈萨克斯坦发掘到的古人类，他们到底走了多远的路至今还不知道。墓葬地点的改变很难证明迁徙，甚至难以证明一般性的转移，尤其是并没有从另一个地方完全照搬来的特殊墓葬形式。

所以要通过墓葬里的人工制品确定本地墓园里的"外来户"显得异常困难。因此我们要问的问题是：最近的生物学数据对这个问题可以做出多大贡献？

中国西北地区与中亚毗邻，是欧亚大陆的中间地带。此外，经过中国西北地区的丝绸之路曾经在东西方交流中起到过关键作用。但是我们对这个地区人口的基因构成所知甚少。Shou 从中国西北 14 个民族中搜集了 503 份男性样本，结果显示这些人的基因存在显著差异，总体而言，他们的基因背景与中亚地区的人更相似。现代西北人的祖先是早期聚居西北的东亚人和后来东迁而来的中亚人的混血。这种混血可追溯到过去一万年间。他们的种系可能在中亚人东迁的过程中进入中国。欧亚西部通过基因流传到中国西北现有民族的影响非常微弱。①

考古学研究提出在丝绸之路建立以前欧亚大陆上就有人员流动和长距离贸易的观点。研究中使用了生物学上得来的锶同位素分析，用来评估丝绸之路建立以前亚洲内部人口活动和文化交流的程度。帕米尔高原东部铁器时代早期的一座墓葬里有34具遗骸，它们展现出相当大的变率：其中有10具可辨认为移民。把这个比例（10/34）和该地区1909年的人口统计数据（其中有3%为非本地人口）比较可以发现，2500年前在帕米尔高原地区就存在相当频繁的人口迁徙。而且，外来的随葬物品，例如来自中国东部地区的丝织品，来源于近东地区的角质竖琴，清楚地显示出高原地区在丝路建立以前就存在着不同文化间的互动②。

中国西北的丝绸之路沿线生活着好几个土生土长的民族，他们有着截然不同的文化和社会习俗，也许是地理上的隔绝和不同的语言传统带来的结果，但是也可能是过去2000年间大量的贸易和其他交流活动，造成这些民族的不同基因库之间有了融合。系统进化树和主要成分分析显示，生活在新疆维吾尔自治区内的4个民族和另外9个生活在丝路上部地区的民族之间存在明显的差异模式。进一步的分析显示，中国西北地区的民族之间存在高水平的基因流动和种群混合。地理区隔要比语言隔离更能解释大比例的基因方差（21.58%比2.3%），这也和地理因素对世界其他民族的影响相吻合③。

位于古代丝绸之路上的塔里木盆地在东西方人口迁徙和文化交流的历史上起过非常重要的作用，但是相关历史事件发生的确切时期和这一地区人口的来源分布仍然有待辨析。Li展示了在新疆塔里木小河墓地出土的人类遗址的分析数据，这是目前在塔里木盆地发现的有人类遗骸的最古老的考古遗址，结果显示小河地区的民族是来自东西方民族的混血，这意味着在青铜时代早期塔里木盆地就生活着混血民族。据我们所知，这是塔里木盆地生活的混血民族的最早的基因证据④。

---

① SHOU, W.H., QIAO, E.F., WEI, C.Y. 等，"Y-Chromosome Distributions among Populations in Northwest China Identify Significant Contribution from Central Asian Pastoralists and Lesser Influence of Western Eurasians，" *J Hum Genet*，2010（55）：314–322.
② WANG, J. "Revealing a 5,000-y-old Beer Recipe in China." *Proceedings of the National Academy of Sciences of the United States of America-PNAS*，2016（113）：6444–6448.
③ ZHANG, Z., WEI, S., GUI, H. 等，"The Contribution of Genetic Diversity to Subdivide Populations Living in the Silk Road of China，" *PLoS One*，2014（9）.
④ LI, C., LI, H., CUI, Y. 等，"Evidence that a West-East Admixed Population Lived in the Tarim Basin as Early as the Early Bronze Age，" *BMC Biol*，2010（8）.

3.4.2 驯养的动物

我们知道，驴是最早的一种驼畜——肯定比骆驼早，也许比牛还要早。最近的一项研究"中国驴的驯化过程及其传播路线"质疑了这一论断。在这项研究中，系统进化分析显示，古代的中国驴有着极高的线粒体 DNA 多样性和两个明显的线粒体母系血统，即已知的索马里和努比亚血统。这些结果显示，中国饲养的驴其母系来源很可能与非洲的野驴有关，包括努比亚野驴和索马里野驴。与历史记录结合起来看，这项研究的结果意味着这种饲养的驴早在汉代以前就已传播到中国北方和西部地区，那时中国饲养的驴的数量急剧上升，用来满足贸易扩张的需求。在唐代丝绸之路达到巅峰时期，它们自身也可能成为商品，或者被用来在丝路沿线运输其他商品。[1]

"哈萨克马是新疆地区最重要的一个古代马种，它们对其他地区马匹繁殖和种类改良的贡献非常大，但是它们的遗传多样性和种群结构却不容易理解。"Gemingguli 等人在最近的基因研究中发现，中国和哈萨克斯坦的哈萨克马身上存在高水平的遗传多样性。"但是，在两个国家的单倍群和地理来源之间并没有观察到明显的对应关系，也没有观察到重要的种群差异。"这可能是过去这两个国家之间通过丝绸之路频繁接触带来的结果，或者是由于长期的异型杂交以及和外来马匹间的杂交带来的结果[2]。

Warmuth 等人对马匹的研究在基因层面也得出同样的结果，可资比较。"遗传分化的整体水平比较低，与研究地区历史中高水平的基因流一致。空间遗传结构呈现出重要但比较微弱的远离大陆的孤立特征，没有证据证明目前出现的显著的遗传聚类，结合地理环境特征极大提高了数据的适应性，但是当我们控制地理距离时，只有遗传差异之间的关系和丝绸之路变得很重要，支撑这个古代的贸易网络有效运作，以促进基因流在地形复杂的地理环境中穿越极大的距离。"[3]

蒙古牛作为最普遍的种类，具备严格的中国北部地区牛的形态学特征，对蒙古牛的研究得出的结论是：这种典型的中国牛是和来自印度的牛杂交的结果。"历史和考古记录显示，在公元前 2000 年牛被引入新疆地区，瘤牛在 2 世纪才在新疆出现。

---

[1] HAN, L., ZHU, S., NING, C. 等，"Ancient DNA Provides New Insight into the Maternal Lineages and Domestication of Chinese Donkeys," *BMC Evol Biol*, 2014（14）: 246.

[2] GEMINGGULI, M., ISKHAN, K.R., LI, Y. 等，"Genetic Diversity and Population Structure of Kazakh Horses（Equus caballus）Inferred from mt DNA Sequences," *Genet Mol Res*, 2016（15）.

[3] WARMUTH, V.M., CAMPANA, M.G., ERIKSSON, A. 等，"Ancient Trade Routes Shaped the Genetic Structure of Horses in Eastern Eurasia," *Mol Ecol*, 2013（22）: 5340-5351.

这两种牛在新疆共同生活了几百年，这从吐蕃地区的阿斯塔纳墓地（公元3—8世纪）出土的泥塑和木雕作品可以看出。多种证据显示，最早的瘤牛基因渗入蒙古牛很可能发生在2—7世纪期间，通过新疆地区的丝绸之路得以实现。这个结论与以前的猜想不同，那时认为瘤牛基因渗入蒙古牛发生在13世纪的蒙古帝国时期，这在时间上比以前的猜想提前了1500甚至2000年。"①

更让人惊讶的结果是鸡，它一直被认为是中国人餐桌上的一道最主要也是最古老的菜肴。"鸡是世界上最普遍的饲养动物。但是它们被驯养的时间和地点一百多年来一直存在争议。中国，尤其是中国北方，一直被认为是饲养鸡的最早地区之一，因为很多考古遗址中都发现了鸡的遗迹。但是要从中国早期全新纪遗址里确认考古学上的家养鸡骨骼还存在争论。在这份研究中我们分析了1831例鸟类骨骼，其中包括429例从中国北部和中部地区18个新石器时代和青铜时代早期遗址发现的以前被认为是'家养鸡'的骨骼。尽管现在还没有在骨骼方面对中国原鸡种属，包括家养鸡和野生的红毛原鸡的认定标准，但是对所发掘的其中55例所谓'家养鸡'的骨骼所作的分析发现，其中没有一例来源于鸡类。此外，在18个遗址中只有2个曾发现过可确定为鸡类骸骨的骨骼，显示在全新纪早期和中期的中国北部和中部地区，鸡既不是普遍饲养也不是广泛分布的动物。"②

3.4.3 谷类

Jones等人在2016年指出：今天全球范围内很多重要的农作物，包括小麦和大麦，是在一万年前开始在亚洲西南部种植的，然后在东半球传播，到达欧洲、北非，经过欧亚大陆向东传播。它们的传播路径一直是争议的焦点，但是通过欧亚大陆的考古植物学遗迹的普遍日期测定，这个传播路径渐渐得以明晰。最令人感兴趣的是Zhao等人所做的工作，他们提出小麦传播到中国的三条路径：一是通过欧亚草原；二是通过海路从印度到欧亚大陆东海岸；三是沿着河西走廊，构成中国西部的丝绸之路的一部分。③

---

① YUE, X., LI, R., LIU, L. 等, "When and How did Bos Indicus Introgress into Mongolian Cattle？" *Gene*, 2014(537): 214–219.
② EDA, M. "Reevaluation of Early Holocene Chicken Domestication in Northern China." *Journal of Archaeological Science*, 2016 (67): 25–31.
③ JONES, H., LISTER, D.L., CAI, D. 等, "The Trans-Eurasian Crop Exchange in Prehistory: Discerning Pathways from Barley Phylogeography," *Quaternary International*, 2016 (426): 26–32.

小麦这种谷物普遍被认为是从西亚传入的。在西亚，从公元前 8000 年开始小麦就已出现，并在欧亚大陆被人普遍种植和改良。在中国，小麦似乎在公元前 2000 年出现在人口密集的东部地区（黄河流域），甚至比中国西部（新疆，前 2000 —前 1500 年）还要早几百年，因此很可能有多种传播渠道，有可能来自北部邻居而不是西部邻居①。在公元前 2000 年前后，在西部地区，小麦取代越来越多的原生黍类作物，这些黍类作物是在旧石器时代晚期的黄河流域地区，从公元前 7000 年左右开始种植的。在公元前 5 世纪到 3 世纪的"绿洲丝绸之路"上曾发现过用黍类作物制成的面团。

但是，在五六千年间的传播速度似乎很难超过每年一两千公里，传播的范围似乎比西风带的众多种子更有效。

Spengler 等人的文章强调有时游牧、有时定居的民族的生活方式在谷类发展中所起的作用。他们提供了从欧亚大陆中部的山区和沙漠地带的田园营地发现的新的考古植物学分析结果，记录了迄今所知在季节性流动的牧人中也有农作物种植的最为久远的证据。准噶尔山麓的 Tasbas 和 Begash 遗址发现的碳化谷物显示公元前 3000 年早期从亚洲西南部和东亚地区传播到亚洲内陆的第一批谷物。到了公元前 2000 年的中期，山区和沙漠里的季节性营地显示欧亚大陆的游牧民族在生存策略里吸收了种植黍、小麦、大麦和豆类的技术。这些发现把欧亚大陆中部牧民中使用家庭种植的编年史往前推了大约 2000 年②。

3.4.4 发酵、酿造、白酒和啤酒

与谷物相联系，我们自然想到了对它们的发酵、酿造和加工。"通过对新石器时代早期中国河南贾湖遗址中古代吸收到陶罐中的有机物所作的化学分析显示，这些混合酿造的饮料中含有大米、蜂蜜和水果（山楂或葡萄），早在公元前 7000 年时就已经生产。这个史前的饮料为公元前 2000 年左右出现的独特的谷物饮料，它们作为液体完好保存在密封的商周时期的青铜器中。这些发现提供了直接证据，证明在古代中国文化里存在谷物发酵的饮料，它具有相当的社会、宗教和医学价值，有助

---

① LIU, L. & CHEN, X. *The Archaeology of China: From the Late Paleolithic to the Early Bronze Age.* CUP, Cambridge, 2012: 92-94.
② SPENGLER, R., FRACHETTI, M., DOUMANI, P. 等, "Early Agriculture and Crop Transmission among Bronze Age Mobile Pastoralists of Central Eurasia," *Proceedings of the Royal Society B: Biological Sciences*, 2014（281）: 20133382.

于解释商朝甲骨文里最早的描述①。

最早的制造啤酒的配方几乎和大麦生产的证据同时发现。"西安米家崖遗址发现的陶罐提供了第一份直接证据，根据对淀粉、植物化石和化学残留的分析，可以证明中国很早就存在啤酒酿造行为。我们的数据显示出令人惊讶的啤酒配方，其中高粱、大麦、薏米和植物块茎被放在一起发酵。结果显示中国人早在 5000 年前就采用特殊工具制造出有利的发酵环境，从而建立了先进的啤酒酿造技术。我们的发现还显示早期啤酒酿造可能促进了大麦种植的迁移，从欧亚大陆的西部迁移到中国中部平原地区，直到 3000 年以后大麦才成为这个地区农作物的一部分。"②

3.4.5 水果和蔬菜

从公元前 3000 年末到公元 1000 年初，食物全球化迈出了第一步，很多重要的农作物和动物，原本在中国、印度以及非洲和西亚内部种植和饲养，穿过中亚地区，极大地促进了欧亚大陆农作物的多样性。他们的论文带来了一个考古植物学的数据库（ASCAD），用来探索这些农作物沿着东西方交往的南部和北部路线迁移的证据。比如，农作物从近东地区通过印度和中亚迁移，就依靠小麦和大麦从公元前 8000 年到公元前 2000 年间抵达中国的过程来检验。豆子和胡麻在汉代才完成这个迁移的过程，而且从来没有完全本地化。然后讨论转向中国的黍、稷、小米、桃、杏，追溯它们从公元前 5000 年到公元前 2000 年间的迁移情况。中国的稷传到欧洲，小米传到印度北部，桃和杏传到克什米尔和巴基斯坦的斯瓦特（Swat）。最后，中国的粳稻移植到印度，催生了籼稻，这个现象也在文章中得到讨论，它可能要追溯到公元前 2000 年。这些庄稼的传播路线包括经过亚洲内陆山脉走廊，穿过中亚，那里有小麦、大麦和中国黍的切实证据，然后抵达北方。至于粳稻、杏和桃的传播路线则不太清楚。北方的路线可以和经过印度东北、中国西藏和中国西部的路线相对照。并非所有的路线都同时存在，这篇文章突出那些精选的农作物的长距离迁移，而不是农民携带植物种子的扩散模式③。

---

① MCGOVERN, P.E., ZHANG, J., TANG, J. 等, "Fermented Beverages of Pre-and Proto-historic China," *Proc Natl Acad Sci USA*, 2004（101）：17593–17598.
② WANG, L., WANG, C., XU, D. 等, "Earliest Tea as Evidence for One Branch of the Silk Road across the Tibetan Plateau," *Sci Rep*, 2016（6）：18955.
③ STEVENS, C.J., MURPHY, C., ROBERTS, R. 等, "Between China and South Asia: A Middle Asian Corridor of Crop Dispersal and Agricultural Innovation in the Bronze Age," *The Holocene*, 2016（26）：1541–1555.

葡萄相对于其他没有人工种植的物种是一个好的追踪物。有些考古发现葡萄种子甚至在青铜器时代早期的中国遗址上就已发现。但是这些葡萄大部分都是野生品种，而不是地中海的品种。在新疆的一座古墓中出土了人工种植的葡萄树的一片木材，日期是公元前 300 年，这可以作为证据，证明吐蕃地区的葡萄栽培方法可能是从希腊传来的，这也可以通过在这段时期内发现的具体的装饰品来证明①。

胡桃是经济上比较重要的作物，全世界范围内都在种植，它的木材和果实都有价值。人们基本认为胡桃在末次冰胜期以后在亚洲原生地几乎是在完全独立的状态下存活下来并自发生长的。尽管它的自然地理环境孤立，胡桃还是在人类管理和开采的影响下经过了很多个世纪的进化。我们评估了这个假设，即亚洲胡桃目前的自然基因资源的分布至少部分是古代人的分散活动、人们的文化交往和造林活动带来的结果。基因分析和人种语言学、历史数据结合在一起显示，古代贸易路线如波斯御道和丝绸之路，让胡桃从伊朗和外高加索传到中亚，然后从中国西部到东部的长距离传播成为可能。古代商业打破了塔什干和撒马尔罕（乌兹别克斯坦的中东部）地区本地生长的胡桃的空间基因结构，丝绸之路以北的北部和中间路线都在这个地区汇聚。除胡桃的经济价值以外，我们的研究描述了一个可选的方法，用来理解那些长寿的多年生树木品种的遗传资源怎样受到地理和人类历史互动的影响②。

3.4.6 茶叶

中国是茶叶的原产地，但是茶叶生产和日常使用的开始时间还没有确定。所以我们都很高兴地听到，茶文化在中国的早期起源现在有了生物分子学的证据来证明。

从中国西藏西部的阿里地区和丝绸之路开始的西安发现的古代植物遗存中提取的植硅体和生物分子成分显示，早在 2100 年前，茶叶就已开始在中国种植，以满足西汉王朝的饮茶习惯。然后它在 200 年传到中亚，比之前的记录要早几百年。西安和西藏阿里地区茶叶最早的实物证据显示，青藏高原的丝绸之路的分支在 2 世纪到 3 世纪时就已经建立起来。

---

① WIECZOREK, A. & LIND, C.（eds.）*Ursprünge der Seidenstraße.Sensationelle Neufunde aus Xinjiang*, China. Ausstellungskatalog der Reiss-Engelhorn-Museen, Mannheim, Stuttgart: Theiss, 2007: 74.
② POLLEGIONI, P., WOESTE, K.E., CHIOCCHINI, F. 等, "Ancient Humans Influenced the Current Spatial Genetic Structure of Common Walnut Populations in Asia," *PLoS One*, 2015（10）: e0135980.

小　结

目前的"书写材料发现以前的欧亚知识交流"问题，总结了历史学、现代考古学和利用科学和分子生物手段开展的研究取得的一些成果，显示出一个存在明显差异因而只能视为初步的研究图景。基于这些研究结果和从历史学、考古学中得到的有益的启示，我们可以推断，至迟从新石器时期开始，很可能还要更早，欧亚之间就存在知识交流活动，因此它存在于书写材料出现以前。这种交流包括货物、产品、技能和动物。知识的运输和货物的运输非常相似，都是通过货物和产品的贸易、技术人员的迁徙，新的知识得以传输，新的技能得到吸收和同化。特定的人员，显然是在过渡地带如绿洲丝绸之路，发展了他们的文化，通过与其他文化间稳定的交流过程，某些新的东西得到发展。这就意味着：广泛意义上的交流过程很少会遭遇完全独立、未受触及的领域。相反，交流过程通常建立在文化特殊性的基础上，而这种文化特殊性反过来又代表了一种混合，一种难以分割的前期交流过程的混合。正是在这个意义上，我们讨论的是欧亚之间的知识交流，而不是欧亚之间的知识迁移。

目前的研究只是一个小规模的、极不完善的选择，因此有必要展开精确的前期研究。这些研究，如果成功并且有可观的前景，就能系统扩展成各种研究项目，如针对具体产品、具体技能或具体程序的研究。

总之，这些初步的调查和简单的初步研究也可用来研究其他地区的知识交流和文化互动。我们开始的例子讨论的是欧洲，还可以是东亚地区或其他地方，例如从西伯利亚到印度尼西亚的南北轴线，或者从朝鲜到日本的丝绸路线。

[腊碧士（Alfons Labisch），德国杜塞尔多夫大学原校长，著名医学史学者，北京外国语大学特聘教授，北京外国语大学历史学院客座研究员；吴礼敬，合肥师范学院公共外语教学部副教授]

如何合理地看待世界历史的发展?

<small>讲座</small>

陈志强

李雪涛:各位同学、各位老师,大家下午好。今天我们非常荣幸地请到了南开大学历史学院的陈志强教授。陈教授在百忙之中抽出时间来北外给大家作一场报告,题目是《如何合理地看待世界历史的发展》,这是一个比较宏观的、叙事宏大的题目。北外一直没有历史学科,从2014年12月我们成立了全球史研究院之后,我们和北外的图书馆,也和北外人事处教师发展中心联合举办了"全球史与中国"的系列讲座。目的不光是使北外的教师,特别是年轻的教师有一个历史学科的基础,而且也朝历史学的方向发展。再者,我们一直希望北外的同学们能够有一个新的学科发展方向,也就是世界史或者是全球史。今天不巧,正好欧语学院有一个欧洲语言文化节,学院请了欧盟的大使,很多同学去了那边。刚才我碰到赵刚院长,他说在我们的300人礼堂有一个讲座。但是今天仍然有这么多老师和同学到这里来,我还是挺欣慰的。

陈老师是很重要的世界史研究的学者,大家如果在百度、谷歌上查一查,就会发现他在很多方面为中国的世界史做出过巨大的贡献,特别是有关拜占庭、巴尔干历史的几本书,已经成为世界史方面必读的著作。中国学者能真正成为一个世界级的学者,并且有世界的眼光,确实是不太容易的。陈老师于20世纪90年代在希腊的亚里士多德大学读历史学、考古学,回来之后在南开大学历史学院工作,担任历史学院的院长。大家知道,南开大学历史学院或者以前的历史系,其世界史专业是全国最好的同类专业之一。所以我们今天特别荣幸能把陈老师请到北外来。

北外是一所比较重视语言交际的大学,刚才陈老师说我们的图书馆从外面看确实是很恢宏、很时髦、很现代,但看一下书目,就觉得还是有一些缺陷,特别是和历史相关的图书确实不多,以后我们会努力改善。

下面我把时间交给陈老师,请他告诉我们如何合理地看待世界历史的发展。

陈志强：谢谢李雪涛院长的介绍。今天我来到北外，主要是与大家交流一下，谈谈体会。

其实我原来不是搞理论的，我毕业的时候打算搞美国史，后来国家教委要把一些奇缺的研究领域补上，当时派我到希腊去，我大概算改革开放后第一批公派出国留学的，1983年就去了，在那里待了很长时间，就学希腊语和拜占庭史。今天来讲学，我首先应该感谢李教授和北外提供了这么一个机会，跟大家交流，也是谈谈自己的学习体会。我本人的专业是拜占庭史研究，拜占庭史属于欧洲中古史，这个帝国就在东地中海，也就是过去我们所熟知的东罗马帝国，有一千多年的历史，我是研究这段历史的。到1453年的时候这个国家就被土耳其帝国灭掉了，应该说它和我们现在的距离稍微远点。

那么，我们今天为什么要谈这么一个理论课题？因为需要。在整个历史研究中，国外学界可能没有世界史"学科"，这是我们中国特设的，在历史学科下面分八个二级学科，以前世界史只占八分之一，和中国近代史、中国古代史是并列的，实际上这是一个不合理的学科划分。我们经过艰难的奋斗，用了十年左右的时间，在2011年的时候正式把世界史由一个二级学科提升为和中国史、考古学并列的一级学科。这个学科成立之后，我们有一个深切的感受，就是无论是从学科的理论建设，还是从学科的人才培养以及包括这个学科有什么特殊的研究方法等问题上，我们实际上准备不足。世界史是被提到了一级学科，地位提高了，可是你要回答为什么要提到一级学科？它和中国史的研究有什么不同？2011年年底我卸任院长后，想要重点解答一下自己心里的疑惑，所以就偏重学习理论方面的知识。我现在就是和大家交流一下学习体会。

在学习中，我接触了更多的理论，特别觉得有一个宏观理论对于我们把握整个世界历史的走向很重要。我们过去在这一理论上非常混乱，因为内容非常复杂，线索非常多，特别是在现在的背景下，大家知道全球化速度非常快，可以说是超越了人类历史过去的任何一个时期，所以我们在思想观念、学科理念、研究方法各个方面恐怕都要做一些探索，至少做一个梳理。这样的学习，我个人感觉很有必要。因为人类历史时间很长，至少从农业文明出现，大概有一万年。这一万年大家现在说起来比较糊涂，思路不是很清晰。谈人类发展的过程，我们比较熟知的就是那些经典的理论，如马克思主义社会发展的阶段性、五阶段之说等。可是我们仔细想一想，怎样把世界历史说得更合理一些，解释得更合理一些，这恐怕是大家共同思考的问题。继续用过去那种比较传统的解释方法，有些问题难以说清。

在学习的过程中，我个人感觉古代人有古代人的思维方法，无论是东方还是西方。从司马迁《史记》当中"天下"的理念，到希腊的希罗多德、修昔底德这些早期的西方史学家，他们有他们关于整个世界的理解，当然那个时候他们心目中的"世界"是有限的。我们今天所说的这个世界，我们所讲的世界历史，或者说我们现在已有的这些教材，实际上都是工业文明的产物，和古代人的理解有本质的不同。现代工业文明的产物基本上是以工业革命以后出现的所谓欧洲人的优势心理为主导的。其实原来欧洲人也没有这么自信，大家如果看一下启蒙运动之前或者工业革命以前欧洲知识界的情况，那时整个欧洲都认为东方是最有智慧的，他们那时候为什么要翻译《老子》《论语》，翻译这些中国的古籍，搞汉学？原因就是那个时候他们认为东方的智慧要高于西方。当然这个"东方"和"西方"是我们今天简化的说法。直到工业文明出现，它的优势发挥出来，尤其是工业革命以其前所未有的扩张力，把过去传统的农耕文明逐渐压倒了，情况发生了扭转。全世界各地不管愿意不愿意，一定会在工业文明扩张的浪潮中，逐渐接受它，不论早晚，不论以什么方式，不论你抵抗多长时间，最终会接受这个浪潮，直到我们今天仍然处在这样一个过程当中。所以在工业文明的思考中所涉及的关于世界的理解，大体上偏重的方法就是以欧洲作为一个典型。东方的智慧、东方那种光辉的形象从那以后逐渐被弱化了，说它们专制、保守等，这些说法逐渐占了上风。随着工业文明、工业技术和成果在全世界的传播，建立了一套存在到今天的世界话语体系，我们今天仍然生活在这个体系中，大家还是觉得欧洲人说的这套标准、这些概念、这些学科的划分比较合理，我们的学科通通建立在这个话语之上。

对这个世界的理解，欧洲学人的理解合理不合理呢？我们后面会逐渐分析，其实还是有很多问题的。在当今全球化的背景下，很多思想家提出自己的看法，这里大体上包括神治论，即上帝创造世界；有人类意志说，如黑格尔认为所谓人类的历史就是精神发展的历史；有二战以后出现的非理性思潮；有全球化浪潮下的机遇论，说人类不是进化的结果，达尔文的那套学说不成立，提出人类发展实际上是一种"机遇"的结果，是一种偶然性造成的，是在自然夹缝中逐渐形成的。这些说法各有时代特征，我今天想跟大家谈谈结构论。这个结构论说起来是从马克思主义的学说中引申出来的，应该说是我们中国学者自己提出来的。

这个理论就是吴于廑先生提出来的所谓世界历史纵横发展的宏观理论。对这个理论的学习我确实花了很长时间，因为过去我不搞理论，只是认真地读了几本书，这都是在吴于廑先生去世以前完成的，包括他的《自选集》，我反反复复地读，去理解。当然在读的过程中，我发现他的理论总体上说对于理解人类的过去是有很多帮助的，我个人感觉是比较合理的。我们现存的理论，无论是像沃勒斯坦的现代世界体系论，还是贡德·弗兰克讲的所谓世界贸易学说都有不足，后者有一本《白银资本》在中国出版，乃至包括斯宾格勒、汤因比提出来的所谓人类文化形态的理论都不太合理，而吴于廑先生的理论比这些理论更合理一些。我今天跟大家交流一下这方面的想法。

我们先说说吴于廑。吴于廑可以说是一个大才子，是当年以庚子赔款派出去留学的，他在西南联大本科阶段是学经济的。陈序经先生对他精心培养，他也表现出了在经济学方面的天赋。后来到庚子赔款派出的时候，他是以当年考试第一名的成绩出去的，应该说是很有才华的。另外，其家学也很厚实。他去了美国读书，完成的主要课题就是研究欧洲的封建主义。他的博士论文一直到去年才由他的儿子整理出来，也翻译成了中文出版。他在美国读博士，直到后来学成回国，在武汉大学任教，一生从事世界史研究。一直到他去世前十年，应该是1983年到1993年，他把自己的思想、一生考虑的问题，特别是关于怎样合理地看待世界历史做了汇总。我们给他总结叫纵横发展的世界史理论。他通过一系列的成果把这个理论逐渐完善起来，这在我们中国世界史学界是首屈一指的。当然他的思想不完全是他个人的，他是在吸收很多人的思想、反复讨论的基础上提出来的，而且以这样一个思想完成了一套世界通史，就是我们称之为"吴齐本"的教材，即吴于廑和齐世荣主编的六卷本《世界通史》。他为教材写的前言非常精彩，后来《中国大百科全书》世界史前言部分就是由他来写"总论"。我个人感觉他对这个理论经过反复琢磨，完全吃透了。不过他没见到整套教材的出版，1993年他就去世了。

我现在主要是想介绍一下我对他这个理论的学习体会，我感觉它有几个很突出的地方。当然应该说这是他长期思考的一个结晶，非常丰富，我只说几点。在编撰世界史教材方面，他以前就很突出。"文革"以前编的教材，即1977年、1978年大学使用的教材，就是由周一良和吴于廑主编的。在20世纪80年代以后又开始使用吴于廑和齐世荣主编的教材。我们可以这么说，他的理论确实有鲜明的特色，有其自己对世界历史理解的一种合理的解释。我大体给他总结为"一、二、三、四"。

首先说"一"。"一"就是所谓一个整体，整体世界史观。整体世界史观现在说起来也不陌生，因为现在很多人也在讲全球史，包括李教授刚才提到的首都师大，他们在前几年聘请了一个外籍教授本特利，我跟这个人也熟悉，他研究的就是全球史，专门有一套上、下卷的书，是用一种新的视角解释世界史。他也在讲"整体"。还有一些人也在讲"整体",声称自己是站在月球上看地球、看人类。但吴于廑先生讲的这个"整体"和他们讲的这个"整体"还是略有不同,他给了一个非常清晰的思路,就是世界史纵横发展的思路。

我这个 PPT 里很多是他的原话,就是讲人类历史发展过程表现为两个维度:一个是纵向的,所谓社会文明不断地发展、不断地提升。这个就是所谓的由低级向高级发展的纵向的一个序列,当然这个序列在有的地区表现为跳跃式,比如说有的地区、有的国家未必经过所有的阶段。这个思想理论基本上还是马克思主义的所谓社会发展理论,即社会发展有一个阶段性层次,有一个不断提升进化的过程。当然"五阶段"这个说法不是马克思提出来的,而是斯大林提出来的。我们知道 1929 年的时候有一个大讨论,当时不是五阶段,六阶段、九阶段、十阶段都提出来了。后来是斯大林拍板确定"五阶段"了,此后我们所接受的这样一个解释体系实际上是那个时候定下来的,我们基本上是学习"苏联老大哥",教材也是按照这样一个理论体系讲下来的。但是吴于廑先生不是特别强调这个,他只是说有一个不断发展、不断提升的过程,是所谓"进化"。马克思主义当然在这个方面的解释很合理,特别是纵向的解释方面应该说有其合理性,强调物质的发展所引发的上层建筑,包括制度、思想意识等在内的社会整体的发展。吴于廑先生认为这个理论现在讲也是比较合理的,当然有的人对这样的一个理论也提出质疑。我们现在讲它是比较合理的,不是完全像黑格尔那样讲精神,马克思是讲在精神的背后还有物质的发展,吴于廑先生是肯定这个理论的。

但是吴于廑先生最主要的贡献还不是在这儿,他是强调在纵向发展的同时有一个横向的发展。这个横向的发展实际上是讲:人类历史发展最初是分散的、各自孤立的。我们从早期的几大文明看,有的说是四大文明,有的说是五大文明,不管是多少种,也有人说是三大地区,它们是相对隔离、相对闭塞的,有这么一个时期,各地区相互之间的联系比较少。随着社会发展层次的提高、需求的增加,它的横向联系也在不断地紧密发展。这个横向的思维是吴于廑先生明确提出来的,而且是具有创造性的一种说法。他认为在世界历史发展的过程中,纵向和横向的发展是相互交织在一起的,相互制约、不能割裂的。如果没有纵向发展,也就是说没有社会发展的阶段性提升,它的横向发展的需求也没有那么大,因此他认为这两者是要结合起来看的。

而这个横向的发展是受到整个社会发展水平影响的。比如说在古代,人们的需求基本上是满足自己的生产,所谓男耕女织,吃穿住用满足了以后,人们就没有了更多的需求，顶多是奢侈品的交易。比如丝绸之路讲的是奢侈品的交易，有很少量的货物交易。它和我们今天所说的国际贸易完全不是一回事，现在的国际贸易是大宗的商品交易，是涉及日常生活的、牵扯到所有百姓的贸易。吴于廑先生解释，纵向发展是和横向发展结合起来的，处在较低社会发展阶段的人，不可能有复杂的分工，也没有横向发展的需求，所以他认为纵向和横向两个发展是有机结合、相互联系的。因此他明确地提出来：处在较低发展阶段的人，不可能在更广泛的范围和更复杂的经济层面上进行横向的交往，社会发展要达到一定程度之后才能够出现这种交往。

我们知道，新航路开辟以后，即 1500 年之后，这种世界范围的横向需求才真正达到了一个新水平，也就是我们今天所说的世界体系逐渐出现的这个时期，一直到今天"全球化"，这种联系、这种体系的结构越来越紧密了。当然，怎么去解释这个体系那是另一个问题，这里说的是这个体系形成的过程。也就是说，从长时段讲，历史从野蛮到文明、从低级社会向高级社会发展，这个纵向的发展制约着它从部落到国家、从分散向集中发展的过程。所以纵向和横向这两个方面相结合，实际上是吴于廑先生比较有创建性的一点。他不是单纯在说交通，不论陆上还是海上，或者说有没有贸易的流通量，有多少贵金属的流通量，他不是单纯谈这个问题。所以这个方面应该说是吴于廑先生的一个贡献，他明确地把这个观点总结起来。吴于廑为《中国大百科全书》中"外国史卷"写了一个总条目，就是讲历史纵向发展和横向发展的关系，这是世界历史作为一个整体的两个基本方面，它们共同的基础和最终的推动力就是物质的进步。这种看法是一种历史唯物论，所以他摆脱了黑格尔等一些古典哲学家所提出的那种世界史理论，因为黑格尔也有很丰富的关于世界史的理论，我们现在有一部分人也在研究他，但黑格尔纯粹是从精神的角度看问题。吴于廑认为历史的发展是纵向的、横向的两个方面的结合，结合成为一个整体，这是个很重要的看法。

我们认为"一个整体"这个说法有两个理论上的突破。

一个是它超越了地区史和国别史。古代人的思维，或者是近代工业文明以前的一些思维，主要是以地区为主。我们中国的思想家或者是我们的历史家，包括司马迁，都认为我们中国这里是世界的中心，中国这个概念也是这么来的。希罗多德认为"我们"希腊是中心。古人都是这样，当然这样的思想不光是古人如此，近代以来很多人仍然如此，比如"欧洲中心"。马克思也坚持"欧洲中心"，他的教育背景是西方哲学、西方经济学，所以他认为欧洲是检验全世界的一个典型，无论是谈奴隶社会还是谈阶级产生，抑或是谈封建主义，他都把欧洲作为典型，用来解释世界其他地方，所以这也是一种欧洲中心论。后来我们接受的最主要的理论体系是从苏联来的，苏联更是欧洲中心论。苏联的《世界大通史》有20多本，应该说是现今最大规模的世界通史著作了，它也是按照这样的思路写的，它把欧洲中心强调得更加突出。吴于廑先生在这个问题上打破了地区、国别的视野局限，也不把各个国家的历史叠加在一起当成世界的历史。简单的叠加实际上是缺乏内在的有机联系的。《世界大通史》一直到现在都有其影响，我们的世界通史教材基本上是"大通史"的框架。"大通史"的纵线就是讲原始社会、奴隶社会、封建社会、资本主义社会，然后再横向拉开，一个国家、一个地区排列。它庞大的体系就此固定下来，部头非常大，20多本。一直到前几年，这套书我们才最终翻译完。我们当年学习"老大哥"的时候，世界史的基地就建在东北师大，苏联专家来给讲学。我们的老师这一辈，大多是那时培养出来的。所以这样的思想理论影响很深，到今天仍是如此，我们的教材基本没有脱离这个框架。

从理念上讲，欧洲中心也好，亚洲中心也好，实际上都是缺乏合理性的。因为你站在一个特定的地区去看世界，当然有你的特色，但是它不能合理地解释整个世界的发展。吴于廑先生"纵横理论"的特点就很不同，实际上没有突出哪一个中心，而是讲一个结构，是讲世界纵向发展和横向发展的结构联系，可以说这是一个突破。

就"欧洲中心"而言，从出现工业文明一直到今天，不得不承认它是一个"现实"。欧洲工业文明先发展起来，由欧洲人设立的技术标准，由他们所设定的理论框架，以及由他们所提倡的思想观念，甚至包括某一个词的定义，都是由欧洲人完成的，特别是现在讲到世界范围通行的技术标准，不得不承认确实有一个"欧洲中心"。当然美国算是欧洲的一个延伸，通称欧美。确实是存在这么一个"事实"。但是欧洲中心论是有问题的，欧洲中心论实际上讲的是一种看法。对于所谓的事实，我们在解释它的时候要有主见，不能用欧洲的某一个所谓的典型去解释世界。比如说奴隶制，罗马奴隶制是一个典型，所以不少经典作家把罗马的奴隶制作为一个典型，因为所有达到这样一个标准的社会就是奴隶社会。实际上，如果严格按照罗马的这个模式看世界的话就看不清楚了，比如说我们中国，到清代的时候还有奴隶，《红楼梦》里讲得很清楚，焦大不就是个奴隶吗？是家奴。用罗马奴隶制所谓戴着手铐脚镣在皮鞭下劳动，在大农庄里劳动来对照，那"焦大"就解释不通了。也就是说奴隶制有多种形态，而且在全世界各个地区具有非常复杂的表现形式，你不能用一种形式、用罗马的形式去解释，解释不通。欧洲中心论的这种观念现在已经基本上被学界否定了，现在已经没有人再用欧洲中心论的思想去谈问题了。

在1993年的时候，即吴于廑先生去世的时候，能把这样一个思想提出来，应该说在理论上还是有贡献的。这是我们说的"一"，即一个整体。

"二"是什么呢？就是两个世界。他提出来两个世界，以及这两个世界之间的关系：三次大冲击。我认为吴于廑先生的"二"和"三"这两个部分是他的理论中最有特色的。我们刚才讲的一个整体，这个大家多少听说过，好像没有特别新鲜的东西，但是这个"二"和"三"还是有特色的。"二"的两个世界是指哪两个世界呢？就是农耕世界和游牧世界，吴于廑先生对农耕世界和游牧世界有一个清晰的解释。他认为在世界上先后出现了几个具有特色的农耕中心，最西边的当然是西亚，就是现在学界比较认可的所谓"新月"地带，包括两河流域、古埃及，一直到小亚细亚，这是一个农耕中心。然后是东边，即东亚的农业中心。我们知道中国阶梯式的地理环境，决定着这个地区确实是适宜农业发展的，而且中国是一个高产高效的农业区，自古就是如此，所以这个地区养活的人口很多，有人，这个文化就断不了，一直到今天都是如此。接着，跨过海洋，到墨西哥，仍然有一个高产的农业区，但是我把它总结为"高产低效农业区"。玉米、薯类确实是美洲高产的农作物，但是这种高产的作物没有有效地转化为文明发展的因素，那里的文化属于"无轮文化"。虽然是高产，但是并不高效，它和我们东亚的农业区区别就在这里。根据吴于廑先生讲的，如果我们把地球仪拿来看，整个世界就是一个农耕地带，是一个贯穿全球的农耕地带，从地理上看是这样的。当然吴于廑先生对此说得很详细，都是用地点对地点标出来的，包括地表走势大体上怎么描述，这些地方或者是丘陵，或者是平原，水系相对发达，有一些外部的条件和特征。因此农业首先在这些地区快速发展起来，这个被称为农耕世界。这个长弧地区，所谓弧形地带，实际上是我们所说的人类农耕文明发展的中心区。

和农耕世界相伴随的平行地带，还有一个游牧世界。吴于廑先生对农耕世界的特征和生产生活的基本内容都有非常明确的分析，他讲的内容很厚实，所以我们不可能都讲，只能总结概括。农业文明是一种自然经济，自给自足，因此它相对来讲是封闭的，但是相对于游牧世界它仍然是先进的，因为它们的生产率是不一样的，发展的速度是不一样的，财富的积累也是不一样的，因此优劣高下是很明确的。和农耕世界并行的比较靠北的一个地带被称为游牧世界，吴于廑先生对游牧世界也有一个很清楚的分析，比如说在东亚的大漠以北，然后向中亚地区延伸。游牧地带一直延伸到欧洲北部，就是今天所说的北欧地区，后来所谓的日尔曼人大量出发的原始基地，是从波罗的海这一线下来的。

实际上这两个世界的发展速度不一样，尤其是各自发展的前途、道路不一样。我们知道，游牧地带大体上是放养畜群，而畜群所消耗的是地表的那层草，所以它的经济类型很脆弱，受天气的影响，受环境的影响。今年的水草很好，畜群可以很快地发展起来，随之而来的就是人口的发展。可是一旦出现了我们现在所知道的周期性气候变化，尤其厄尔尼诺一出现，拉尼娜一出现，海洋的水温变化一度，全球气候就变化，接着产生的暴风雪，一下子把牛羊都冻死了。或者是一下子干旱来了，或者是什么洪涝，在这种情况下，农业世界的抵抗能力，特别是对外部灾害的抵抗能力，要远远高于这些游牧世界。所以游牧世界出现流动性，它所消耗的资源的表层性，限制了文明的发展和文化的累积。游牧逐水草而行，这个地方没水了或者是草场不行了，要转移，因此所消耗的资源远远不如农耕地带稳定。农耕世界是消耗浅层资源的。我们一讲农业，一定是说用了什么犁，是什么犁头，是单划还是双划，是一个牲口还是两个牲口驱动，为什么？这讲的是浅层资源的利用。浅层就是把地表的资源和浅层的资源都利用起来，这种开发速度当然是要优越于游牧。由于定居，农业文明的累积和财富的累积比游牧世界有优势。因此在这两种文明之间就有一个明显的区别，吴于廑先生总结出来，即一个贫瘠落后，一个相对富庶先进。北穷、南富，大致是这样。

实际上这个现象在世界范围是一种共性，大家都能看到。在这样的情况下，又出现了一个生产率不同，对生存环境适应性不同，以及包括对资源开发的方式不同的问题，这些就决定了这两个世界的关系。吴于廑先生关于两个世界的分析，把前资本主义时代，也就是我们所说的当代世界体系出现之前整个人类历史发展的情况表述得非常清楚了。在这一点上，对比地来讲，即便像马克思、恩格斯这样的人物似乎也没有从这个角度看问题，他们讲的是生产的制度性的模式，比如说亚细亚的生产方式、奴隶制、封建制等。但是很清楚的是，马克思、恩格斯当时并没有把前资本主义时代社会发展进行排列，而是把它们并列地说。我们知道马克思、恩格斯是思想家，他不是研究具体历史问题的。所以在这个问题上应该说吴于廑先生的理论比马克思、恩格斯的理论更丰富。就是把前资本主义时代比较复杂、丰富的内容都纳入一种相对合理的框架里面来，比较清晰地展现在一个农耕时代漫长的历史时期，将农耕世界和游牧世界这两大世界的基本框架说得比较清楚。

那么这两个世界是什么关系呢？这是吴于廑先生理论很有特色的一个部分，那就是游牧世界对农耕世界的三次大冲击。游牧世界和农耕世界的贫富差距，从古代这两个世界并存时就出现了。两个世界的关系也在持续，一直到13世纪、14世纪为止。吴于廑先生把这两个世界的关系总结为三次大冲击。

第一次是从最早的时期，即公元前 20 世纪中期，一直延续一千多年，时间很长。在古代的欧亚大陆，整个农耕世界都经历了游牧世界的冲击。在这个过程中参与的民族非常多，基本上是从北向南移动，而且通常结果是以战车进入世界历史舞台为特征。北方民族冲击的结果往往是打败农耕民族。可是农耕世界以其优势，特别是文化、生产生活方式上的优势，最终把入侵的游牧民族同化了，这在我们中国的历史上表现得非常清楚。

第二次冲击开始于欧亚大陆两端兴起的两大帝国，所谓汉帝国和罗马帝国时期。这个其实也比较好理解，汉朝一直面对着北方的骚扰、入侵。吴于廑先生提到了很多参与入侵的民族，特别是对游牧民族的南下，分析得很详细。这次冲击一直延续到阿拉伯人的扩张。有人会问，阿拉伯人是从阿拉伯半岛来的，不是从北方来的呀？这点其实吴于廑先生在两个世界划分的时候提到过，即他不是严格按照经纬度划分的。大体上他说的第二次冲击是包括这样一个时间段。在欧洲，这个也是比较好理解的，就是日尔曼人的南下，在罗马帝国的废墟上建立了很多的所谓"蛮族"国家。我们中国也是不断遭遇到入侵，当时汉武帝进行反击，最后击败了匈奴人，迫使匈奴人向西迁徙。有一部分东部的匈奴人最后向汉朝屈服了，白匈奴向西迁。第二次大冲击在吴于廑先生看来，参与的民族数量已经在减少了，不像第一次那么广泛。为什么会减少？它的后果如何？吴于廑先生都有很详细的分析，我们这儿只是把最简单的第二次大冲击的时间、范围介绍了一下。

第三次是蒙古的扩张。在 11—13 世纪，爆发了第三次游牧世界对农耕世界的冲击，这也是最后一次，其范围最广，同时参与的民族最少。吴于廑先生讲，农耕世界虽然在军事上失败了，但是它的文化优势把游牧世界逐渐融合掉了，所以参与的民族越来越少，它也成为最后一次大冲击。最后一次大冲击的影响，现在学界还在研究。有人认为蒙古人的扩张一直影响到今天：凡是没有遭受蒙古人冲击的区域后来的发展都快，反之则需要一个长期的恢复过程，发展都慢。因为古代世界的财富积累无非表现在人本身的积累、物质财富的积累，而战争对两种积累的破坏很严重。这点从中国的一些地区可以看出来，宋末的人口几乎上亿了，但是后来一下子降下来，大概降了一半。战争中除了屠城，还有财产损失。这场战争的性质与以往完全不一样，它非常野蛮，它的影响也非常深远、广泛。

在第三次游牧世界对农耕世界的大冲击结束之后，前者的军事胜利并没有持续太久。元代前四任皇帝强调要把农田辟为牧场，还要把农耕强制改造成游牧的状态,但是后来不行了,所以就把这个政策废掉了,还是要接受中原地区的农耕。接受农耕不光是生产和经济上的问题,还包括制度、思想、文化上的问题。包括后来的清军入关也是如此,他们都被中原文化同化了。中原文化是什么?就是农业文化,就是农耕文明。说它高产高效不是虚言。从我国古代农作物"粟"到以后大规模普及的南方水稻都高产,单产数字在那个时候没有准确测量过,种子和产量的比例是1∶20,就是种下一粒种子最后的收获可以达到20粒,当然现在更高。可是你知道欧洲是多少吗?中古欧洲最高产量的比例只是1∶6,和我们中国同时期的比例差太多。他们一般的情况下比例大概只有1∶4、1∶4.5左右,最高才达到1∶6,显然欧洲不是一个高产农业区。西亚一些地区也不是高产区,是所谓麦类产区,实际上应该叫"低产高效区",虽然产量低,但是有另外的一种文化形式。这是另外一个话题,我们这里只说吴于廑先生所讲的两个世界之间的三次冲击。

这样一个横向的历史关系,就弥补了马克思主义经典作家在这个问题上的一些空白。马克思主义经典作家注意的仅仅是社会的纵向发展,讲进化的学说,但是横向如何体现出来却从来没谈过。所以我们讲吴于廑先生这个理论,两个世界、三次冲击的宏大理论,比较合理地解释了在前资本主义时代存在的各种社会形态之间的关系。这个理论不仅是克服欧洲中心论的,同时也确实展现出一种新视野,这种视野表现在针对像沃勒斯坦、贡德·弗兰克等一些西方学者有意无意忽视了的古代部分,因为他们主要谈的是1500年以后的世界体系。曾经有人问过沃勒斯坦:您说1500年后世界体系有一个中心、边缘,然后是它们之间的什么关系,那1500年以前呢?他说我只管1500年以后,以前的我不管。这是有意无意地把前面的部分忽略掉了。贡德·弗兰克比他要进一步,贡德·弗兰克是德国学者,后来在美国留学,提出了很多理论,包括我们现在所知道的拉美国家的"依附论"经济理论等。他提出:既然有一个500年的世界体系,从1500年到现在,那为什么不能有一个1000年的世界体系?所以贡德·弗兰克《白银资本》这本书就明确提出来,在1500年之前也有一个世界体系,而且那个时候的世界不是欧洲中心,那个时候是东方中心,是中国中心。当然他没有直接讲中国中心,可是他的意思是这样的。他的著作叫 *ReOrient*,就是《重新回到东方》。清华大学历史系主任刘北成先生翻译这本书的时候把名字改了,他觉得这个书名不好翻译。他根据书的内容翻译成《白银资本》。贡德·弗兰克的这个思想是从国际贸易的理论上去分析世界历史发展的问题。我觉得这样的分析说起来还不如吴于廑先生的整体世界史观更合理。我觉得吴先生在理论上还是有创新的。

吴于廑先生的理论还进一步提到工业文明。既然是一个世界史的理论，必然要对工业文明的产生提出看法：工业文明是怎样从农业文明当中孕育出来的？是从哪儿发展起来的？吴于廑先生认为工业文明发端于欧洲的西北角，也就是英国和荷兰，即低地国家。发展速度相当快，突破了人类社会农业文明长期的限制。他还分析了工业文明和农业文明的优劣。他认为，15、16世纪是人类历史发展非常重大的一个时期，是工业文明从农业文明当中产生出来的非常关键的两个世纪。为了对工业文明产生的问题细节进行研究，吴于廑先生在武汉大学建立了"15、16世纪研究中心"，后来这个研究中心又上升成"15、16世纪研究所"，现在叫"15、16世纪研究院"。为什么要重视这个阶段的研究呢？按照吴于廑先生的理论，15、16世纪是一个非常关键的时期，是工业文明从农业文明中产生的时期，而且产生出来的这个新的工业文明以它的优势最终战胜了农业文明，迫使全世界都被纳入工业文明体系当中。吴于廑先生认为，这两个世纪是历史发展为"世界历史"的一个重大转折，他很重视这两个世纪，所以他建立了这样一个研究所。他的几个博士分头去研究英国工业文明的产生，工业因素如何从农业中产生出来，新经济因素、新的制度的形成，还有一个博士专门研究荷兰，就是要从细节、个案中找到其中的道理。他认为这两个世纪是世界性的海道打通的世纪，而且这个海道不仅取代了以往的那种陆路连接，确实是把全世界都纳入这个范围里，都纳入工业文明的框架里了。

当然也有人提出来：为什么一定盯着欧亚大陆？我最近读戴蒙德的书，他写的就是钢铁、疾病和武器，是从生物进化史的角度去分析。他认为，欧亚大陆是人类驯化动植物最集中的一个地区，所以它在文明发展史上确实有长处，他用许多具体数字加以说明。

吴于廑认为在这两个世纪的200年期间资本主义生产方式以它最初的优势、初生的姿态登上历史舞台，而且形成了世界范围的市场、经济贸易网络。资本主义最初是以它的触角，其后就是以它超越前资本主义一切时代生产方式巨大的能量，在世界范围扩张。随着发展，它的触角伸到了世界各个角落。一些闭关自守的农耕地区，包括我们中国在内，在这个冲击面前逐渐被改造过来。根据他的说法，15、16世纪以来的这几百年，世界历史从根本上消除了民族的隔绝和地区的闭塞，人类文明从分散向集中发展形成了一个整体，这是最为关键的时期。这样一种观察确实弥补了我们前面提到的很多世界史理论家在研究当中的理论盲点。这些盲点不仅存在于对古代的理解，也包括对工业文明的理解。比如贡德·弗兰克从白银流向分析，认为那个时期在美洲发现的白银大部分流到中国来了，中国是所谓白银的"密窖"，印度是所谓黄金的"密窖"。而中国把大量白银吸引来的原因是，中国的制造业在当时是世界最高水平的，所以世界各地的，包括早期的那些重商主义国家，都不得不用贵金属来换中国的产品。中国后来在民间使用的都不仅是铜板了，还有白银，碎银子都已经普及于日常生活了，所以需要大量的贵金属。当然贡德·弗兰克的这个分析不是凭空的，他有很多数据、很多前人的研究成果，是有理有据的。

但是这仅仅是从国家贸易的角度去解释的，是不完整的，因为它没有历史感。你不能用现在世界贸易的理念去说明古代，古代人的世界贸易是奢侈品交易。我们知道丝绸之路是贸易之路，可是丝绸之路交易的是什么东西？主要是丝绸。在罗马时代，原丝是和黄金等价的。普林尼在写这个问题的时候，提的建议就是要坚决禁止从东方购买丝绸，主张罗马贵族不要穿丝绸，因为会把"我们"都给穿穷了。那时的贸易除了丝绸还有宝石，天下的稀罕物、地方的物产都是奢侈品消费。还有东方的香料，西方人在近代早期到世界各地去航海、探险的目的，其中主要的动力就是找香料。说句难听的，欧洲人中古时代吃的是什么？吃的是半臭的肉。而我们这儿把吃的东西切得很细，放花椒、大料，花椒、大料不光是味好，还是防腐的，炖出来的肉一个星期都不坏。欧洲人吃半臭的肉，顶多撒点盐，拿刀削一削，所以他们的探险很重要的动力是到东方找香料，和我们今天所说的国际贸易是完全不一样的。我们今天所说的贸易是涉及百姓的服装、能源和日常生活的消耗，全部都是大宗的、产生"经济规模效益"的贸易，古代交易的就是那些只有富有阶级、贵族才能消耗的奢侈品。当然也有人说到宋代以后有瓷器的贸易，但是瓷器也仍然是属于比较上层的人才能消耗的东西。所以我们说不能用今天的世界贸易的眼光去看过去的问题。

从世界史宏观理论的角度看，还是吴于廑先生的看法更合理一些。吴于廑先生比较准确地抓住了从农耕世界孕育出工业文明的关键。现代世界不是凭空产生的，它是在农耕文明中产生的，是在农耕文明的一个薄弱点上产生的。今天也有人问，为什么工业文明首先产生在欧洲的西北角而没有在中国产生呢？这也是李约瑟之问。中国的古代文明那么发达，怎么就没产生资本主义？这个问题很复杂，远比数学、化学，以及各种各样的自然科学复杂得多。它的干扰因素太多，它就像气候学、天文学，太复杂了，难以把握。所以我们讲，像这样的探讨不会结束。

吴于廑先生的理论确实有其独特的地方，他从宏观文明发展的角度去解释历史问题，分析得很详细。吴于廑先生讲，这里面不光是经济问题，它还涉及农业和工业两种文明的基本观念、社会制度、生活需求以及思想方式的优劣等。比如说工业文明，它追求的是利润，追求利润是不受限制的，它不像农业文明只是满足自己需要，能够自给自足就可以了。一个地主说我能够把我的粮食保存三年，满足我有吃有喝就可以了。可是工业文明不是，工业文明是追求"无形"的利润，它是没有限制的。因此吴于廑先生认为工业文明不断机械化、不断地追求功效，它是没有穷尽的；在空间上，它向全球扩展，在发展方式上不断多样化，直到今天，全世界的工业化仍然非常快速地发展。对自然资源的攫取、开发和利用，其手段已经不像农业文明那样在"浅层"地表开发了。地表的犁耕能犁多少尺？顶多犁两尺、三尺，现在工业文明要深入到地下几千米，各种各样的矿物矿产都要发掘出来加以利用。不光是这些，还有原子能、纳米材料等，各种各样的开发形式，对自然的开发越来越复杂。

在思想上也是如此。工业文明不敬天、不法祖，是一个新世界。农业文明强调宗法，讲究家族。在我们高度发展的东方文明——农业文明"高产高效"的区域，就可以看到我们的家庭关系非常复杂，但非常清楚，七大姑八大姨，谁是二姨谁是二姨夫、二舅母，分得一清二楚。你去问问欧洲人，一个 uncle 一大批都代表了，一个 aunt 代表一大群，也不分母系还是父系。当然可能在具体的遗产继承问题上要分得细一些，也有几等亲戚怎么继承、哪个序列，法律也有规定，但不像我们东方这么清楚。我们有清楚的家族观念。我们中国人为什么会有清楚的姓氏呢？姓氏是家谱延续下来的，去查一查你们的家谱，在座的说不定哪位就是某个贵族的后裔呢，都可以追溯到源头。原先日本是一个无姓的国家，只有名，后来才有了姓。他们的姓基本上是职业当先，这是按照他们那个社会的需求形成的。

我们为什么要敬天法祖？这是我们高产高效的农业生活要求的。我们的思想也是如此。敬老爱幼是一种美德，尊重祖先、拜祖庙，这是我们农业生活必然的产物。可是在工业文明的冲击下发生了变化，大家族越来越小，现在叫核心家庭，变成小家庭了。我们的一切都在改，实际上都是工业文明冲击的结果，吴于廑先生对这方面有很详细的分析。我们只是说，这是一个整体的变化，从16—18世纪，西方在宗教、法律、政治上都发生了变革，实际上这就是新工业革命所带来的。在18世纪工业革命之后，出现了遍及欧洲的思想运动，直到今天，仍然不断出现各种各样新的思想理论。我们中国被强行打开大门之后，也要接受工业文明。不是有两个"先生"吗？一个是科学，一个是民主，就是要把我们纳入工业文明体系当中去。所以吴于廑先生的这个分析，应该说很清楚地把工业文明和农业文明的优势和劣势分析出来了。在农业文明战胜游牧文明之后，又很快被自身所产生的工业文明所征服，直到今天。

在工业文明的这几个世纪，我们可以看到它的发展变化。目前我们中国在补这一课，我们所谓现代化的过程，实际上就是要补工业文明这一课，而且一分一秒都不能缺漏。西方过去的污染现在也在我们这儿出现了，资源枯竭的问题也在我们这儿出现了，然后开始进入到"治理"阶段。每一个阶段的步骤几乎都不能少，包括思想、观念、人的社会习惯，各个方面实际上都在这个转变过程当中。

虽然有人说现在已经是"后工业化"时代了，但我觉得工业化阶段并没有结束，我们还在这个过程当中。从世界范围看，仍然是吴于廑先生说的工业文明在全球扩张和发展的阶段，从时间和空间上看都是如此，从它的性质上看也是如此。全世界最发达的工业国家，工业化也不是很完善，无非把高消耗的初级工业转移到其他地方去了。所产生的废料也在不断地转移，污染别的地方去了。什么叫工业化完成呢？在我看来，至少生产东西是不产生废料的，所有副产品都要转化成人类可用的东西，这才叫工业化完成。全世界有多少完成工业化的国家？就是人均达到4万美元吗？可是我们看看，就拿中国来讲，不就是东部地区相对好一些吗？我们的西部地区还很贫困。全世界都是如此。有多少发达的国家？倒是有大量的不发达国家、未开发地区。所以怎么能说工业化完成了呢？实际上我们还在这个过程当中，还得有一个漫长的时间。我们也在学习的过程中，有很多事物要学习，除了技术的，还有制度的、思想观念的、习惯的、文化的等方面，工业化远没有完成。

吴于廑先生提出的是一个宏观理论，是对世界历史发展趋势的看法，他认为这是一个近200年来世界历史横向发展的重大主题。在工业文明扩张的潮流面前，在工业文明世界范围的扩展和发展的过程当中，不是你愿不愿意接受的问题，而是你接受的程度、早晚以及如何接受的问题，反正你要接受。所以我们直到今天都在"接受"。我们的改革开放也就几十年，发展的问题没有彻底解决，还出现了新问题，这都是工业化过程中的问题。你把狄更斯的小说找出来看看，很多东西在中国重演。把欧洲在工业化文明以及重商主义时代、工业革命时代的那些文学作品找来看一看，英国的、法国的，其"西洋景"几乎在现在的中国都在重演。我们现在看到的一些现象，狄更斯小说里全有描写。所以我们说这个过程还在继续。对整个世界历史发展来说，至少到目前为止仍是如此。

那么再往后呢？吴于廑先生仍然有他的解释。这里边实际上就是对很多当今我们遇到的问题作出的具有世界历史眼光的解释。现在的很多理论，包括后现代理论、文明冲突论等，在我国比较有影响，但其中一些理论在欧美未必有多大影响，它们在欧美国家已经过时了。国际学界已经转换话题了，但是我们对有些东西还在消化。就我们所讲的方面看，理论很多，思想很多，观念很多，但比较来比较去，吴于廑对人类历史、对世界历史的宏观解释的理论还是最合理的。

吴于廑先生对三四百年来工业文明的发展也有分析。当然马克思主义经典作家，特别是马克思对资本主义的奥秘作了探索，他在《资本论》中进行了解读，应该说影响还是很大的。最近好像又出来一本书叫《21世纪资本论》，实际上也是按照马克思的思路，不过主要是对分配理论的一种不同解读。吴于廑先生没有在这个问题上讲太多，他只是讲横向的关系，而不是讲资本主义如何发展和资本的奥秘。他重点是说三四百年以来，工业文明如何在全球范围扩张，讲横向联系，就是从欧洲的西北角扩张，然后波及中欧、东欧、全世界，由西向东这样一个不断持续扩张的过程。全世界仍然还在这个过程当中。他认为这是世界历史最重要的一个主题。实际上这也是对历史发展趋势的预测。我们常说历史学家不是算命先生，不是诺查丹玛斯式的预测，预测哪年哪年如何如何，吴先生是讲一种"趋势"。

吴于廑先生怎么看待世界历史未来的发展呢？他提出一种对趋势的看法。吴于廑先生认为，世界历史具有丰富的内涵，所以讲世界体系，考察经济、贸易当然很重要，但有比这更丰富、更深刻的东西需要考虑，他称之为文明或者文化的辐射，就叫西学东渐。西学内容很广泛，从技术标准、经济模式到制度，一直到思想各个方面，甚至包括习俗、学科体系。实际上，我们今天所说的很多学科也好，我们所搞的研究也好，包括很多学问，甚至中国的学科体系，基本上是从西方学来的，我们之前没有这样的学科体系。

吴于廑先生怎么看待世界历史未来的发展呢？我们在学的过程中不断改造自己，同时这种改造不是完全照搬，而是结合我们中国的实际。所谓改造，一定是在我们中国有一个本土化的过程。总的来讲，就是所有和农本经济有关以及和它相关的上层建筑、思想文化、观念等，最终还要转化成适应工业文明的发展，这样一个包括制度层面、思想层面等各个方面的转变过程，就是一个改造的过程。

最后，吴于廑先生还提出了对未来的判断，即世界历史发展有一个"合理的未来"。他提出四点：一是生产要合理，包括经济制度、技术、标准等；二是分配要合理，《21世纪资本论》讲的就是分配，分配差距不要太大；三是合理应用科学技术，现在科学技术利用得并不合理，很多科学技术是用来杀人的；四是合理满足个体和群体的消费，现在的一些消费是不合理的。

这里只讲他的一个理念。也许他说的这个"合理"的发展趋势，就是所谓"共产主义"。他没有明确说，只是讲"合理的未来"。根据他的理解，这个合理的未来有一个过程，是"趋同论"的。至于对当前世界发展问题的看法，有的人是比较悲观的，认为差距会越来越大。吴先生是持"趋同论"的，他认为所谓"后发"国家的现代化、工业化的模式，会逐渐向"先发"国家靠拢，而"先发"国家也会逐渐修正、调整。他基本上是讲趋同，他认为将来整个人类社会一定有一个共同走向"合理"的过程，前途是光明的。

吴于廑先生的理论有其合理性，他对未来的判断只是提出了一个理想，并没有讲得非常详细。我们今天分析的他对现代化、工业化模式的看法，也基本符合我们当下的现实。比如说他讲"先发"国家就是一批我们现在说的发达国家，"后发"国家就是包括我们中国在内的这样一批新兴经济体国家，他认为这两者会长期并存，而且会长期竞争、长期较量。今天我们看到的现实，包括整个世界的格局，确实如此。"先发"国家制定的全球经济发展规则制约着新兴经济体，它们当然不希望你再来分它们的"蛋糕"，也不希望你去修改这个规则。所以这两者之间确实有一个互相竞争的问题，较量会长期存在。怎样实现最终的共同发展？这确实也是个需要探讨的问题，吴于廑先生没有提出解决方案。

我们把他的理论的总体思路总结如下：

一是一个整体，一个纵横发展的整体，而且是有机的，相互制约、相互促进的，纵横两方面因素结合的；二是两个世界的划分，对前资本主义世界格局的看法，即农耕世界和游牧世界；三是三次大冲击，讲前资本主义时代两个世界之间的关系；四是他对人类历史、世界历史未来合理发展的看法。

我认为他的理论特点有以下几方面：一是很明确的、带有标志性的"纵横发展世界史观"；二是前资本主义世界的世界格局观，过去其他的理论家们在这个问题上提得不是很明确，他的理论提得比较明确；三是现代两大工业化体系的发展进程，或者叫世界现代化模式问题的观点，他确实有自己的看法；四是他对世界历史未来的合理发展有独特的看法，认为世界会有一个合理的未来，他是比较乐观的，是讲趋同的。

有些问题吴先生当年没有提到，比如生态环境的因素。游牧世界对农耕世界的冲击，除了贫富的问题，除了游牧民们一定要到农耕世界、到中原找点好生活、好物品之外，恐怕还有一个生态环境的问题。也可能因为出现了周期性的环境恶化，而这种周期性的环境恶化常常给牧民们带来生死存亡的选择。目前生态环境史研究的一些结论已经证明了这一点，生存环境是和全球的气候变化，如冰河期、温暖期连在一块儿的。我们用今天的实例也能明白这一点，有时候冬天一场大雪下来，牧民转场的道路被封住了，牲畜全都饿死了。接下来便是生死存亡的问题，牧民吃什么？

牧民的财富就是那些牛羊，它们全部死掉了，没有存栏，第二年牧民养什么？好年成的时候随着牲畜的增加一定是人口的增加，坏年成的时候，人怎么活？依靠什么生存？所以生死存亡的压力迫使他们必须向南迁徙。为什么中原民族常常被打败？农耕民族常常战败，不是尚武不尚武、军事力量强不强的问题，从心态上讲一边是生死存亡，一边无非就是保住疆土、保住好生活。从生态环境方面看，确实有这个因素在里面。当然吴于廑先生没有考虑到这个问题，这个是要后人不断加以补充的。

另外就是在人类由分散向集中发展的过程中还存在一些中间环节，吴于廑先生也没有明确提到。可能在中古时代，特别是在欧亚大陆上，比较明确地形成了几个文明圈，这个现象其实在世界范围内已经看出来了。比如像东亚这里，它是以儒释道为特征，以中原文明为核心，形成这样一个文明圈。它还形成了与周边地区的关系，包括朝鲜半岛、日本、南洋地区，和周边地区形成了所谓"朝贡体制"，包括贸易朝贡、册封朝贡等，即帝国朝贡体制。这样一种关系，吴于廑先生也没有注意到，这些都需要不断丰富。中亚这个地方也是如此，以伊斯兰教信仰为特征的一个庞大的文明圈，一直存在到今天。尽管其内部有不同的派别，但无论是什叶派还是逊尼派，其共同信仰的特征也形成了一个文明圈，以政教合一的帝国中心为核心地带形成这样一个体系，也是一个很庞大的文明圈。欧洲也是如此，比如欧洲地中海世界的所谓基督教信仰的文明圈。像这样的研究现在确实需要进一步细化。

今天讲了吴于廑先生的理论及其特点，还有对我们的启发，我觉得还是挺受教育的。我认为他的理论能够比较好地合理地看待世界历史的发展，所以跟大家交流一下。谢谢大家！

李雪涛：非常感谢陈老师的精彩演讲。我以前一直认为在世界史观和全球史观方面，中国当代学者所做的贡献是有限的，今天这个讲座改变了我的看法。在17世纪初的时候，跟利玛窦一起翻译《几何原本》的徐光启在论述到翻译的时候就说"欲求超胜必先会通，会通之前必先翻译"，所以我一直比较强调翻译的功用。也包括跟刘北成先生，还有其他的一些人，关于贡德·弗兰克的《白银资本》，还有沃勒斯坦的世界体系，我觉得这些确实提出来一些他们对于整体世界的一些构想。包括现在我刚刚重新从德文翻译的雅斯贝尔斯的《论历史的起源与目标》，就是他们对整个世界史的认识，就是一个世界观史，我一直非常关注。我们对世界历史的整体认识方面，实际上是非常欠缺的。以前我也看过周一良先生和吴于廑先生的《世界通史》。但是说实在的，如果没有今天陈老师这个讲座的话，我也不会去认真思考吴先生对世界整体的认识。所以这样一个讲座我觉得非常重要，就是除不断吸收各国的专家学者对世界的整体认识外，我觉得重要的是不断地钩沉出中国学者所做出的贡献。

吴于廑先生是庚款留美生，他的教育背景决定了他的主张的特殊性。当然我们没有办法把他放在今天这样一个时代来看待他的主张，因为他毕竟在1993年就去世了。刚才陈老师说得非常好，我们要把他放在他的时代来看待他的史学思想，但是无论如何，他的一些主张放在当今的世界史或者全球史的整体观念来看，依然是非常重要的，他是值得我们重视的一个历史学家。

雅斯贝尔斯是一个哲学家，他把全球史、世界史作为他世界哲学史的一个部分来看待，他不是历史学家，所以他从来没有经验主义这样一种认识方法或者一种历史学的方法。但是有一点是共同的，就是他们认为人类有一个共同的美好的未来，所以他的书名叫作《论人类的起源与目标》，因为他相信人类有共同的起源与目标。

陈老师讲的游牧民族和农耕民族之间的纵横关系我觉得非常重要，雅斯贝尔斯在书中一直在提问一点，他自己也没弄清楚，就是在公元前800年到公元前200年之间，为什么在古代希腊、中国、印度出现了轴心时代？后来马克斯·韦伯的弟弟阿尔弗雷德·韦伯在一本书里专门强调"马上民族"，在公元前1000年左右，马上民族使得各个民族之间得到了一个大融合。我觉得吴于廑先生的这个学说所讲的横向联系，实际上是游牧民族的掠夺造成的。所以这些方面如果能结合在一起的话，我觉得对整个世界史观是一个巨大的贡献。

我们再次感谢陈老师。大家有什么问题现在可以跟陈老师交流一下。

提问：陈老师谈到吴于廑先生的纵横史观还有很大的开放性，我感觉这个开放性可不可以这样理解，就是唯物史观在那个时期被认为是回答了前唯物史观所不能回答的世界历史发展过程的问题。但现在我们结合当下科学的发展和问题的不断出现，刚才您举例的时候也提到了环境的问题，在这个领域您也说没有能够纳入进来，那么这个也和科学的演进有直接关系。那这样是不是说纵横唯物史观回答了前唯物史观所不能回答的问题？这个时候我们看待世界历史的发展，要结合科学史观和唯物史观更完善地看，利用吴于廑先生理论体系的开放性，使这个理论更加丰富。

陈志强：这个问题提得很好，涉及的问题一个是科学、一个是观念。这些东西应该说是在他的理论范围内，当然我今天说得不是很详细。比如说包括科学技术，科学技术是我们人类开发和利用自然的手段，有不断变化、不断发展的过程，它是属于人类物质生产和生活的一个重要内容。也就是不能把这个因素排除在外，科学史一定要补充进去。

提问： 但是它不是吴于廑先生理论的核心，唯物史观是他的核心。以唯物史观为核心的话，我们现在发现了一些问题，那个时候还没发现，那么这个时候科学可以解决这些问题，或者辅助来解决这些问题。

陈志强： 您说的这个是对的。我们实际上是要把现今时代新出现的一些因素补充进去，包括我们刚才说的生态环境的因素。但是总体上说，其实科学是我们这个时段人类的一种认识，当然这是我个人的看法。如果再往后发展，一千年以后，也许人们会很轻蔑地看待今天我们所具有的科学观，基本上相当于我们今天去看待古人的宗教，觉得那是迷信，什么雷公电母的，可是那是当时人对外部世界的一种看法。今天我们好像准确地理解了外部世界，但事实上不是这样。我们原以为这个世界全是真实存在的，实际上它全部都像是发糕一样，是微观世界看到的发糕。随着现今量子力学的发展，其解释已经全部颠覆了我们原来对世界的看法。有一种新理论把"现实"已经讲到了什么程度呢？就是所谓弦理论，当然我不太懂这个。它讲整个世界是"弦"的不断振动，所谓"物质"都是最初大爆炸形成的，在那一刻它是如何振动的，然后不同的振动表现出来不同的形态，形成了不同的基本粒子，然后构成了各种各样的元素，一直到生命的产生，这个是我们今天的一种认识。也许很多年以后又变了，因为我们在不断地发展，我们对整个外部世界的新看法几乎可以说刚刚开始，我们对宏观宇宙的探索可能还没有到达银河系的边缘，可是在银河系之外还有成千上万的银河系。我们在微观层面也是如此，我们无限地切割物质，可是在基本粒子层面上我们还是没有切到"最小"。所以这个理论只不过是我们现在的一种看法。

我个人觉得吴于廑先生的这个理论是讲一种趋势，一种比较抽象的历史哲学，类似上述科学理论这样的认识，因此需要不断地用一些实证的新因素、新发展去完善补充。这是对的。但是假定说用科学的理论去完全取代他的理论，我个人觉得好像做不到。

提问： 我的意思也不是用科学史观把它取代，这个理论是用唯物史观来看待世界，但是这个世界的发展由于增加了丰富的内涵，就使得单一的一种史观不能够解释世界的发展，不能够看到世界发展的所有问题，这个时候就需要我们用多种史观综合来看。

陈志强： 要补充，对，是这样的。

提问： 真是没想到今天听到了中国史学大家的基本理论，我是很开窍的。但是我能感觉到吴先生是经过"文革"的老知识分子，他的理论基本回避了理论禁区，我能感觉到他的那个"精确"，所以这也可能引起了刚才那位女士提出来的唯物史观不能解释的感觉。其实我觉得他即使有想法，在那个时候也未必能说出来。我更关注的是，吴先生是从旧私塾出来的，又留过学，我特别想了解他那一代知识分子是怎么看中国传统文化和现代科学这种关系的。他有什么观点吗？

陈志强：首都师大编过一套国内著名学者的文集丛书，其中有一本就是吴于廑先生的，他那本叫"自选集"，他把所有他自己认为一生比较精彩的成果都收到那里面，有五六百页，比较厚重。他去世的时候这本书没有面世，他只是把这些文章都选好了，结果突然脑出血去世了。这本书里面其实讲得还是比较详细的，包括对我们刚才提到的那些理论，像斯宾格勒、汤因比、雅斯贝尔斯等，也包括中国的司马迁等，对他们的思想逐一进行了分析。

但是他对中国的传统文化没有专门论说，他是站在一个更高的位置，他并不认为这个东西贴上一个标签就是东方的、中国的，那个就是西方的，他只是从世界历史发展的角度分析哪个更好或更有优势。他整个理论其实也体现了这一点，他是从文明的角度去分析和解释历史的。对中国传统的东西他是从文明发展的角度去说的，比如农耕文明和工业文明哪个好些哪个坏些，他做这样的对比。凡是和工业文明不太一致的东西，比如封建专制，他认为这些东西是不符合时代发展的。因此在工业文明的扩张当中，在西学东渐的过程当中有一个改造的过程，但他没有细论。因为他是讲世界历史的发展过程，讲趋势讲得多，而讲具体的问题及其对比，或者是具体个案结论，则比较少。

提问：还算比较西洋化的传统知识分子。

陈志强：没错。另外就是你刚才说的那个时候改革开放刚刚开始，而思想上的改革开放还滞后一些，所以一些话说得谨慎，是这样的。

李雪涛：我们好像缺少一种接续的传统。我在德国时读的比较宗教学课本，是第34版。在欧美，早期一个人编了一个东西，后人不断地给他改进。但是在中国，吴于廑先生之后，人们似乎把他忘了，又弄了一个新的教材。接着刚才提问中所谈的，我觉得唯物史观有它的问题和局限。雅斯贝尔斯就一直在问，我们今天能说我们比柏拉图或者苏格拉底的思想更深刻或者更进步吗？19世纪末20世纪初的德国汉学家到中国来，他们有一个进步或者是文明化的史观，至少他们自认为有一个崇高的使命，这个背后的观点是什么？我觉得就是唯物史观的一种进步观。

陈志强：进化史观。

李雪涛：我再举一例，两年前我在德国买了一本书，是一个叫弗里德里希·穆勒的奥地利人在1880年写的，书的名字叫《直毛种的语言》，他把汉语、日语归到直毛种。他说有两个人种，一个人种是卷毛种，就是非洲那种；一个是直毛种。一直到第二次世界大战之前，这个概念都在用。今天看来是极端反动、极端不正确的所谓"学术"分类法。所以有时候所谓进步的观念确实要很小心地来对待。雅斯贝尔斯自己也一直在谈这个问题，就是说科学技术当然不断地在进步，但是我们的史观也好，我们的思想也好，我们整个对人自身的认识也好，不一定是在进步的。这些问题是哲学的史观，根本不是历史学的对于发展的简单的叙述，所以我觉得这个值得我们真正去重视，同时也要以一个开放的心态对待吴于廑先生以及当时的一些历史哲学家对全球历史发展的研究。我们要了解我们自己的遗产，而不仅仅是沃勒斯坦或贡德·弗兰克这些人的理论。

以后有机会我们会把陈先生再请过来，大家有什么疑问，可以给陈先生写邮件。谢谢陈先生，也谢谢大家。

汉语的近代演进与日语

沈国威

李雪涛：我们全球史研究院与北京外国语大学人事处教师发展中心、图书馆联合举办的"全球史与中国"系列讲座，这学期已经举办了12场，今天是本年度的最后一场，第13场。

大家知道全球史研究是一个比较新的概念，目前在全世界都是比较时髦的研究，在北外我们有幸在2014年年底成立了全球史研究院，我们主要的研究方向是全球史与中国。我把它划在几个比较具体的研究方向和研究领域里，包括贸易史、语言接触史、概念史、传教史等。今天我们特别有幸请到了日本关西大学的沈国威教授，他讲座的题目是《汉语的近代演进与日语》。

大家知道中国和日本有源远流长的关系。我给大家看一张图片，我以前给我的学生也看过，这是司马江汉，江户时代一个著名的画家，所画的一幅西洋式的图。我们可以看到在江户时代日本人的观点当中，日本和中国不是同时代的关系。大家看这束枯花实际上代表着不同的时代。也就是说，中国对他们来说是一个文化的中国，是唐代的中国。日本江户时代的人和中国的关系是一种文化的关系。反过来，他们和荷兰人之间的关系、和西方的关系却是同时代的关系，中间没有用花隔着。洋人的手里拿着一本解剖学的书，书中的科学知识被日本人接受之后，到19世纪末20世纪初，中日关系变成了另外一种关系，这就是沈教授马上要给大家讲到的，就是整个东亚是如何把西方的概念翻译成汉字，然后在整个东亚被接受。这个问题我觉得是非常重要的，因为任何一种文明在自己发展的过程中，都会遇到另外一种文明的冲撞，换句话说，存在着与另外一种文明的交流问题。在这个过程中，我们可以看到现代性是如何通过翻译进入东亚的。

这是近年来沈教授一直在关注的题目，以前他关注近代中日词汇的交流史，现在他更加关注汉字文化圈在近代民族国家的形成中起到了一个什么样的作用，和现代汉语的形成之间有着什么样的关系，等等。也就是说从词汇史的研究进入了概念史的研究。今天这个报告我自己也很期待，中日之间，特别是汉语的新词汇和日语之间的关系究竟如何？下面我们请沈国威教授为我们做演讲，大家欢迎。

沈国威：谢谢雪涛教授的介绍。经常有人问我是做什么研究的，我说我是做19世纪词汇的研究，具体地说就是，从词汇的角度研究汉语如何从19世纪演进到20世纪。最近更加关注比词汇大的单位，比如说句子和文体。今天主要以词汇作为切入点来讨论这个问题。

我们说语言无时无刻不在变化，近代以后，这种变化又可以称为语言的近代化。有人把语言的近代化叫作进化，也有人叫作演化。进化有一个方向性，暗含由低级向高级，或者说从野蛮向文明的进展；演化只是说一个变化。我在没有语境的情况下一般用演化，在有语境的情况下才使用进化。

那么什么是汉语的近代化？现代生活离不开语言，尤其离不开书面语言。但是书面语言原来并不是为所有的人准备的。不管是中国，还是外国，书面语都不是为所有人准备的，是为有钱的人、有时间的人准备的。但是近代以后的民族国家，需要把语言教给所有的国民，不管你的经济状况好还是不好，经过一段时间的学习，通常是义务教育阶段的学习都可以具有相同的语言能力，都能适应现代社会的生活。这就是时代对语言的要求。举一个例子，日本要求初中毕业生掌握常用汉字表规定的汉字。这个表原来有1945个汉字，2010年增加到2136个汉字，对学生的要求也增加到了2136个汉字。9年时间掌握这么多汉字，几乎是不可能的。那么为什么做这种要求？因为有一条大原则：义务教育必须为学生提供一个在今后的人生中平等竞争的语言能力。

语言可以从几个角度进行分类或者区别，比如说有方言和通语之分、文言和白话之分。方言和通语是空间上的区别，文言和白话是时间上的差异，我们更多地把它说成古昔的变化。"国语"是近代以后的概念。这个词"五四"前后很流行，现在不太使用了。为什么需要国语？我们说国语是一种意识形态，是身份认同的工具。语言有一个很怪的效果，就是它是用来认定个体的。你要去看日本的推理小说，它会通过说话人的语音语调来推测出犯罪嫌疑人的出生地。汉语当然也有这种个体认定的功能，但是好像不太被用到推理小说里。

那么我们的问题就是：汉语如何成为国语？或者说成为国语的条件是什么？汉语有一个分期问题。学者们一般把9世纪到鸦片战争这一时期的汉语叫作"近代汉语"，鸦片战争以后称为现代汉语。我在向人介绍自己的研究领域时说我研究的是19世纪的汉语词汇，我认为19世纪是汉语承前启后的时代，是由近代汉语向现代汉语过渡的时代。

那么19世纪末的汉语是什么样的状态呢？严复说："译事三难：信、达、雅。""信、达、雅"被认为是翻译的最高境界，这是做翻译的人讨论的内容。而我更倾向于把"信、达、雅"看作严复1895年翻译《天演论》的个案，这时候汉语能做什么、不能做什么。

关于"信"，严复说"新理踵出，名目纷繁，索之中文，妙不可得，即有牵合，终有参差"。这是一个词语的问题。语言近代化的第一个要求就是让自己的语言和其他语言在词的层面上互相对应，就是建立译词关系。但是，至少在严复这个时候，汉语和英语等外语还没有建立完全的对译关系，尤其是在抽象词汇方面。所以我们说1895年的汉语还不是一种近代的语言。现在，任何一个小语种我们都有一本词典把两个语言的基本词汇对应上。这是一个需要很长时间、需要很多人努力的工作，编过词典和用过词典的人都知道。

关于"达"，严复说："汉语西文句中名物字，多随举随释，如中文之旁支，后乃遥接前文，足意成句。故西文句法，少者二三字，多者数十百言。"意思是说，西方语言的句子比汉语的长，严复这里说的应该是英语。大家都知道英语是SOV型的语言，汉语也是，但是汉语的SOV型语言受到了阿尔泰语非常强烈的影响。现代汉语把修饰成分即定语放在被修饰成分的前面，而不是像英语那样放在后面。那会出现什么问题呢？汉语的句子不能有很长的定语修饰成分。严复说汉语没有下定义的习惯，没有一个细致描写名词的手段。过去汉语的书面语常常使用夹注，严复说的"旁支"就是这个意思，旁支是放在需要详细解释的名词后面，一般是双行小字。所以双行夹注是视觉上的东西，不是听觉的。口头交流、讲演都不能使用夹注。这就是严复所面临的句式的问题。

现代汉语发生了一些变化，我们可以用比较长的定语了。可以说近100年的汉语的变化都是围绕如何加长定语展开的。现在我们常常使用"对于""基于""关于"等把宾语前置，谓语押后。其中"对于""对"可能是最常用的。所以我大胆地预测，100年以后的汉语大概是这样的："我对于这个法国面包进行食用。"不过，也许大家都不会等到这一天。（笑）

"雅"是一个受众审美情趣的问题。孔子说："言之无文，行之不远。"一个时代有一个时代的审美标准，受众、看书的人认为这篇文章好，这篇文章就好，认为这篇文章不好，这篇文章就不好。严复那个时代认为俗不可耐的文章，现在我们可能觉得很美，这里没有太多的理由。

严复在1895年翻译《天演论》时遇到了上述的三个问题，他就要解决这三个问题。当时的汉字和汉语前面会加上一个双音节的形容词，就是"野蛮"，例如"野蛮的汉字""野蛮的汉语"。为什么野蛮？因为当时流行进化论，人类社会从蒙昧，经过野蛮、半开，进入到文明的社会。联系到语言，结绳记事就是蒙昧，然后是象形文字，然后进化到拼音文字。当时认为这是一条历史的必由之路。

严复就是用这样的汉语进行翻译的，他遭遇了很大的困难，后来他又碰到了文体的问题。严复的第一译作是《天演论》，译文使用了古典的文体。严复的翻译非常好，甚至得到了桐城古文派领军人物吴汝纶的认可。接下来他要翻译亚当·斯密的《国富论》，这时文体的选择就成了一件大事。当时中国还没有那种宏大叙事的文体，吴汝纶说"建立一干，枝叶扶疏"，这就是所谓的体系性叙述。吴汝纶认为中国历史上有这样的文体，《史记》就是代表。但是唐代的韩愈之后，文人们更喜欢语录式的小文章，《史记》的传统就被丢掉了，现在我们没有这样的文体。吴汝纶说看西方的书那么厚，估计西方的文体接近于《史记》，所以你（严复）应该更多地向《史记》学习。吴汝纶给严复出了这个建议，但是严复说对不起我做不到啊！最近《原富》又翻译了四五册，"惟文字则愈益芜蔓，殆有欲罢不能之意"。严复对自己的翻译非常失望，觉得无法再现《天演论》那种铿锵的节奏了。这是因为《国富论》是一本更具专业性的书，使用了很多专业术语。虽然严复在《国富论》里坚持使用单音节的术语，但是出现了更多的双音节术语，更要命的是为了配合双音节术语，动词、形容词也必须是双音节的，这样，整篇文章就不像《天演论》那样有中国骈体文的节奏了，所以他说"欲罢不能"。这是1900年前后的事情。

1902年，有一个英国传教士到中国来考察，在讲演会上他说中国如果普及教育，不要去用英语教育儿童，应该用汉语教育儿童，用汉语为他们讲授科学知识。登在上海英文《天朝报》上的讲演文章后来被翻译成汉语登在《外交报》上。严复就写信过去反驳。严复说你说得是不错，但是你"不察当前之事情，而发之过蚤"。等20年以后，民众的知识有了一定的积累，翻译的人和书更多的时候，再来考虑用汉语讲授科学吧。

1906年，严复在基督教青年会做关于政治学的讲演。根据最新的研究成果，严复的这个讲演是英国学者约翰·西莱著作的翻译。原文中，state 和 family 是一对既对立又相关的概念。这个 state 的翻译就很让严复伤脑筋。译成"邦国"吧，这个词当时大家都不太用，一般使用的"国家"里，有一个本来不该出现的"家"。严复抱怨说，我现在和你们讲科学的事，但是不得不用汉语，这就像我要用中国木匠的刀、锯这样的工具来为你们做一块精致的手表一样。"其中之苦惟个中人方能了然。"但是没有别的办法，我们只能"一面修整改良，一面敬谨使用"。从这里我们知道，词汇体系的近代化主要的内容是为单音节词准备一个意义相同的双音节形式。

到了1909年，严复在日记里写道，在家修改《国民必读》闷损已极。什么是《国民必读》呢？清政府说立宪要做一些准备，但是中国当时的识字率只有百分之五，所以让当时的学部编两本书，一本是《国民必读》，另一本是《简易识字课本》，9年之内要把识字率提到百分之二十。《国民必读》就是常识课本，包括政治、经济、天文、地理等常识。请大家看一下书影（图1）。

图 1

但是，编辑工作进展缓慢，所以学部找严复帮忙。严复就披星戴月给他们修改里面的文章。《国民必读》由于是清政府的书，有很严格的形式上的要求。文章以"上谕有曰"开头，说的话完全不着边际，然后是"谨案"，就是需要介绍基本常识。文章里已经出现了很多新词，比如"地球""世界""国民"等。但是这样一个东西显然不能用来教育儿童。用的是文言文，又没有标点符号。严复对这种语言形式和新的知识内容的背离感到无可奈何，所以闷损已极。这是1909年年底的事情。

早在1908年，清学部成立名词编译馆，严复经过活动当上了名词委员会的总纂。因为严复那时需要钱养家。名词编译馆的主要任务是科学术语的制定，严复给他的学生伍光建写信说，现在西方的学术传到了东方，"上自政法，下逮鱼虫"，这些都必须用中国话来教，这是"不刊之宗旨"。中国术语体系的初步完成是在1915年前后，《辞源》的出版可以说是一个标志性事件。词汇层面的准备工作做好以后，才谈得上文体方面的改革，所以我说先有《辞源》，后有新文化运动。

胡适提出了建构新国语的问题。胡适说："应该有国语的文学，有文学的国语。"什么意思呢？用国语来写文学作品，同时国语还必须有文学性，就是所谓的"言之无文，行之不远"。那么，新国语应该具有什么样的特点呢？他说首先这种国语的语法文法全部用白话的语法文法，就是说句子的结构是白话的，而不是古文的。文言应该摒弃，但是文言里还有可以利用的资源，胡适说就是文言中两音节的词。仿照胡适，我想提出一个观点，就是国语的科学，科学的国语。世纪之初，双音节的科学术语大量涌入汉语，然后汉语就需要和科学术语相匹配的一种语言形式，具体地说就是双音节的动词、双音节的形容词。下面我们会通过《申报》看到"五四"前后是汉语双音节词剧增的时期。

以上就是我们对现代汉语近代化进程的一个大致的把握。

下面，我们来看一下日本国语进化的过程。

日语的国语进程最开始是从兰学的翻译，即对荷兰书籍的翻译开始的。所谓的兰学是用汉文翻译荷兰语书，而不是用译者的母语日语。第一本书叫《解体新书》（1774年），是一本解剖学的书。兰学翻译过程中产生了大量的汉字新词、译词。日本的译者还从汉译西书中汲取了大量的词汇。汉译西书分成两部分：第一部分是耶稣会士在17世纪翻译的宗教性的和非宗教性的书籍；第二部分是19世纪以后，新教传教士们翻译的书籍、出版的报刊及英华词典等。

我1996年写过一篇文章叫《汉字新词养育的现代日语》，讨论了日语近代化过程中汉语资源的运用和所起的作用。在日本江户时代，文章有两种文体：一个是汉文，就是中国的古文；一个是和文，"和"即日本，和文是日本固有的文章。明治以后，汉文体与和文体发生了融合，产生了汉字假名混淆文体。表示实质性概念时使用汉字词，表示语法概念时，使用日语的固有词汇，当然汉字词融入日语，还要借助"然"表示形态变化虚词。那么日语里面有多少汉语词汇呢？大概占百分之五十以上。如果是比较高深、抽象内容的文章，汉字词的比例还要增加。有人要问，为什么要用汉语翻译？因为汉语是当时东亚唯一的学术语言，有很多学术资源。

下面给大家看一些轻松的内容，这是《解体新书》（图2），这是翻译者杉田玄白（图3）。这是杉田的弟子，大槻玄泽（图4）。他根据老师的指示，重新修订了《解体新书》，命名为《重订解体新书》（1826年）（图5）。这是《解体新书》的凡例（图6），是用古汉语写的。下面说说"译有三等，一曰翻译，二曰意译，三曰直译"。什么是翻译？翻译就是用中国古典词去对译荷兰语，意译是新造词，直译是音译。这是关于译词创造法的讨论，今天由于时间的关系，不做过多的涉及。只指出一个文体上的现象，文章中"翻"和"译"之间加了一个连字符，为什么呢？懂汉语的人知道这个字和那个字是有关系的，是一个词，但不懂汉语的不知道，所以需要把词作为一个单位标出来。这样既帮助了读者，又促生了日本人两个汉字是一个词的意识。

图 2

图 3

图 4

图 5

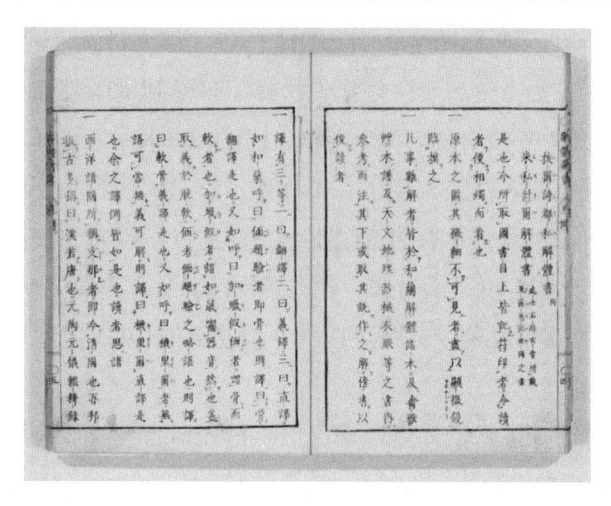

图 6

  日本人接触汉字大概是在东汉前后，他们什么时候开始有意识地用汉字造词呢？日语里有很多和制英语，说和制英语的人都被认为是英语能力弱的人。同样地，这样一种正统观念也适用于汉语。一个词如果在中国典籍里找不到，兰学家就认为这是"杜撰"，理想的情况是用那些能够在中国典籍中找到来龙去脉的词来翻译荷兰书。但这肯定做不到，新造词是不可避免的。

  为什么要新造词？中国古籍里没有的概念，或者虽然有但和西方的不太吻合，就是严复说的，用古籍中的词勉强去译，"终有参差"，总有不太严丝合缝的地方。为什么用汉字来新造词？上面说过，汉文是东亚唯一的学术语言，汉文中当然要用汉字的词。东亚语言还有日语和韩语，日语和韩语有一个特点就是它们不能压缩。固有的日语、韩语词汇不能缩略。"北京外国语大学"可以缩略成"北外"，但是日语、韩语中的固有词汇做不到这一点，只能全部说出来。如果想缩略，必须借助外来成分。汉字帮助日语、韩语缩短了词的长度。经过兰学家的努力，医学包括解剖学、眼科等，植物学，化学，语言学，以及军事方面的术语初具规模。这些词被明治的翻译家们所接受；进入明治时代，除了自然科学的术语继续发展，人文科学术语的创造也有了进展。最后，这些词都成了汉字文化圈的共同财产。以上就是日语词汇近代化过程的一个侧面。

  日语向汉语借用词汇大概在 1890 年前后就停止了，因为中国可以向日本提供新知识的出版物越来越少了。相反，到了 1890 年前后，日本出现了一些教外国人日语的书，日语近代以前没有成为被学习的对象，因为它既没有经典，又不能用来做买卖。中国文人认为日语只是一种方言。

进入明治20年代，即1890年以后，日本出版了很多科学术语的手册、术语集，文学方面也出现了言文一致的小说创作。这样，科学和文学都开始实现语言的近代化了。19世纪末，日语开始向汉语文化圈输入词汇，顺序先是朝鲜半岛，然后是中国。1904年前后日语词汇输入汉语出现了一个高潮，这是因为科举制度的取消和随之而来的日本留学潮。美国语言学家萨丕尔说："多少世纪以来，汉语在朝鲜语、日语和越南语的词汇里泛滥，可是反过来，没有接受过什么。"这是萨丕尔在1921年写下的话，如果在1880年说这个话是可以的，但是到了1921年这个论断已经不是事实了。

下面我们来讨论一下日语如何影响汉语。首先语音上有没有影响？大概没有。如果有的话就是矿山的"矿"，这个字也许不应该读作kuàng，可能是受日语的影响。总之，语音上的影响，即使有也是个案。

那么语法和词法方面如何？"关于""对于""基于""作为"等复合介词的产生，大量词头词尾的出现应该是受到了日语的深刻影响。今天我想主要谈一下词汇方面的日语影响。

从数量和质量上对日语的影响进行评估是我们的主要研究内容。我认为日语词汇对汉语的影响大概可以分为三种情况：一种叫借形词，一种叫借义词，一种叫激活词。

什么是借形词？就是词形借自日语的词。这个字串，这两个字放在一起的情况中国的典籍里没有，是从日本借来的。具体可以分为两类：第一类是"哲学""义务""起点""神经""前提""团体""俱乐部"等抽象词汇；第二类是"取缔""打消""场所""场合""引渡"等，一般是法律词汇，这些词原来是日本江户时代的口语词，日本明治维新以后要重新建立法律体系，日本原来用的是明代的法典，但是发现有些词明典中没有，就采用了江户时代的一些口语词作法律术语。这些词后来又通过翻译日本的法律条文传到中国。这些词是日本固有的词汇，词的理据中国人很难理解，所以中国人把这样的词叫"奇字"。当时的留学生把这些无法用自己的汉字知识理解的词收集来，变成词汇手册，叫《和文奇字解》，解释"取缔"是什么意思，"引渡"是什么意思。这部分词很少，而且和人文科学关系不大。

借形词是日本人创造的新词，所以又叫"和制汉语"。但是在创制过程中存在着汉语资源的问题。能够用汉字造词的人，对中国的典籍以及后来的汉译西书都有非常深的造诣，有丰富的知识积累。例如，为什么叫"神经"，而不叫"神络"？中国有"经络"，对现代人来说，"经"就是"络"，"络"就是"经"。但是兰学家说"经"是上下的,"络"是左右的,他有他自己的理解和命名理据。

"俱乐部"大家知道是英文 club 的译词,在日语里读"クラブ",原来的汉字形式是"苦乐部",取义同甘共苦吧。最早出现在大阪,后来东京绅士苦乐部很有名。那么为什么突然有一天就变成"俱乐部"了呢?不知道。只知道中国驻日大使徐承祖被请去做演讲,第二天报纸上登出来的消息是徐承祖在东京绅士俱乐部做演讲。时间是 1888 年。"苦乐部"总是不太好,有点要下决心的感觉,"俱乐部"大家一起高兴高兴而已,"俱乐部"可能更好。这个就无法考证了,但是有一个问题一定是存在的,就是它的汉语资源。

借义词是什么呢?比如说"革命""经济""共和""民主""社会""关系""影响"等是汉语原有的词,其中"关系"原来是口语词汇,在中国的好书里使用,后来传到日本,进入 20 世纪以后又回流中国。"关系"现在一方面用在政治、经济乃至哲学的语境里,比如说"中日关系""因果关系",但是同时我们还说"由于时间的关系""关系重大"。前者是来自日语的新义,后者是好书里面的传统用法。严复在 1902 年翻译《穆勒名学》时还有这个"关系",所以讲逻辑的前因后果的内容很不好理解。

借义词主要来自汉籍古典、佛教经典、禅宗语录、白话小说、善书等,日本人拿来作译词。哪种文献的词多?当然还是中国的古典和佛经、禅宗语录的词多。佛经和禅宗语录的词有什么特点?一般凡人百姓不知道什么意思。不知道什么意思最好,它只给你准备一个词形,然后你把外语的意思放进去就可以了。什么叫"现象"?就是英语 phenomenon 的译词,这样就可以了,你不需要知道佛经里原来的意思。为什么用这个词形?他说我这个词是从佛经来的,是从中国来的。外来的和尚好念经,这是明治前期非常浓烈的学术气氛,叫"汉学隆盛期"或"汉学昌盛期"。只要是中国书籍里出现的词就都是好词。我们现在也叫香港、台湾隆盛期,我们本来有"付账""交钱",现在不流行了,改叫"买单"。所以说词汇有一个价值取向在里面,不光是一个词义的问题。词汇的引申、更新和变化是一个非常复杂的问题,我们讨论一个词的原创是中国还是日本,其实这种讨论意义不大,你也不能找日本要专利费。作为近代西方新概念的接受史,需要讨论的是词的来龙去脉所反映出的文化交流的足迹和脉络。

日语借形词和借义词被认为是日语借词的主要部分,也是迄今为止主要的研究对象。这些词的意义特征为抽象词汇、科学术语、新事物的名称。借形词少,借义词多,两者的数量,我估计有 500~600 条。

下面谈激活词。什么是激活词？有两种：第一种如"望远镜""热带""寒带""细胞"等。这些词有的是16世纪耶稣会士创造的词，有的是19世纪新教传教士创造的词。但是这些词没有直接成为汉语词汇，而是先传到日本，又从日本传回到中国。就是说传教士们造的词和现代汉语之间有一个断层，词虽然造出来了但是没有普及开来；日本接过去使用，然后又回到汉语中来，这时我们才接受。一个处于休眠状态的词被日语激活了。

第二种如"学校""方案""改善""薄弱"等汉语的古典词汇，有名词、动词、形容词、副词。这一种和上面谈到的词不一样，上面谈到的词是术语，以名词为主。这些词大概有2000条。这是我的一个简单的估量，还需要做进一步核查。这些词也受到了日语的刺激。

何谓"激活"？作为词或文字串在中国的典籍中可以找到踪影，即词源上并非"和制汉语"，但突然活跃起来则是在19、20世纪之交。"日语激活词"这一命名，意为在日书汉译过程中，由于受到日语高频率使用的刺激，汉语中原本结合得并不十分紧密的字串固化为复合词。这是我的命名理据。什么意思呢？就是说某些词在日语中使用频率很高，前面已经说过了，日语中的汉字词一般是双字成词，受到日语二字词高频使用的影响、刺激，这些词在汉语中也开始活跃起来。现在很多科技术语和人文词汇都是双音节的，双音节的术语在使用时，常常需要和双音节的动词、形容词搭配。这是汉语的一个特点。

词汇的双音节化是中国语言研究常常讨论的一个问题。现在汉语中，单音节词只有1400个左右，其余的是双音节词。汉语由单音节过渡到双音节应该是一个漫长的过程，有人说它是有条件的，一个条件是"紧邻共现"，第二个条件是"高频率使用"。"紧邻共现"就是两个字老在一起出现，你看到A男同学和B女同学天天在一起，那么你就可以预测他们有可能发展成一种特殊的关系。两个从来不在一起的人，突然有一天说他们要结婚了，你可能会大吃一惊。"哲学""前提""神经"等在20世纪之前的汉语文献中观察不到"紧邻共现"，突然有一天结合成一个词，那么这里面就有原因了。"高频率使用"是一种什么现象呢？一个词原来汉语有，但是很少用，几亿字节的古代文献中只有四五个例子，但是到了20世纪初突然活跃起来，例子大量出现，那你就得想想这到底是为什么。19、20世纪之交的短短十余年间，是汉语双音节词汇的急遽发生期。为什么会出现这种量的剧增？双音节词汇的增加是汉字文化圈其他语言，例如韩语、越南语等都可以观察到的"近代"语言现象。相关研究需要横跨日语、韩语、越南语、汉语进行。

怎样才能捕捉到"高频率使用"的现象呢？现在大数据很流行，做概念史研究也可以利用大数据的方法。例如在谷歌的N-Gram这个界面里（图7），输入"权利""权力"和"义务"，就得到了下面的曲线图。大概可以看出来这两个词语1900年前后几乎没有，以后使用例子逐渐增多。但是我们不知道谷歌的语料库里输入了什么书籍，所以还不能严格地证明什么。

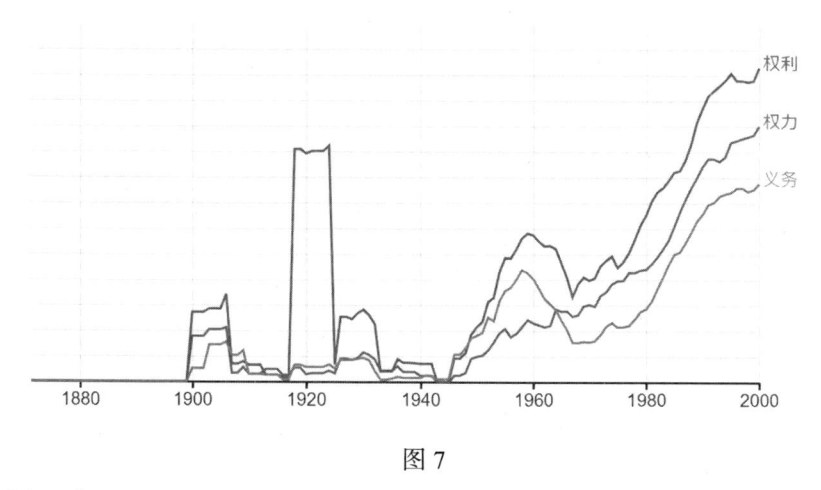

图7

《申报》的数据库就比较好，我们不但能知道哪些词语在《申报》里有用例，还能知道词的使用频率的经年变化。下面我们来看一下"保守"这个词语（图8）。"保守"中文原来就有，是保卫、守护的意思，使用频率也很低。1890年以后开始增多，1905年是一个高峰。1890年日本成立帝国国会。"左翼""右翼""进步""保守"等词就应运而生了。1905年以后，中国也开始预备立宪，"保守"在中国的媒体上也活跃起来了。

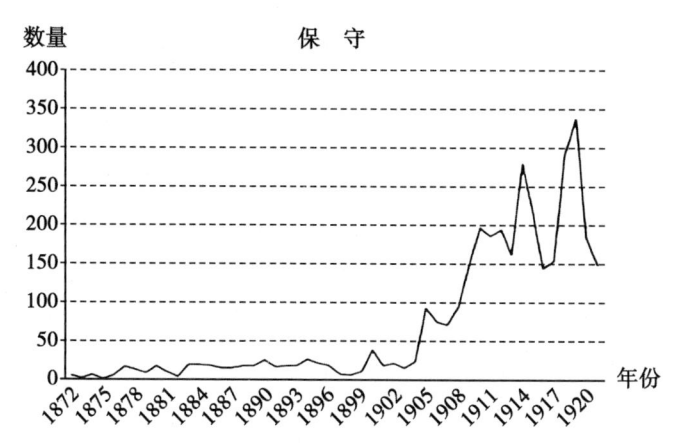

图8

我们再来看看"传统"（图9）。这也是个中国古典词，但活跃起来要晚一点。为什么呢？因为日本明治天皇去世是1911年，去世以后就有一个继承大统的问题，"传统"就流行起来了，然后回传到了中国。但是中国和日本不太一样，日本明治是最美好的时代，所以"传统"代表了一种思古幽情；这时中国的孔孟之道被认为是万恶之源，所以五四运动就是要打破传统。汉语中的"传统"到了什么时候才开始有正面意义呢？从谷歌的数据来看，大概是1980年以后，我们开始恢复"四旧"了。

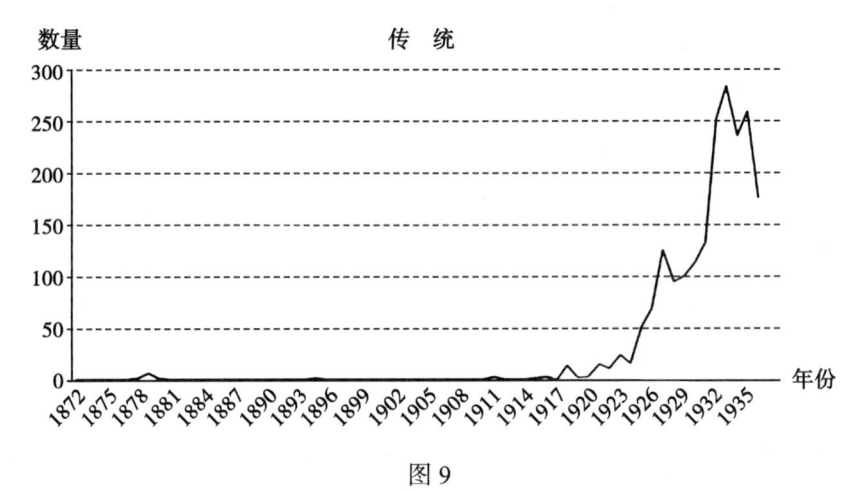

图 9

"进步"（图10）、"改良"（图11）等都有这种倾向，由于时间关系就不细讲了。只给大家看两张现代汉语常用词使用频率变化图（图12、图13）。频率上升的拐点是1904年、1905年，这时大量的双音节词突然活跃起来了。我认为这是受到了日语的影响，把这个现象叫作"日语激活现象"。

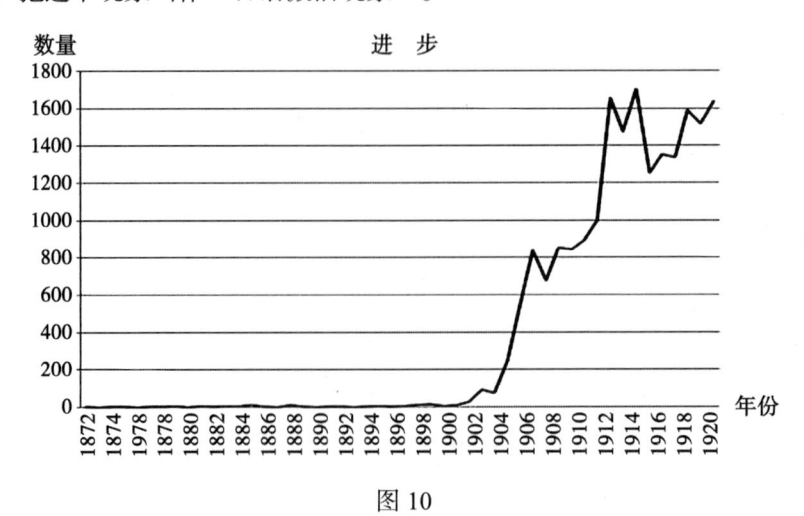

图 10

改良

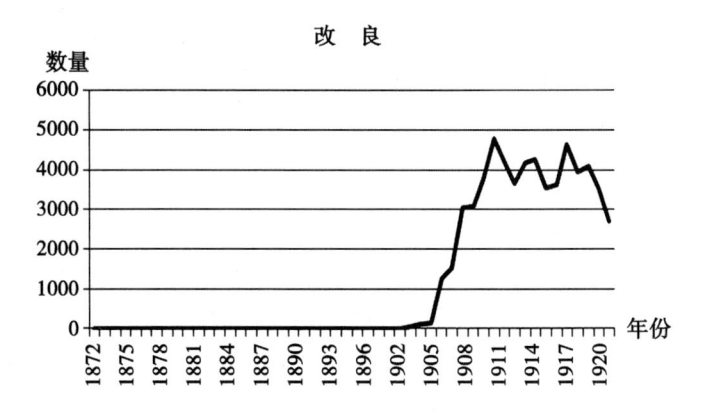

图 11

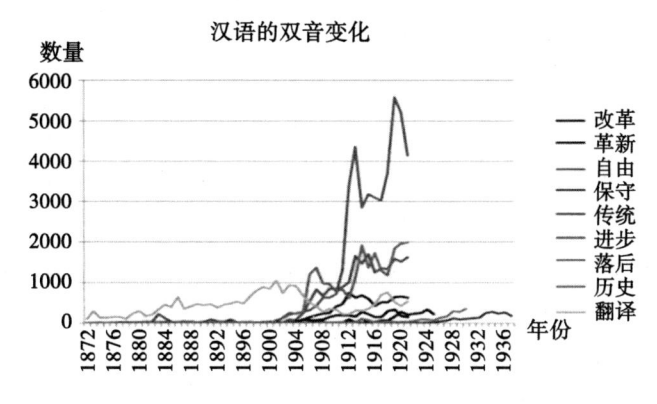

汉语的双音变化

图 12

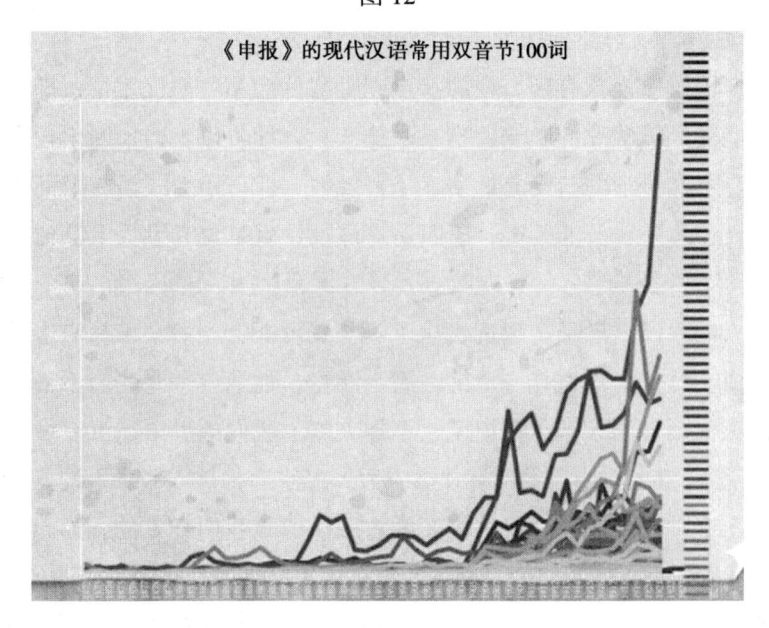

《申报》的现代汉语常用双音节100词

图 13

1912年商务印书馆出了一本字典,叫《新字典》,同时也认识到"字"解决不了复合词的问题,所以又着手编辑《辞源》。《辞源》编纂说明指出"癸卯甲辰之际,海上译籍初行",就是1902年、1903年前后上海出版了很多翻译书,引起了社会口语的急剧变化。很多人不知道"积极""消极"是什么意思,《辞源》就是要解决这个问题。《辞源》说要"穷源竟委",但是《辞源》里面大概有十分之一,也就是有一万多条词没有"源",《辞源》没有给出书证。这部分词都是新词,在中国古代文献中找不到用例。无源词包括各种各样的术语和一部分双音节名词、动词、形容词。《辞源》的出版标志着"新国语"已经在词汇层面做好了准备,你可以用这些词来书写、讨论任何一个"高尚"的话题。

现在我们回过头去看,汉语发生了很大的变化,比如说获得了一套新的知识体系所必需的术语,形成了一大批新的词缀成分,同时获得了单双音节对应的词汇形式。这个是我要特别强调的。汉语由于对词的长度有强制性的要求,所以一个概念需要有单音节、双音节两个不同的形式。这种现象佛经翻译时就已经发生过。

最早认识到汉语近代化问题的是一个留日的语言学家,叫胡以鲁。胡以鲁在日本东京大学学的是"博言学",就是理论语言学,回国后在北大教书,写了一本书叫《国语学草创》。他说语言是在发展变化的,汉语的音节结构简单、数量少,词汇的增加手段主要依靠双音节复合词,复合词是后起的,中国原来是很少的,但是与汉语的特点是相吻合的,同时新词缀也是非常有用的。胡以鲁说汉语还将根据自己独自的特点不断地向前走,与时俱进,应对新的时代。

那么,新国语应该具有什么样的特点呢?我认为第一是民主性,即为全体国民所掌握,不能受经济状况的影响;第二是能产性,即可以表述不断出现、日益增多的人文科学、自然科学的新概念;第三是普及性,即口语形式语与书面语形式语有较大的一致性,这是普及的关键;第四是对译性,就是说和世界上其他语言建立对译关系。

如果有人问:汉语已经实现近代化了吗?我可能会回答"革命尚未成功"。为什么说没有成功?大家知道有一个德国人叫顾彬,他老说一些我们不喜欢听的话,说中国的作家代表母语太差。我想说,不是太差,我们的母语还没有做好准备,顾彬在文章里说40岁之前他几乎没有什么衣服,老穿一件破衣服去上课。这跟中国现在的状态差不多,我们还没有很多华丽的衣服。但是我们会有的,为此,我们需要多做一些实际的工作,使我们的汉语能够尽早用来写美丽的小说。谢谢各位。

李雪涛: 感谢沈国威教授。他最后提到了汉语没有做好准备,我给大家两个数字:

1521年的时候，马丁·路德翻译了《新约圣经》；1534年的时候，他翻译了《旧约圣经》。也就是说《圣经》是在1534年整个地被翻译成了德语，从那以后德语的发展一直到1832年歌德去世，有300年的历史，德语变成了现代德语，或者说近代德语变成了一种成熟的语言。汉语从1919年的五四运动到今天只有100年，所以沈教授说"革命尚未成功"。

特别感谢沈教授非常精彩的报告，每一次听他的报告我都有很多收获。他从近代汉语形成的艰难历程到近代日语汉字词汇形成的过程，然后又讲到中日之间词汇的交流，我觉得非常重要。因为这段历史，如果不是专家的话，很难把它梳理清楚。同时因为它涉及的不是中日两国，而是整个东亚。

我一直说作为一个学者需要有一个世界的眼光和宽阔的胸襟，只有这样才能把自己的学问做好。沈教授今天讲的这些，我自己觉得对于北外的老师也好，同学也好，确实是非常有启发，所以也希望沈教授经常到母校来。他是1979届的，那时候现在的大部分年轻老师和学生可能还没有出生，但沈教授已经在北外读日语研究生了，所以也是我们的校友。他在日本工作这么多年，一直从事这个领域的研究。大家可以看出来一个好的学者都要有三个方面的素质：一是确保充足的、非常好的知识底蕴，二是用很好的方法论来进行研究，三是有广阔的视野。我觉得这三个方面确实是需要的。

我把剩下的时间留给大家，大家有什么问题？

提问：您刚才说汉语词在日语最开始造的时候，是日本人用汉语来翻译荷兰的东西，他们为什么不用日语翻译呢？

沈国威：我已经讲了，那个时候汉文是唯一的学术语言，日语没有用来书写学术内容的积累，所以只能用汉文。有的同学不太清楚，但只要考虑一下方言就知道了，据说能够在大学里面上课的方言只有广东话，上海话都不可以，上海话里还没有做到一个字对一个音，这样有些成语就不能说，如"自相矛盾""画蛇添足"都不能直接用上海话说出来。但广东话可以，但广东话已经为这个做了150年的工作了。台湾有人说要把闽南话和台湾话作为学校里的教学语言，我想做是可以的，但是需要时间，一种语言上升为书写语言需要很长时间的积累。当时的日语是不具备这种能力的。后来经过长时间的努力，吸收汉语词汇，大概到了明治20年的时候，日语可以在大学的教室使用了。外国教授聘期到了以后，日本政府说你们可以回家了，我们自己来上课，这是1886年以后的事情，东京大学等用日语来上课了。

提问：当时兰学家翻译荷兰的书籍，荷兰及荷兰语对日语本身有没有产生影响？

沈国威：非常多，但是如果不懂日语的话就不好理解，希望你能够继续学日语。日本有人说非常幸运遇到了荷兰语，荷兰语像德语一样，一个词可以切分成几个语素，用汉字对应每个语素，像堆积木那样，就可以得到一个复合式的译词了。荷兰语对日语的影响比较大，这方面著作很多，词汇方面就不用说了，从句子形式、对语言的认识、对语言的描写、对语法体系的建构都有非常大的影响。

李雪涛：另外还有一些，比方说以前沈教授提过一个德国的传教士罗存德（Wilhelm Lobscheid），他编了一本《英华字典》，在这个字典里面他把 pencil 翻译成铅笔。因为他自己是德国人，德文的铅笔可以分成铅和笔，pencil 就已经是个单纯成分了。

沈国威：荷兰语、法语是石笔，也得不出"铅笔"。

提问：我有一个问题，您最后说了一句话，说汉语还没有做好准备，我很好奇对于汉语未来发展的方向您有什么预测？

沈国威：汉语没有做好准备的意思有两个方面，就是我们的表达上有一定的问题，我们还没有丰富多彩的词汇表达我们想要说的内容。同时作为接受者，我们能不能接受一种更接近于实际的语言。我们现在觉得一些文章写得很不好，很俗气，至少外国人写的文章我们都不认可。所以我常说有一天外国人写的小说被评为鲁迅奖、茅盾奖的话，那汉语就进步了，语言形式和受众的审美情趣都进步了。为什么？因为中国人用日语写小说，可以得日本最好的文学奖，用英语写小说，也得到过最好的文学奖。我们都用外语写论文，还混成了教授，说明是得到了认可的。从受众的角度来看，其他语言母语和非母语，区别不是很大，但汉语还不行。为什么？因为汉语现在正处在一个混沌状态，旧的成分和新的成分正在进行磨合。有时候你会觉得这种文章里面不应该出现这样一个俗气的词，但其实这只是你的感受问题。最近我在看胡适的一些东西，胡适的语言，他的谈话风格能不能最后形成汉语未来文体，从这个角度来说，我说汉语还没有做好这个准备。

提问：听了沈教授的讲座我收获很大，但是也有一些问题想请教您。您谈到近代日语对汉语的影响，其中有语法方面的。因为日语是 SOV 型语言，汉语一般认为是 SVO 型，这样的影响时间比较短，结构完全不同，一种语言对另一种语言的影响能够涉及句法、语法层面的情况很少。您提到语法方面用复合词和新词缀，能不能给一些具体的例子，有哪些复合介词和新词缀？

沈国威：介词，或复合介词，如"对、对于""基、基于""给、给予""关、关于"等，这样的成分可以把宾语提前，句子前面由介词导入宾语，谓语是形式动词，形式动词后面是一个只有概念意义的动名词。例如"对罪犯实施抓捕","抓捕"就好了,为什么要说成"实施抓捕",因为用这样的句式,宾语"罪犯"前面就可以加上很长很长的定语。

词缀就是我们所说的类别法,或者叫词汇体系化的问题。这个在科学术语里比较明显,科学术语有一个比较强的体系化的倾向,像"什么谷类""什么症""什么炎"等,汉字可以帮助归类。其实,词缀的大量产生是在荷兰语翻译里出现的,汉字的词缀还不是欧美语言概念上的词缀,所以把它叫作新词缀或类词缀。

另外说到了语言的类型,日语是 SOV 型,汉语是 SVO 型。但是汉语和日语都是把修饰成分放在被修饰成分前面的。其实,汉语这样的 SVO 型语言,定语成分放在名词前面是有很大问题的。上面引用的严复的话就说明了这个问题。早期的外语翻译,问题最多的就是定语从句。定语里只要出现两个动词,每个动词再带一个宾语,就搞不清楚了。胡适他们尝试着把修饰成分放在后面,像英语一样,但是汉语又没有英语那样的关系代词一类的小词,所以失败了。我想唯一可以走通的路,大概就是通过复合介词,把宾语提前,这时宾语前就可以有一个复杂的定语修饰成分。至少在书面语上这是一个很强烈的倾向。

提问:还有一个问题,您说近代日语对汉语的影响,其中汉语在日语的影响下实现了名词、动词、形容词三类词之间的词性转换,能不能稍微展开一下。

沈国威:这不是在日语的影响下。在日语的影响下激活了大量的双音节词,双音节词有一个基本的特性,就是说它可以进行词性转变。所谓词性转变就是把动词变成名词,把形容词变成名词,名词变成动词的比较少。

提问:我觉得汉语名词、动词、形容词三类词之间的转换并不是受到日语的影响,在古汉语中大量的名词、动词、形容词三类词之间是可以非常自由地越界的,能够相互转换的。

沈国威:我不是说受日语的影响,我说的是汉语受到日语影响以后产生了大量的双音节词,双音节动词和形容词本身具有一种跨词性的现象。现代汉语最大的一个变化就是说原来我们不具备把一个动词变成名词这样一种手段,现在我们就比较容易转换了。比如"学习"这一双音节的词,原来只有一个"学"的话就不太好变。"你在干什么?""今天我安排的是英语的学。"这个不太好听。但不是说所有的词都完成了,"吃"还没有完成,我们现在就是用"食用""饮用"代替。"今天美国牛肉的吃是一个很重要的问题",听起来还不太好听,可能需要继续努力。

提问:我想说顾彬的观点我当然反对,您的观点我也不太赞同,就是您说汉语还没有做好准备，写不出优美的小说、文章作品。那我想问您一个问题，我们的唐诗宋词，汉赋就不说了，《史记》也不说了，包括近当代的鲁迅的小说还有老舍的作品等一系列，你如何评价它们是不是优美的？

沈国威：我不讨论19世纪以前的事情。吴汝纶也说严复你要有司马迁那个功夫的话，建立一干，枝叶扶疏，那西方的大部头翻译起来就容易了。但做不到，因为韩愈出现以后已经把这个传统断绝了。所以需要重新建立一种能够进行宏大叙事的文体，这种文体不光是历史的，同时也是文学的。吴汝纶让严复去参考曾国藩的文章，我想曾国藩那里也没有什么资源。文章的雅俗是有时代性的，当时的读者认为好就好，我现在发现顾彬写的东西还是可以接受的，挺好的，所以我觉得顾彬可能会是第一个得茅盾奖的外国人。但是他需要把豆腐块变成宏大叙事。

李雪涛：他刚刚得了一个奖，丰子恺散文奖。

沈国威：所以我非常敬佩顾彬，他是一个非常有思想、有语言能力的人。

提问：我想问中文里面的这种压缩，如果没有后面的语境，就像"北外"没有后面的语境，听众可能没有办法理解。

沈国威：压缩的动机不一样，比如说语言首先要保持明晰性，要保持明晰性的时候只能说"北京外国语大学"，但是说"北京外国语大学马克思研究院院长办公室"这个太长了，就会说"北外马院办公室"，这样可能好一点，因为是经常使用的，不会太长。英语经常使用的也会压缩，像WTO。

提问：它会不会代表着语言会进一步变得更加柔软？

沈国威：不会。为什么呢？这是一个平衡的问题，明晰性受到损失的话就会恢复明晰性，冗长性发生阻碍的话就会减少冗长性，是动态平衡的。

提问：那日语和韩语为什么缺少压缩性呢？

沈国威：我也非常想知道这一点。这个不好说，它就是不压缩，就说汉语是水，汉语是空气。语言是没有优劣的，它想解决这个问题。汉语没有形态变化，也要解决形态变化的问题，它有自己的手段。韩语不能压缩，它也有它的手段，它可以通过外来成分解决这个问题。我们老说汉语100字的信息量等于日语200字的信息量，等于韩语250字的信息量，你去韩国看旅游介绍大概是这样的感觉。但是这个差距总有其他手段加以弥补，至少它不会影响使用这一语言的民族的进步和生存。

提问：老师您好，您的演讲让我们了解了汉语和日语的关系，但是我想确认一点，就是您讲的过程中提到了日语中的新形容词，您认为这些新形容词只是形容动词中的一部分，那么您把它和形容动词区别开来的标准是什么？有没有一定的形态标准？

沈国威：传统的日语形容词很少，单纯形容词当时有 200 个左右，肯定不够，所以就产生了一些复合形容词，但是还是不够，就从中国的典籍里借用。词尾的形式和固有的日语形容词不同。近代以后，在翻译西方书籍的时候，形容词又出现了问题，一个是缺乏表达某一性质的形容词，这是形容词体系上的一个空白，只能想办法弥补；另一个是虽然有日语固有的形容词，但为了文体的一致性，还必须有一个意义相同的汉字形容词。例如为了对应"よい""ただしい""易しい"，开始使用"优秀""正确""简单"。"优秀"是中国古典词，"正确""简单"是日本的新造词，频繁使用都是在 1900 年前后。其他还有把名词变成形容词的"的"的问题，在这里就不展开了。

李雪涛：我们第 13 次全球史与中国的讲座到此结束，谢谢沈国威教授，也谢谢老师、同学们的参与。再见。

为什么外国的和尚会念经？
——早期汉译佛经译者权问题探讨

张瀚墨

摘要：早期佛经翻译的研究对重建佛教传入中土的最初形态以及传播接受方式等方面的探索意义重大。正因如此，近年学者对早期汉译佛经的研究越来越重视。但当前的研究受以往研究方法的影响限制较大，偏重于考察汉梵、巴利文及其他文字佛典文本的对译对读，对早期佛经文本传播的物质形态尤其是译者权在佛经目录整理方面的作用和意义，较少涉及。本文意在指出经录撰写中反映出来的译者权问题及其在早期佛经研究中的重要性，认为早期汉译佛经译者的归属在某种程度上是为剔除伪经服务：为原本没有译者信息的译经找一个来自印度或中亚的僧人作为译者，很大程度上是为了以此表示该经的真实性和权威性。由于现有材料尚无法证实那些早期归属的正确性，因此不能根据这些归属和通过译者生活的年代对早期译经进行断代和分析。

关键词：早期佛经翻译 译者权 道安 僧祐 《综理众经目录》 《出三藏记集》

如果佛教最早传入中土是以东汉明帝（57—75 年在位）梦见金人并遣使西进寻佛为标志，那么汉地佛教的历史从一开始就跟佛经翻译有不解之缘。尽管不无争议，《四十二章经》就是传说中的那次东汉人西进寻佛带回中土的第一部佛教经典。关于《四十二章经》的译者也是说法不一。事实上，在像《后汉书》和《后汉纪》一类文献中所载关于这一故事的较早版本里，并没有强调外国和尚参与了此经翻译工作的内容，但后来像《高僧传》和《出三藏记集》这样权威的佛教著作，都倾向于认为外国和尚在此经的翻译过程中起到了至关重要的作用。[①] 类似的对早期佛经翻译译者的外国人身份的强调,不仅限于《四十二章经》,在其他的早期佛经翻译中也可以看到,甚至可以更进一步看作某种有规律地发生的现象。我们应该怎样来理解这种现象呢？放在早期佛经翻译的一般语境下,佛经的译者身份究竟能不能确定？确定译者身份对译经又会产生什么作用？对佛经译者外国身份的突出强调对我们研究早期佛经的译者和断代问题又会产生怎样的影响和启示？对这些问题的探讨就是本文的中心。为有的放矢,本文先讨论当下研究早期中国佛经翻译的现状,尤以目前早期佛经翻译研究中影响较大的《中国最早佛经翻译指南：东汉和三国的译经》(下文简称为《指南》)为例[②],对当下早期中国佛经翻译研究的材料和方法作一般性检视,然后就前面提出的问题——其核心是对早期佛经译者外国人身份的强调——试作探讨。

《指南》安录"出发点"

根据南朝僧人僧祐（445—518年）所提供的信息,至东汉（25—220年）末年,已有数十种印度佛经被翻译成汉文。当然,这只是个开始,在之后的几个世纪里,又有数以百计的佛经被译介过来。[③] 这些早期译介过来的佛经对佛典的研究意义重大,不仅因为它们反映出最早是哪些佛经怎样传播到中土的,而且正是因为依赖这些早期翻译过来的汉文佛经,那些如今已佚或是已经变得面目全非的原文印度佛经的内容才得以部分地保存下来,成为今天的学者研究早期印度佛经的一手资料。事实上,有相当一批早期佛教经典,其印度或中亚语原文（无论是当时通过口传还是以写本的方式流传）早已失传,人们只有通过残存的汉文译本才能对其本来面目略窥一二。

这些早期佛经汉文译本不但保留了一部分佛教用语的汉文音译,保存下来早期汉语的某些方言因素,而且从某种程度上因受佛教源文献的影响为中国文学风格的

[①] 范晔：《后汉书》,北京：中华书局,1965年,第2922页；袁宏：《后汉纪校注》,天津：天津古籍出版社,1987年,第299页。
[②] 此书由那体慧（Jan Nattier）所著,英文原名为 *A Guide to the Earliest Chinese Buddhist Translations: Texts from the Eastern Han and Three Kingdoms Periods*. Tokyo: International Research Institute for Advanced Buddhology, Soka University, 2008。
[③] 僧祐撰,苏晋仁、萧炼子点校：《出三藏记集》,北京：中华书局,1995年,第23—233页。

发展也做出了特殊的贡献。对于佛经汉译的研究，尽管没有引起西方早期佛教研究者的足够重视，但这种情况在最近几年有了不少改变。①一个可见的例证就是2007年"早期佛经汉译"国际学术研讨会在维也纳的召开，以及几年后此次会议论文的结集出版。②还有一个更重要的标志就是前面提到的那体慧《指南》的出版。从会议的论文集和那体慧的《指南》里，我们不仅可以看到因受近年在阿富汗、巴基斯坦、日本以及其他地方新发现佛教文本的激发而带来的佛教文献研究的重兴，而且很清楚地感受到学界对早期汉译佛典研究的热情。③

尽管跟早些年学者的研究相比，如今学界对佛典翻译研究的重视程度大大加强，但这些年对早期佛典汉译的研究，从方法论的角度来看，尚未取得重大突破。就以上文提及的两部著作为例，如果我们认真检视学者们的作品，无论他们的论证多么繁复，这些论证的基本框架及其所用工具，基本上还是沿用几十年前西方佛教研究的基本思路，而这种思路（包括许理和的研究所提倡的），对比今天古代中国文献的形成及传播的研究深度来看，还是显得过于简单了。④相对于"早期佛经汉译"国际学术会论文集以及其他类似研究，那体慧的《指南》在早期佛典汉译的研究中更

---

① 马克斯·迪格（Max Deeg）编：*Early Chinese Buddhist Translations*：*Contributions to the International Symposium 'Early Chinese Buddhist Translations*,*'* Vienna 18-21 April, 2007，第79—82页，文集见 *Journal of the International Association of Buddhist Studies* 31.1-2 [2008（2010）]，第79—504页。在过去的一百多年里，对汉译佛经的文献学研究，主要在日本学者之间非常活跃，相比而言，在西方只有少数几个人在做，包括列维（Sylvain Lévi）、伯希和（Paul Pelliot）、许理和（Erik Zürcher）等人。由于许理和的研究方法对早期汉译佛典的方法论方面的独特贡献，本文稍后会有更详细的介绍。

② 马克斯·迪格编：*Early Chinese Buddhist Translations*：*Contributions to the International Symposium 'Early Chinese Buddhist Translations*,*'* Vienna 18–21 April, 2007, 文集见 *Journal of the International Association of Buddhist Studies* 31.1–2 [2008（2010）]，第79—504页。

③ 保罗·哈里森（Harrison Paul）："Experiencing Core Samples of Chinese Translations of Two Buddhist Sūtras Analysed in the Light of Recent Sanskrit Manuscript Discoveries,"*Early Chinese Buddhist Translations*：*Contributions to the International Symposium 'Early Chinese Buddhist Translations*,*'* Vienna 18–21 April, 2007, 第205—250页；那体慧：《指南》，第163—168页。对于使用"重兴"（revival）一词来描述近年学界对佛教文献学研究持续增长的兴趣和热情，哈里森认为还稍嫌不够准确。在他看来，佛教文献学从来没有"死亡"（dead），而近年大家对其研究的持续增长，又不能说它曾"走向死亡"（dying）。基于此，"revival"一词所包含的"死后重生"的含义便显得有些不准确。尽管如此，即使我们同意哈里森教授的意见并认为佛经文献学的研究从未中断过，但这些年学界对其重视的加强，也还是有目共睹的。

④ 许理和：*The Buddhist Conquest of China*：*The Spread and Adaption of Buddhism in Early Medieval China*（台北：敦煌书局有限公司，1970），第1—80页，尤其是第10—17页和第32—57页等处；以及许理和："Late Han Vernacular Elements in the Earliest Buddhist Translations,"*Journal of Chinese Language Teachers Association*, 1977.12，第177—203页。针对许理和1977年的文章，两位中国学者认同并增加了更多证据以支持其观点，参考陈秀兰《对许理和教授〈最早的佛经译文中的东汉口语成分〉一文的几点补充》，见《古汉语研究》1997年第2期，第55—57页；张春秀《对许理和教授〈最早的佛经译文中的东汉口语成分〉一文的再补充》，见《河池学院学报》第28卷第1期（2008年2月），第55—58页。这两篇文章顺带也表明，目前对早期佛典汉译的讨论，很大程度上遵循的依旧是几十年前的框架和方法。

具有代表性。因此，对《指南》所使用方法论的分析，对于认识并反思目前早期佛典汉译研究的方法和现状，无疑具有代表性意义。①

那体慧的《指南》讨论的主要是 2 世纪到 3 世纪（也就是东汉末年到三国这段时间）的早期汉译佛典。其主要目的，用那体慧自己的话来说，就是"用一个简明的表格，一目了然地列出明确可归为汉和三国时期的汉译佛典"②。为此，那体慧通过考察所有她认为可确定译自这个时期的佛经，制成三个表格，附在书中。第一张表格（Appendix 1）是那体慧判断为东汉三国时期的汉译佛经的目录，表中开列出的佛典按《大正新修大藏经》的编码为序排列；第二张表格（Appendix 2）给出了表 1 佛典的可能的梵文和巴利文题目；第三张表格（Appendix 3）里，那体慧为这些汉译佛典找到了明确的作者，并按照年代早晚给这些译经排了序。看得出来，在这三张表格里，那体慧竭尽全力想要做到的，就是为那些早期汉译佛经提供一个"真实可靠"的年表。举例说，尽管某部佛经列在《大正新修大藏经》所收录的东汉到三国时期的汉译佛经中，但是如果这部佛经不见于 Appendix 1 列表中，就只能说《大正新修大藏经》对该佛经的年代判断有误，而且，如果这部佛经在 Appendix 2 的列表中找不到相应的梵文或巴利文翻译，那么这部译经到底是不是源自印度也就成了问题。③当然，那体慧的信心更明显地表露在 Appendix 3 提供的她认为是可靠的早期汉译佛经年表中。尽管从表面上看 Appendix 3 是 Appendix 1 和 Appendix 2 的逻辑必然，但这三张表格所反映出的实际方法本质上并无不同，而只是角度稍有差别而已。也就是说，一部早期汉文佛经，能否列入 Appendix 1，能否在 Appendix 2 中找到对应梵文或巴利文题目，以及能否被确认为 Appendix 3 中的东汉和三国时期汉译佛典，在很大程度上取决于那体慧自己的判断。

尽管这些表格看起来很整洁，用起来很方便，但围绕这些表格的产生，确实也有不少问题。比如说，我们怎样来判定一部译经的真伪？又怎样来确定它的年代？怎样找到它的译者？这些问题与前面所说的汉译佛典年表的制定紧密相关，是关系到那体慧列表有效性的根本性问题，也是从方法论角度研究早期佛经汉译所亟须解答的问题。

译经的真伪问题直接关系到其年代和译者归属。一部特定译经的译者和年代是

---

① 那体慧：《指南》，第 30 页。
② 同上，第 29 页。
③ 同上，第 29、169—178 页。

怎样判定的呢？那体慧认为，除从保存到今天的佛经旧录出发去寻找答案以外，我们好像也找不出更好的办法。① 从这个角度看，道安（312—385年）于374年编纂的《综理众经目录》，就显得尤为重要。研究者对《综理众经目录》的评价很高，一直以来，这个目录都被看成是汉译佛经最早的目录之一，是研究汉译佛经早期译者的最可靠的数据。但遗憾的是，这样一部目录今天已经不存在了。我们知道的所有关于这部目录的信息，都借助一部更晚的包含佛经目录性质内容的文集，这就是僧祐（445—518年）的《出三藏记集》。本书于515年左右成书，现存十五卷，包括佛经目录、题跋及高僧传记等几个部分。僧祐的《出三藏记集》参考了当时他能接触到的不少佛经目录，其中就包括道安的《综理众经目录》。学者们一般认为，《出三藏记集》里凡是标有"古录""旧录"或"安录"字眼的引文皆出自道安的《综理众经目录》。② 这样的表述多散见于《出三藏记集》的第二、三、五卷。③ 尽管我们知道这些关键词所联系的内容是我们认识《综理众经目录》的唯一途径，但我们必须清醒地意识到，这些数量有限的内容多数简短、零散，且精确性无法确知。④

但对那体慧来说，这些散见于《出三藏记集》里被认为是源于《综理众经目录》的信息的可靠性是不容置疑的。她认为这些信息与佛经翻译实际活动、汉译佛经以及参与译经的各方直接相关，认为这些记录反映出来的译者信息绝对准确，因而是可以用来对译经进行精确断代和分析的。正是怀着这样的坚定信念，那体慧首先根据这些零散记录确认了一批主要译经的译者，并以此为标准来分析考察其他译经的归属问题。一旦这样的基础确立下来，译者与译经的对应关系也就建立起来了，从而在此基础上，某些译者译作的文学风格和用词特点也就可以通过分析确定下来。这样一整套标准的建立，又可以更进一步促进对其他译经的分析，从而为这些译经找到译者归属。

在这一过程中，用那体慧的话来说，《综理众经目录》（或者更准确地说《出三藏记集》）里的零星记录就成了早期汉译佛典译者研究的"出发点"（starting point），成为对佛经译者进行研究的"外在证据"（external evidence），而据此进

---

① 那体慧：《指南》，第11页。
② 值得指出的是，除了"旧录""古录"等字眼，僧祐在注解中也常用"或云""别录"之类的语汇。关于这些词语的使用，参考僧祐《出三藏记集》第23—65页，其他地方也随处可见；《出三藏记集》本身也言及其依据材料，见同书第5—8页。
③ 谭世保对《综理众经目录》做过复原，参考谭世保：《汉唐佛史探真》，广州：中山大学出版社，1991年，第67—82页。
④ 那体慧在《指南》里强调的是这些引用的可靠性，比如该书第8—13、第163—164页及其他各处所示。

一步推断归纳出的相关译者译作的文学风格和用词特点，就成为佛典译者研究的"内在证据"（internal evidence）。① 正是依靠这两件利器，并充分利用数字化佛典关键词搜索功能的方便和优势，以及之前日本和欧洲学者对汉译佛典的文献学研究成果，那体慧将译者群与译经的特定文学风格和用语特点联系在一起，然后又返回来，根据这种联系检验先前那些被称作"出发点"的"外在证据"的真与伪。

由于"出发点"这一观念在那体慧研究方法上占据相当重要的位置，因此我们应该在多大程度上相信作为"出发点"的那些"外在证据"的可靠性这一问题，就显得尤其重要。到底是什么原因促使道安为当时的汉译佛经编写目录呢？道安编写《综理众经目录》时，依据的又是什么材料呢？我们应该如何有效地辨识和理解散见于僧祐著作里的那些被认为是源自道安《综理众经目录》里的零碎记录呢？这些都是考察那体慧的著作里所使用方法的基本问题，而那体慧的方法又是佛教研究界广泛使用的方法。接下来的部分，就是围绕这些问题对那体慧所使用方法的讨论，重点放在对作为"出发点"的"外在证据"的检讨上。

学僧　经录　失译经

那体慧《指南》里提到的"外在证据"包括两类内容，即早期汉译佛典目录性材料和佛教僧人自传性材料。尽管除了零散保存在《出三藏记集》里的《综理众经目录》，还有其他的早期佛经目录在法经等编纂的《众经目录》（594年编）和费长房的《历代三宝记》（597年编）里被提及，但正像前面所说的，《综理众经目录》里所开列的早期译者与译经的对应关系，被确定为最可靠的研究"出发点"，而其他目录里与《综理众经目录》之所记不一致的信息，就不得不屈从于道安目录（或者说《出三藏记集》里保存下来的被认为是安录的零星信息）的权威性。尤其值得一提的是，这些佛经目录所记早期佛经译者和他们名下的译经有一种有趣的现象，那就是在时间往后的经录里的早期佛经译者名下的译经，要多于之前目录里相同译者名下译经的数量。遗憾的是，这一有意思的现象，并没有从早期译经性质和译者概念研究的角度引发更有意义的探索，而是采用一种今天看来不无争议的假设来解释这一现象。根据这种假设，早期的佛典目录比晚期的要更可靠、更能反映早期佛经汉译的实际情况，因此晚期目录里相同译者名下增加的译经，便顺理成章成为错

---

① 那体慧：《指南》，第11页。

误的归属。费长房的《历代三宝记》之所以历来遭人诟病，就是因为其中存在大量诸如此类的"错误归属"。同理，《众经目录》以及其他早期汉译佛经目录，尽管其中包含的"错误归属"少于《历代三宝记》里的数量，但与《出三藏记集》所保存下来的疑似安录的记录相比，数量依然较大，因此在研究者那里也同样受到需要被"小心处理"的待遇。①

为什么像《综理众经目录》这样一部只是部分保存至今的目录被赋予这么大的权威性？根据散见于《指南》不同地方的那体慧的评论，我们大约可以归纳出以下几个原因。

第一，在那体慧看来，僧祐（包括道安）的著作"给人留下一种出于一群严谨并具有批判精神的学者之手的印象"②；尽管僧祐的《出三藏记集》里某些内容也不乏矛盾之处，但是这些矛盾掩盖不了"他作为一个处理材料极其谨慎的严肃学者"③。《指南》也称赞说，道安是一个非常谨慎的学者型僧人，认为他在编纂《综理众经目录》的时候，不仅在目录里罗列了译经的名称，而且是"每经必亲阅，对先前来路不明之经，亦必亲订其作者"④。因此，道安和僧祐两位僧人，就又多了一个称号，叫作"学僧"（scholar-monk），而"他们所坚持的学术高标准也使得他们实至名归"⑤。总之，那体慧对僧祐和道安的这些评论，意在传达一条直接而简单的信息，即因为僧祐和道安是两位严肃"学僧"，他们在编纂译经目录的时候，客观性就成为其首要考虑目标，因此他们编纂的佛典目录就是可靠、可信的。

第二，那体慧认为，安录之所以可靠，还因为收录《综理众经目录》的《出三藏记集》本身也是一部古书。《指南》强调，《出三藏记集》里的汉译佛经目录是现存最早的此类目录，由于其中包含了《综理众经目录》的部分内容，因此后者比前者还早。事实上，《综理众经目录》被认为是最早的汉译佛典目录。⑥ 这种重视早期文本信息远甚于晚期文本信息的观念，反映的是一种针对文本源头的观念和想象，即一个文本越早，就越接近于它所包含内容的原初状态。

---

① 那体慧：《指南》，第 13—15 页。
② 同上，第 14 页。
③ 同上，第 13 页。
④ 同上，第 11 页。
⑤ 同上，第 11 页。
⑥ 同上，第 11—13 页。尽管僧祐提及的安录以及其他类似的目录的编纂日期仍然存在争议，那体慧还是引用谭世保的观点，认为《出三藏记集》里所说的"别录"和"旧录"均不早于《综理众经目录》。谭世保的观点见《汉唐佛史探真》，第 33—52 页。

第三，就像那体慧在《指南》里所指出的那样，《指南》为早期汉译佛典编订年表的目的本身，要求具有一批确定了作者和年代的译经作为"出发点"，而《指南》对《出三藏记集》里相关《综理众经目录》内容的强调，正好满足了这一需求。按那体慧的说法，因为她的研究是"围绕在佛典汉译的最初阶段发挥了重要作用的特殊人群而展开的"，所以根据外在证据对这群人的识别和研究就显得十分必要。① 正因如此，《指南》称颂安录，称其为现存最早的同类文本里部分保存下来的最古的汉译佛典目录，是揭示早期汉译佛经和其作者关系的最可靠的材料，也就不足为奇了。

还有一点也值得注意。那体慧提到了传记性材料在《指南》中的重要性，但跟她所说的目录性材料（《出三藏记集》里的信息）相比，传记性材料——主要是同时期的《高僧传》里的信息——的重要性被大大降低了。其原因不过是因为慧皎（497—554 年）的《高僧传》（估计 530 年编纂成书）比《出三藏记集》编成的年代晚了十几年。② 由于包含了不少早期佛典译僧的传记资料，《高僧传》首卷在早期佛典汉译研究中的重要性向来是不言而喻的。但是，由于估计《高僧传》在编成时间上比《出三藏记集》晚十几年，《指南》便理所当然地认为，凡是二书中出现了类似或相同的叙述，则一定是《高僧传》跟从甚至"逐词逐句"地照抄了《出三藏记集》。③ 难道《高僧传》仅仅是估计晚于《出三藏记集》就能说明前者"剽窃"了后者吗？尽管对早期中国文献的形成和流传的研究成果证明，像《指南》这样处理早期文献的方式是站不住脚的，但《指南》所要达到的目的是拒绝年代不确定的文本在文本年表中的存在，因此无论看起来多么牵强，文本之间年代的先后关系必须得到确立。就像在上面第二点中提到的那样，那体慧从方法论的角度对较早时期材料的重视要远大于年代较晚时期的材料，哪怕只是像前面提到的那样仅仅有十几年的差别。既然《出三藏记集》被认为是早于《高僧传》十几年，那么《高僧传》从未在《指南》里取得像《出三藏记集》那样的地位也就顺理成章。

一旦确立了《出三藏记集》（以及包含于其中的《综理众经目录》的零星信息）的权威地位，并认定其中的译者和译经对应关系是可靠的，以此为出发点对特定译者译经语言特征的分析便成为可能。依据《出三藏记集》和宇井伯寿、许理和等人的研究，《指南》给出了一个"无争议文本"（consensus texts）的清单，这些译者

---

① 那体慧：《指南》，第 11 页。
② 许理和：*The Buddhist Conquest of China*，第 10 页。
③ 那体慧：《指南》，第 13、16 页。

归属及年代"无争议"的译经就成为定义特定译者译经之风格和语言特点的核心文本，而通过这种方法总结出来的译者特定的译经风格和语言特点也就变成了分析译经的"内在证据"。这也就是说，所谓的"内在证据"，就是根据对核心文本的词汇、句法和文学风格等建立起译者和译经对应关系的特定数据库。建立起这样的数据库，研究者就可以应用其中的信息，来分析次一级的其他佛经，并循此线索锁定其译者。《指南》正是用这种方法，为那些据说是 2 世纪和 3 世纪产生的汉译佛经编了一张年表。① 可以想见，如果这张根据严格的早期佛经研究方法制定的年表的权威性得到了确立，就又会成为借以研究其他佛典的"外在证据"。

这种方法还与《指南》试图描述汉译佛经在不同社会群体间的流传有关，而对这些群体的划分又以现存佛典中表现出来的语言特征为依据。在假设早期翻译佛典的语言特征等经历了漫长的传播过程仍旧保持不变的前提下，早期佛经的研究者声称，从某些译经尤其从那些据说是支娄迦谶（活跃于 168—189 年间）翻译的佛经里识别出某些方言要素，并进而将其与早期佛教借以传播和发展的某些社会、文化和地域环境联系起来。② 以此为前提，立足于有限的材料，一个方言对文言（vernacular versus literary）的二元结构便应运而生。《指南》解释说，这种二元结构表明了两个截然不同的社会群体对不同风格的汉译佛经的接受。以文言风格为主导的佛经反映的是中国文人的趣味，译经语言优雅、经典，由文人为文人而译；相比而言，译经中随处可见的方言表达和异域风格的语汇，则反映了"接受群体是由不同种族的移民组成"③。更进一步，《指南》指出，因为早期汉译佛典里不见有结合方言和外来语的演说，所以在早期佛经信徒中也就没有"大量未受教育的、只讲汉文的汉人信众"的出现。④ 看得出，那种相信仅凭佛典的语言特征就能制定出早期译经年表的自信心，其实正是根植于以上的学术思想之中。这一学术思想成为《指南》所反映出的这样一种信念的后盾，即早期汉译佛经中的某些语汇和表达——佛经名称、技术名称，甚至反问句中的代词、虚词和结构，不但能用来识别译经，而且能识别与译经相关

---

① 那体慧：《指南》，第 175—178 页。
② 相关论述可参考许理和："Late Han Vernacular Elements in the Earliest Buddhist Translations," *Journal of Chinese Language Teachers Association* 1977.12，第 177—203 页；许理和："Vernacular Element in Early Buddhist Texts: An Attempt to Define the Optimal Source Materials," *Sino-Platonic Papers* 71（1996），第 1—31 页；朱庆之：《佛典与中古汉语词汇研究》，台北：文津出版社，1990 年；梅维恒（Victor Mair）："Buddhism and the Rise of the Written Vernacular in East Asia: The Making of National Language," *Journal of Asian Studies* 53.3（1994），第 707—751 页。
③ 那体慧：《指南》，第 18 页。
④ 同上。

的"特定地理和 / 或社会环境"①。

根据"外在证据"和"内在证据"为译经断代并分析语言风格，《指南》确实做到了通过整合各种材料更新过去对汉译佛经的研究成果，而且就像《指南》提供的三张表格（Appendices 1、2、3）里所显示的那样，整个研究看起来显得非常讲究条理和科学性，对于佛典数字化带来的关键词检索功能的充分肯定，也显示出《指南》对新的研究工具的尝试和认可。②尽管《指南》的不少地方可圈可点，但我们还是不得不正视这一方法本身的问题，尤其当我们面对这种方法背后的逻辑——那种依靠脱离了原有文本语境的安录所记的有限的"外在证据"之无上权威就能确定和保证最早译经及其译者之间关系——的时候，就更是这样。那体慧努力要证明，她之所以选择安录为自己论证的"出发点"，是因为安录年代早，且其编者为态度严谨的"学僧"，因此其信息便具有客观性，是可信的。但是我们是否能像《指南》所允许的那样，将材料的年代久远等同于材料的客观真实？是否能像那体慧建议的那样，直接将道安的声誉转化成他所编目录的权威性？细细品味，这两点支撑起整个《指南》论证方法的假设都有问题。即使我们接受道安的目录在众目录中是最早的，而且其借助《出三藏记集》保存下来的部分没有经历过重大的改变，我们还是不能肯定道安给出的译者和译经对应关系反映的是真实情况。毕竟，到《综理众经目录》完成的374年，最早的汉译佛经已有两百多年的历史了；那体慧确认的作为论证"出发点"的汉译佛典（147—280年之间）中，即便是年代最晚的，距离《综理众经目录》的完成时间也有百年之久。如果安录是最早的，在缺少描述译经归属的二手数据的情况下，道安究竟怎样才能为那些译经找到译者呢？

如果我们将古代中国文献的形成和流传等情况考虑在内，以上提到的那体慧的假设就显得更加可疑。不署作者之名为古书之通例，这一点既得到了文献支持，也被最新的考古发现所证实。③这一通例也同样适用于对早期汉译佛经的研究。这一点，《出三藏记集》和《高僧传》道安传记里的一段雷同的记载很能说明问题。文中说：

自汉暨晋，经来稍多，而传经之人，名字弗记。后人追寻，莫测年代。安乃总集名目，

---

① 那体慧：《指南》，第18—19页。
② 同上，第30页。
③ 余嘉锡：《目录学发微 外一种：古书通例》，长沙：岳麓书社，2010年；李零：《出土发现与古书年代的再认识》，见《九州岛学刊》3.1（1998），第105—136页；骈宇骞、段书安：《二十世纪出土简帛综述》，北京：文物出版社，2006年。

表其时人,铨品新旧,撰为经录。众经有据,实由其功。①

这段文字传递的最关键的信息是,自汉至晋以来(自然包含了《指南》所讨论译经的东汉和三国时代),传经——在本文语境下指的就是译经——人的名字并没有像今天我们看到的那样记于书并流传后世的。译者的名字附记于译经非常重要,因为人们是通过译者的时代来推测佛经的翻译年代的。现在既然译者的名字无法确定,后人便无法来推测佛经的年代和译者。而道安编辑译经目录的原因及其想要达到的目的,就是为这些遗失了译者信息的佛经找到译者,并根据重新获得的译者信息确定译经的年代。最后,如果这段话没有有意夸大道安的贡献,我们就可以据其推论:正是由于安录建立起来的译经和译者的对应关系,之前一两百年积累起来的译经才有了明确归属,译者和译经的信息才得以有据可查,这一切都始自道安。

不过问题重又回到了此前提出的疑问:安录是此类目录的始祖呢,还是其编订另有所本?根据前面引文的信息,即使道安编辑的目录有他本,想必那些目录也是不完善的、流散不广的,且跟安录的影响相比近乎微不足道,而安录一出,其他类似目录,即使真的存在过,其流布和影响也很快被安录取代。比如,在《出三藏记集》为无译者佛经目录撰写的序言中,僧祐不无伤感地指出:

将是汉、魏时来,岁久录亡;抑亦秦、凉宣梵,成文屆止;或晋、宋近出,忽而未详。译人之阙,殆由斯欤。寻大法运流,世移六代,撰注群录,独见安公,以此无源,未足怪也。②

这段话先是指出了译者信息遗失的三种可能性:第一种情况是由于译经产生太早,即使有经录,由于历时过久,经录失传,进而导致译者信息不存(汉、魏时期译经);第二种情况说的是译经仅限于传教的需要,虽然译出佛经,但并未编入目录,因而导致译者信息不存(前秦、西凉时期译经);第三种情况对僧祐而言是晚近的事,译经刚一出来译者信息就丢失了(两晋、刘宋时期译经)。这说明,直到僧祐生活的近世,译经者的名字也并未与所译经典一起固定流传,而是随时都有丢失译者信息的危险。而最可靠的传播译经者信息的途径,尤其是对于年代久远的译经,

---

① 僧祐:《出三藏记集》,第561—562页。
② 同上,第123页。

从上文来看，还是经录。但由于各种原因，自佛经传入中土以来最初的二三百年里，由不同人编撰的佛经目录中，只剩下安录的可以参考。这也就是说，尽管僧祐怀疑安录出来之前还有其他经录的流传，但他能见到的却只有安录的。其实，即使今天，我们对安录之前或同时期其他经录的存在与否，也只能是猜测。引文中提到僧祐关于汉魏或许存在其他经录的说法，也只是他自己的猜测而已，并不能作为安录之前或同时已有其他经录存在的文献证据。

以上僧祐的感叹还透露出另外一个信息，即在早期佛经的翻译和传播过程中，不提译者名字是一种习惯做法。就像作者权（authorship）一样，译者权（translatorship）的作用更多地体现在文本阐释方面①；但译者权跟作者权又有不同，译者的地位往往低于作者，在佛经翻译中就更是这样。可以理解，佛的话语当然要远比译者的身份重要得多。因此，当人们宣讲一部翻译过来的佛典，毫无疑问，他们更关心佛经的内容，并以此为基础阐发其深意，领会佛祖教诲；相对而言，译者是谁并不是人们首先要关注的。这种做法从佛教传入伊始一直持续到很晚，似乎在僧祐时期也没什么大变化，而这种实践所带来的直接后果就是导致一大批汉译佛典译者信息的遗失。失去译者信息的佛经也叫作"失译经"，如果打一个比方，"失译经"就像失去了归属的孤儿，这样的文本孤儿在道安和僧祐的经录里都有专门的清单。②僧祐的清单开列出1306部失译经、450部有译者归属的佛经，二者比较，失译经的数目毫无疑问大大超过了有译者归属佛经的数目。③

以上两条引文，细读下来，透露出早期佛经和译经的复杂性。而道安编撰经录，为早期译经找到译者，也并不像人们想象的那么简单。事实上，道安编撰《综理众经目录》时是否参考过其他经录，我们仍旧不得而知。如果他确实参考过，那么如今残存在《出三藏记集》里的《综理众经目录》，就不应该看作那体慧所说的"出发点"；既然道安参考过的其他经录至今已不可考，我们也只有尊重事实，停止在"出发点"的迷雾中继续绕圈子，在探究早期汉译佛典译者的问题上另辟蹊径。如果在编撰的过程中道安没有参考其他目录，而是第一次为那些很多是一二百年前的译经

---

① Translatorship 这个词在 C. & G. Merriam Co. 1913 年出版的"Webster's Revised Unabridged Dictionary"里被解释成"译者的办公室"或是"尊严"（the office or dignity of a translator），但是这个解释跟本文讨论的"译者权"观念毫无关系。本文所说的"译者权"跟"作者权"的观念近似，指的是从汉语以外的语言写成的一个或多于一个文本的汉语译本的归属。更确切地说，此处所说的翻译文本的原文是用印度或中亚语言写成的佛教经典。
② 僧祐：《出三藏记集》，第 91—114、123—216 页。
③ 同上，第 56、211 页。

找到了可靠的译者,他是怎样做到的呢?这一点我们必须追问到底,而不是简单地认为因为道安是一个严肃的学僧,所以他所编撰的经录就一定是客观可信的,并进一步将安录看成是讨论早期译经的"出发点"。在弄清楚这一点之前,那种将道安的经录看成是讨论早期译经和译者的绝对可靠的第一推动力的观点,是对早期佛经汉译的过度简化处理:它忽略了早期中国文本产生和流传的复杂语境,其实早期佛经的汉译及传播也同样出于这一复杂的语境中。这种简化和忽略事实上动摇了《指南》的方法论基础,让人们对其研究的最终成果和结晶——前面提到的作为附录的三张表格——产生了疑问。

伪经[①] 番僧 "译者权"

如果真的像《出三藏记集》里所说的那样,在佛教传入中土并且译经开始在中土流传的最初的那一二百年里,佛典译者及"译者权"基本上处于被忽略的地位,那么我们就应该去追问,为什么到了道安生活的晋代,译者和译者权的问题忽然间变得重要起来,以及道安究竟怎样才能在译者信息遗失这么久之后,仍然能为那些失译经找到译者。《出三藏记集》中,僧祐在为译者已知佛典清单写的序言中,简要地回顾了佛经汉译史,提到了自东汉桓(146—167年在位)、灵(168—189年在位)二帝以来汉译佛典的数量逐年增加的现象,并高度评价了道安通过编撰佛经目录对以往译经进行整理的壮举。他说:

> 法轮届心,莫或条叙。爰自安公,始述名录,铨品译才,标列岁月。妙典可征,实赖伊人。[②]

大家对这段引文的理解或有不同。人们或许会说,在僧祐这位6世纪的和尚眼里,道安的经录就是最早的,否则他就不会说,只有从道安开始,汉译佛典的题目

[①] 关于"伪经"的定义讨论和英文用词(apocrypha, noncanonical apocrypha, pseudepigrapha, spurious books)内涵的区别,参考罗伯特·巴斯韦尔(Robert Buswell)"Prolegomenon to the Study of Buddhist Apocryphal Scriptures",为其编辑的 *Chinese Buddhist Apocrypha* (Honolulu: University of Hawaii Press, 1990) 一书的序言。此序言有中译本,相关内容见纪赟译:《佛教疑伪经文献研究序论》,《佛教文献研究》第二辑,桂林:广西师范大学出版社,2016年,第227—256页。本文所指的"伪经"也包括"疑经",这两个词都出现在僧祐的《出三藏记集》里,且二者混用。
[②] 僧祐:《出三藏记集》,第22页。

才得以记录,译者的才华才得以品评,译经的年代才得以标注,从而使得译介过来的佛典变得有据可查。既然自道安开始才取得这样的进步,就说明之前关于佛典的译者和年代之类的信息是不存在的。但人们也可以争论说,道安同时或之前的时代也有类似经录的存在,只是因为名气不及安录大,影响不及安录远,因而安录一出,群录失传,不为僧祐所知而已。但如果折中二者,说安录即使不是同类经录中最早的,起码也是最早的之一,恐怕也不失公允。

即使这样,我们还是不得不再一次追问:道安是怎样自信地为一二百年前的译经找到译者的呢?我们就以安世高为例。如果《出三藏记集》里关于他的传记内容基本上是合理的,那么大部分归到他名下的译经应当译自2世纪后半叶,比道安《综理众经目录》的编纂早约两个世纪。就像在前面引文里显示的那样,在一个并不强调作者或译者的文本文化中,道安用以鉴别译经译者的材料一定是很有限的,因为当时译者权根本没有一套可据以追索的有效手段(比如附有介绍作者的序跋)。在这一点上,如果道安也像《指南》那样为经录的编撰寻找一个"出发点",这样的证据即使有,恐怕也很难得到文献上的证明。因此,可以想见,道安在编撰经录的时候,恐怕在相当程度上是根据假设建立起早期译经和译者之间的对应关系的。

那么,有关早期汉译佛经作者权的信息有没有可能是通过口头流传的方式,像佛典的传播那样,一代代传递下来,一直传到道安那里呢?按理说,尽管这一假设同样难以有效地证实,但并非完全不可能,尤其是在一个注重口头和记忆传播的宗教语境下。但是《指南》否认了这种可能性。那体慧认为,对佛典声称具有"作者权"(或者"译者权"),一定会被时人看成是非常不合适的行为,因为佛教徒相信,所有的佛典均出自"金口",即每一个字都由佛陀亲口传授。① 这也就是说,关于佛典著者或译者的信息,从一开始就不会被鼓励去记诵和传播。而这也确实跟所说的自汉至晋佛典中不见有译者信息的观察相符。在这一点上,《指南》的说法很可能是正确的,但这却将《指南》方法论所依赖的"出发点"的假设陷入两难境地:对于早于道安一二百年的汉译佛经,如果道安既没有文本证据也没有口传的早期记忆来确定它们的译者,那么他的经录里给出的译者信息,只能在很大程度上看成是他自己的创造。现在问题的关键是到底是什么促使他非要这么做呢?

除了道安的学识和个性等主观因素,以下两个原因或许催生了道安承担起为译经编目的责任心。第一个原因跟道安所处时代汉译佛经的整理状况相关:一方面是

---

① 僧祐:《出三藏记集》,第10页。

从佛经初入中土到道安所处时代的二三百年里汉译佛经的大量积累,另一方面是道安之前佛经翻译和传播的无序。二者之间的不平衡就使得为译经编目成为一种必要手段。事实上,道安自己也提到自汉至晋期间汉译佛典逐年累增的事实。① 这在道安经录里也一目了然。《出三藏记集》里记载收入安录的佛经包括"名经""失译经""疑经""伪经"等,总部数超过五百,② 即使道安自己也承认,汉译佛经的数量到他的时代已成规模,可以说是"众经浩然"③。尽管众经的长短不同,但作为整体,五百部已不是个小数目,客观上确实存在通过撰序目录来整理的必要。

另外一个很重要的原因跟伪经的大量出现有关。道安的传记里提到,到他撰述经录的时候,已经不乏有追索当时流传译经出处的呼求。佛教徒对正在流传的佛典何时、怎样译介至汉土这样的问题感到不安,而且开始"追寻"其源头。④ 在一个看重文本本身而不重视"作者权"或"译者权"的文本传统里,这种不安的出现就显得很不寻常,跟人们对时下流传的佛典的真实性的关注直接相关。其实,道安的经录也反映出,当时伪经的影响力之大确实已经到了令卫道士们感觉有必要辨别真经伪经的地步了。比如,道安在疑经类清单的序言中,就强烈呼吁将真经和伪经区别开来。他说:

外国僧法,学皆跪而口授。同师所受,若十、二十转,以授后学。若有一字异者,共相推校,得便摈之,僧法无纵也。经至晋土,其年未远,而喜事者以沙糅金,斌斌如也,而无括正,何以别真伪乎!农者禾草俱存,后稷为之叹息;金匮玉石同缄,卞和为之怀耻。安敢预学次,见泾渭杂流,龙蛇并进,岂不耻之!今列意谓非佛经者如左,以示将来学士,共知鄙倍焉。⑤

在《出三藏记集》中,僧祐明确指出,这一带序的"疑经"清单系由"安法师造"。该序层次清晰,由三部分组成。第一部分描述外国僧团严格的学经、传经程序,这一程序强调的是杜绝谬误的产生和流传。其具体做法是:学经之初,心必虔敬,如序言所言,皆须"跪而口授"。这里透露出一个很重要的信息,即早期佛经的传授

---

① 僧祐:《出三藏记集》,第 561 页。
② 谭世保:《汉唐佛史探真》,第 67—74 页。
③ 僧祐:《出三藏记集》,第 227 页。
④ 同上,第 561 页。
⑤ 同上,第 221—222 页。

不是通过文本，而是口头流传。经典的口头流传最倚重记忆。因为不像通过文本流传那样可以随时对照记录以查检谬误，所以口头流传就对记忆的牢固性和准确性提出了很高的要求。根据道安在这里所描述传经场面可知，早期佛经传经采用的是课堂教学方式，即由经师宣讲，学生共同背诵，必须经过十遍、二十遍的记诵，一字不差之后，才可以传给后学。在记诵传播的过程中，哪怕出现一个字的差异，大家也要根据记忆，"共相推校"，查检并清除谬误，以保证所学、所传经典的纯洁无误。前言的第二部分话锋一转，从对最初佛经传授规程谨严的赞美转至对佛典传至中土真伪经混杂的检讨。道安批评"喜事者"在佛典中掺杂伪经，"以沙糅金"，而这样制造出来的经典，文质兼备，如果不加以查检校正，确实能达到以假乱真的地步。虽然道安并没有进一步探讨"喜事者"造伪的深层原因，但在接下来的第三部分，道安的感慨道出了其辨别真伪、括正佛典的强烈责任感和巨大的决心，目的就是从当时社会上佛经流传过程中呈现出来的"泾渭杂流，龙蛇并进"的状态中将伪经摘出，并列表以示后人。总之，如果我们不怀疑这个序言真的出自道安之手，那么道安编纂经录的原因和目的也就一清二楚了。

既然道安编撰经录的目的是去伪经存真经以卫佛道，那么他是如何识别伪经又怎样标识真经呢？道安以及后来继承道安事业的经录编修者采用的方法大致相同，那就是将他们鉴定为真经的佛典归为番僧名下，通过让外国和尚作为其译者的方式，不但确立了译经的年代，确立了其经典地位，而且能保证其以后不会再受伪经的污染。传世的佛教文献也证明，至晚自道安的时代开始，佛经辨伪的工作就一直持续进行。道安将怀疑是伪经的二十六部佛经开列出清单，名之为"疑经"[1]；紧接着道安开出的"疑经"清单，僧祐新加入了二十部，将原先的"疑经"清单大大加长。[2] 僧祐自己也指出，伪经掺入佛典真经，已经是一个长期持续困扰佛教的问题。他说：

  自像运浇季，浮竞者多，或凭真以构伪，或饰虚以乱实。昔安法师摘出伪经二十六部，又指慧达道人以为深戒。古既有之。今亦宜然矣。祐校阅群经，广集同异，约以经律，颇见所疑。[3]

---

[1] 其实也就是僧祐之后所说的"伪经二十六"。见僧祐：《出三藏记集》，第224页。
[2] 同上，第221—226页。
[3] 同上，第224页。

在僧祐看来，佛教传入中土，最开始的时候还是一门有深度的信仰，教义的传播是纯粹的。但自从进入一个浅薄浮夸的时代，这一切就发生了变化，佛经的造伪也就出现了。造伪的形式主要表现在两方面：一是以真经为祖本，根据真经演绎，以造新本；二是伪经的依据本身就是虚假的，虽然其依据不合教义，但其语言修饰的功夫到家，使得伪经足以乱真，从而混淆了佛典的真伪。紧接着，僧祐又指出，安录已然列出二十六部伪经，并且特别举出慧达道人的例子，引以为戒。道安既已开此先河，僧祐欣而从之，亦将疑伪之经辨识开列，以警后世。

慧达道人的故事跟疑经伪经有什么关系呢？如果道安所说的慧达道人就是《高僧传》里有传记的那个慧达道人，那么他故事就跟佛教神迹故事有关。传说慧达道人三十一岁那年"忽如暂死"，复活之后讲述他入地狱遇法师皈依佛教的故事。之后他果然变成佛教徒，并行有若干奇迹云云。① 然而，《高僧传》里的那个慧达道人的故事好像跟伪经的书写和流传并没有直接的关系。当然，也可能是道安在以慧达道人的故事影射和批判慧达道人的传记里所反映出来的那种传教方式。这种方式难免让人联想起道教的神启式写经，但道安引慧达道人为戒的时候是否也这样联想则不得而知。② 只是从僧祐在《出三藏记集》的"杂经志录"的批注里，我们可以看出像慧达道人一类的神异故事的确跟伪经的出现大有关系。例如，僧祐列出二十一部据说是一个叫僧法的尼姑所传的伪经。该尼九岁便能在"上天"或"神"的启示下传诵佛经，以至于名震京都，引起了当时皇上的注意。僧祐曾尝试着访问该尼，但因其家长阻止而不得见其面闻其声。③ 接着这个故事僧祐还提到另一件发生在建安（196—219 年）末年的怪事。济阴地方有丁氏妇，一天发病之后即能说胡语，且索要笔纸，能以胡语书写。后有西域胡人证明丁氏妇所书实为某佛经原文云云。④ 虽然僧祐没有拒绝记录此类神异故事，但很显然他对以这种方式写经传经表示怀疑。这一点上，他将传自僧法的佛经统统列为伪经便是明证。更值得我们注意的是，僧祐在评论此类神异故事时，道出了识别真经的标准。他说：

---

① 慧皎撰，汤用彤、汤一玄校释：《高僧传》，北京：中华书局，1992 年，第 477—479 页。
② 关于道教通过神启写经的做法，参考 Isabelle Robinet 著，Phyllis Brooks 译：*Taoism: Growth of a Religion*（Stanford: Stanford University Press, 1997）。
③ 僧祐：《出三藏记集》，第 229—231 页。
④ 同上，第 231 页。

推寻往古，不无此事。但义非金口，又无师译，取舍兼怀，故附之疑例。①

这节引文的前两句是针对前面僧法尼和丁氏妇的故事而言，意在说明灵异事件在佛教传播中的悠久历史。从丁氏妇的例子来看，此类事件的发生当不晚于东汉末年。但是僧祐也明确指出，尽管此类事情异于常识，他也并不因此全然摒弃，而是一并纳入所撰经录，但将其列入疑伪经的范畴。这段话透露出的最重要的信息就是中间两句话所揭示出的从伪经中辨别出真经的标准问题。根据僧祐的说法，一部真经要么出自佛祖"金口"②，要么由经师译就，否则只能归入疑伪经之列。但就汉传佛经而言，因为佛祖金口不说汉语，所以中土的真经必定是转译自其他语言，而在佛教传入中土的初期，熟练掌握"胡语"佛典的当属外国和尚，因此译者是否为外国和尚，也就顺理成章成为判断早期佛典真伪的标准。

编撰经录的目的很大程度上就是清除疑伪经。随着时间的推移，经录里疑伪经的清单也越来越长。比如说，道安的疑经清单为二十六部，僧祐将这个数字扩大到四十六，而到了唐代的《开元释教录》，伪经的数目超过了一千，比僧祐的清单还要长很多倍。③ 这种现象反映了伪经问题长时期持续困扰着汉译佛典和汉传佛教。二者的紧张关系与伪经清单的长度成正比，伪经数目随着佛教在中国的繁荣发展不断增加，而编撰经录，从本质上说，就是佛教护教者们清除伪经、辨证源流、纯化教义的有效手段。

伴随伪经目录的加长是归入外国僧人名下的佛典数量的增加。比如说，根据《出三藏记集》，归于安世高名下的译经数量为 34 种（40 卷）；在费长房的《历代三宝记》中，归入安世高名下的译经数量为 176 种（197 卷）；更晚的《开元释教录》对《历代三宝记》里的数字做了修正，但归入安世高名下的译经数量依然远远高于僧祐给出的数字，为 95 种（115 卷）。同样，归于支娄迦谶名下的译经，《出三藏记集》记录了 14 种（27 卷），《历代三宝记》记录了 21 种（63 卷），《开元释教录》记录了 23 种（67 卷）。④ 同样的现象也发生在三国时期的支谦和其他早期佛经译者

---

① 僧祐：《出三藏记集》，第 231 页。
② 当然，这里僧祐除了强调佛典属于舶来品，还强调佛教教义的权威。丁氏妇就是这样一个例子。尽管她病后显示灵异，不但能言说而且可书写胡语佛典，但因其言语非出自"金口"，因此她的事迹也一并归入疑杂之类。
③ 僧祐：《出三藏记集》，第 221—232 页；智升：《开元释教录》（文渊阁四库全书）第 18 卷。
④ 王文颜：《佛典汉译之研究》，台北：天华出版事业股份有限公司，1984 年，第 68 页。

身上。①

早期外国僧人名下译经数量与时俱增的现象，跟伪经目录与时加长的现象一样，反映的同样是伪经对于佛教的长期困扰以及真经和伪经之间的长期紧张关系。这两种现象是同一枚硬币的两面：开列疑伪经清单是从佛典里摘出伪经，将佛经归入番僧名下是从佛典里识别出真经。就像前面僧祐所指出的，既然真经只能源于外语且必须经过翻译，而早期真正精通外文佛典的大多为外国和尚，所以，将一部佛典的译介跟外国和尚建立起联系，从翻译所传达即为佛之金口所言这一意义上说，就等于是保证了这部佛典的真实可靠的地位、身份和权威。如果跟佛教初入中土时的境况相比较，我们会发现这一现象非常有趣。当初为了跟中土建立联系，佛教不惜借用道教语汇翻译和宣传自己的教义，不惜以曲解自己的思想为代价迎合中土文化，从而取得自己作为一种外来宗教在中土的立足点。但是经过了两三个世纪的发展，这种宗教意识到通过保持跟汉文化距离的方式来保持自己的独特性，尽管汉文化曾经为佛教移植中土提供土壤并保持其持续生长和繁荣发展。当然，这种努力将自己和汉文化区别开来的倾向，只有当佛教在中土获得了足够的地位和影响时才能够产生。

对于经录编撰中所反映出来的努力将早期汉译佛经与其印度或中亚源头连接的做法，就应该放在以上所说的语境下来理解。在这样的语境下，为早期汉译佛经寻找译者，俨然就是在佛教发展史上一个与以往相比发生了变化的阶段对中土佛经的重新定义，而通过编撰经录的方式重新审视和选择译经的权威，在一定程度上反映了这种重新定义。这就是我们在像《综理众经目录》一类最早的佛经目录里所看到的，这之后的经录透露出来的其实是同样的信息；卫教者们持续编撰经录，就是以经录为武器，在列疑伪经清单抵制"伪"经的同时，通过将一些佛经归于番僧名下来修正或保持他们所认为或挑选出来的"真"经的权威地位。从这个角度来看，确立早期汉译佛经的译者和译者权，就是重新思考、重新调整汉译佛典文本的权威性。因此，我们可以这样说，编撰经录确立译经的译者权，从本质上是佛教发展到一定阶段以后为了重新定义佛经的文本权威而发明的有效手段，其目的并非保存早期汉译佛典及其译者的历史信息和记录，尽管不少译经的归属看起来好像有证据支持，但那些

---

① 王文颜：《佛典汉译之研究》，第 69—70 页。许理和也注意到这种反映在佛典目录编撰中的倾向，但他研究建立在辨伪的学术传统下，而不是从真伪经的长期紧张关系的角度对这种现象做出更有效的阐释。许理和的研究见"A New look at the Early Chinese Buddhist Texts"，载 Koichi Shinohara, Gregory Schopen 编：*From Benares to Beijing: Essays on Buddhism and Chinese Religion*, Oakville: Mosaic Press, 1991, 第 277—304 页。

证据大多是无法证实的。

结　论

　　汉译佛经是一类特殊文本，对它们的研究也应该放在它们特有的宗教和社会功能的语境下来考虑。译者权也应该放在这样的背景下来理解。佛教进入中土后最初的几个世纪里，跟译经相比，译者的名字并不重要，也没有标识在佛经上随经流传；只有当区别真经和伪经成为一种需要的时候，译者权——早期佛典汉译中是外国和尚作为译者——才被发现并得到强化。我们必须明白，这时候译者权的建构本质上是属于回顾式的，甚至带有传说性质，对早期汉译佛经而言就更是如此。因此，我们必须保持足够清醒，慎重对待那种把译者权——作者权的一种特殊形式——所反映出来的作者信息用作史料来为译经断代并确立文本权威的做法。

　　［张瀚墨，中国人民大学国学院］

鸠摩罗什译经中的印度星占知识*

周利群

摘要： 本文整理了鸠摩罗什译《大智度论》中的劫波与地震占卜，《大智度论》《大庄严论经》《思益梵天所问经》《十诵律》中的时节历法，以及佛教僧团对于星占知识的态度等内容。鸠摩罗什译经中的星宿占卜及固定的日夜比折线函数知识，与《虎耳譬喻经》等文献同属于曜（graha）传进中国之前的天文知识，体现了印度《占星吠陀支》时代的天文历法技术阶段（公元前 400—公元 200 年，亦称为印度的巴比伦天文时期）。作为一位精通五明的译经师，鸠摩罗什为佛经星宿占卜知识传播到东亚做出了卓越贡献。

关键词： 鸠摩罗什　《大智度论》　印度星占

中国著名译经师鸠摩罗什（344—413 年），自后秦弘始五年（403 年）四月始，先后译出《中论》《百论》《十二门论》（以上合称三论）《般若》《法华》《大智度论》《阿弥陀经》《维摩诘经》《十诵律》等经论，系统地介绍了龙树中观学派之学说。其译经之总数说法不一，《出三藏记集》称三十五部，二九四卷；《开元释教录》则谓七十四部，三八四卷。

前科学时代的古代星占，等同于现代意义上的天文、历法和占卜。在中国和印度，古代星占都算是一种仅仅为少数人掌握的专门知识。《出三藏记集》记载，鸠摩罗什"博览四韦陀、五明诸论，外道经书，阴阳星算，莫不究晓。妙达吉凶，言若符

---

* 此文借"鸠摩罗什与东亚知识的迁移"学术研讨会召开之际构思撰写，感谢北京大学王邦维教授的鞭策，感谢北京外国语大学李雪涛教授的鼓励。本论文受 2015 年北京外国语大学新入职教师科研启动基金项目（项目号 2015QD001）与 2016 年教育部人文社会科学研究青年项目"佛经《虎耳譬喻经》梵藏汉文献整理与研究"（项目号 16YJC730008）支持。

契"①。如此可见,鸠摩罗什应该是知晓古代星占的一位三藏。仔细爬梳鸠摩罗什的译经,发现《大智度论》《大庄严经论》《思益梵天所问经》《十诵律》等文献中包含古代印度的星占知识。②

一 宇宙论中的"劫波"概念

龙树造、鸠摩罗什译《大智度论》是解释《大般若经》第二品的论释,篇幅很长,鸠摩罗什翻译初品得三十四卷,二品以下择概要翻译,总共一百卷,内容十分丰富。卷三十八解释了劫波(Kalpa)。劫波常译为劫,义项很多,宇宙论角度的理解是神话中的一段时间,相当于创造世界的大神梵天的一天或者一千个时(yuga),人类世界的43.2亿年,世界的总寿命。③

《大智度论》卷三十八"往生品四":

"云何名劫?"答曰:如《经》说:"有一比丘问佛言:'世尊!几许名劫?'佛告比丘:'我虽能说,汝不能知,当以譬喻可解:有方百由旬城,溢满芥子,有长寿人过百岁,持一芥子去,芥子都尽,劫犹不俱易。'""又如方百由旬石,有人百岁,持迦尸轻软迭衣一来拂之,石尽,劫犹不澌。"时中最小者,六十念中之一念;大时名劫。劫有二种:一为大劫,二为小劫。大劫者,如上譬喻。……

复有人言:"四大中三大有所动作,故有三种劫:或时火劫起,烧三千大千世界,乃至初禅四处;或时水劫起,漂坏三千大千世界,乃至二禅八处;或时风劫起,吹坏三千大千世界,乃至三禅十二住处,是名大劫。小劫亦三种:外三大发,故世界灭;内三毒发,故众生灭,所谓饥饿、刀兵、疾病。"

复有人言:"时节岁数,名为小劫。如《法华经》中说:'舍利弗作佛时,正法住世二十小劫,像法住世二十小劫';'佛从三昧起,于六十小劫中说《法华经》,

---

① 僧祐撰,苏晋仁、萧炼子点校:《出三藏记集》,北京:中华书局,1995年,第531页。《高僧传卷二·译经中》对于鸠摩罗什学识渊博也有近似的描述。
② 受钮卫星教授汉译佛经中的天文史料整理启发,参见钮卫星:《西望梵天——汉译佛经中的天文学源流》,上海:上海交通大学出版社,2004年,第9—15页。
③ 此为Monier Williams《梵英大词典》对于kalpa的解释,参见http://www.sanskrit-lexicon.uni-koeln.de/monier/。印度其他文献如往世书有更详细的解释,如一个劫波分为1000个大时(mahāyuga),每个大时包含圆满时(kṛtayuga)、三分时(tretāyuga)、二分时(dvāyuga)、争斗时(kaliyuga)等四个不同长度的阶段。

是众小劫和合,名为大劫。''劫簸',秦言分别时节。"①

上文最后一句中"劫簸"与"劫波",同为 Kalpa 的音译,"分别时节"也简单解释了这个词在宇宙学上的含义,即一种时间单位。作为普通年月日无法计数的大的时间概念,劫波这个时间单位究竟是多长,《大智度论》用了两个著名的譬喻来形容。一个是长寿人取方百由旬城的芥子,芥子取尽了一劫尚未结束;一个是长寿人用瓦拉纳西的轻软衣物拂方百由旬的石头,石头消失了一劫尚未结束。前科学时代的时间测量比不得近代社会那般精密,只能用这种譬喻来告知人们一个劫相比于人类的寿命是无限长的。

时间长度最大的是劫,最小的是一念,念可能是比一眨眼的"瞬"还小的单位。之后说明了劫的大小分类。大劫分为三种,由四大基本元素中的火、水、风三大作为毁坏世界的原因来分类。小劫,是指众生毁灭的三种原因,即饥饿、刀兵、疾病等。《法华经》等经典中将佛、舍利弗等所处的时代用劫描述出来,给信众一种悠远的感觉,也完美地将婆罗门教的劫波概念融入了佛经。

二　宿日占地震

《大智度论》卷八以佛教独特的方式结合印度本土星占知识解释了地震。

〈序品1〉:【经】
尔时,世尊故在师子座,入师子游戏三昧,以神通力感动三千大千世界,六种震动。
东涌西没,西涌东没;南涌北没,北涌南没;边涌中没,中涌边没。
【论】
问曰:"何以故正有六种动?"
答曰:"地动有上、中、下。
下者,二种动:或东涌西没,或南涌北没,或边中。
中者,有四:或东、西、南、北,或东、西、边、中,或南、北、边、中。
上者,六种动。有种种因缘令地大动,如佛告阿难:'八因八缘,令地震动,

---

① 高楠顺次郎:《大正新修大藏经》,《大智度论》,经号1509,第25卷,第339页中栏、第18—339页下栏19。

如别说。'"

复次，有人言："四种地动：火动，龙动，金翅鸟动，天王动。"二十八宿，月月一周绕：

若月至昴宿、张宿、氐宿、娄宿、室宿、胃宿，是六种宿中，尔时地动若崩，是动属火神；是时无雨，江河枯竭，年不宜麦，天子凶，大臣受殃。

若柳宿、尾宿、箕宿、壁宿、奎宿、危宿，是六种宿中，尔时，地动若崩，是动属龙神；是时无雨，江河枯竭，年不宜麦，天子凶，大臣受殃。

若参宿、鬼宿、星宿、轸宿、亢宿、翼宿，是六种宿中，尔时，若地动若崩，是动属金翅鸟；是时无雨，江河枯竭，年不宜麦，天子凶，大臣受殃。

若心宿、角宿、房宿、女宿、虚宿、井宿、毕宿、觜宿、斗宿，是九种宿中，尔时地动若崩，是动属天帝；是时安隐丰雨，宜五谷，天子吉，大臣受福，万民安隐。

复次，地动因缘有小有大，有动一阎浮提，有动四天下，一千、二千、三千大千世界。小动以小因缘故：若福德人若生若死，一国地动，是为小动。大动大因缘故：如佛初生时、初成佛时、将灭度时，三千大千世界皆为震动，是为大动。

今佛欲大集众生故，令此地六种震动。

复次，般若波罗蜜中授诸菩萨记，当得作佛；佛为天地大主，是时地神大喜："我今得主！"是故地动。譬如国主初立，臣民喜庆，皆称万岁，踊跃歌舞。

复次，三千大千世界众生福德因缘故，有此大地山河树木一切众物，而众生不知无常！是故佛以福德智慧大力，动此世界众生福德，令知微薄，一切磨灭，皆归无常。①

上文提到了地震占卜。《大般若经》第二品，按照地震出现和消失的方向，将地震分为六种，即东向西、西向东、南向北、北向南、边向中、中向边。《大智度论》中，将地震分为上、中、下三种，中地震与下地震如经文所言，乃是按照方向划分。而论中所言的上地震则是指佛所说的由八种因缘驱动的地震，如佛初生时、初成佛时、佛将灭度时、佛授记诸菩萨地神欢喜等有大的因缘，产生大的震动。有福德之人生或死，令一国地动，是为小的震动。总而言之，佛以大力令地动，是为了让此世界众生，知道自身的微薄，一切将会归于无常。

---

① 高楠顺次郎：《大正新修大藏经》，《大智度论》，经号1509，第25卷，第339页中栏、第18—339页下栏19。

另外论中插入其他说法，即根据月离星宿日①，将地震分为四种，即火地震、龙地震、金翅鸟地震、天王地震。此四种地震划分，似乎与佛教神通地震产生了距离，与传统的印度星占文献中的地震有了联系，但亦有差别。

印度依照凯拉什山中心宇宙模型影响下的雷、水、风、火四大引起地震理论体系，按星宿日和按时辰的地震占卜等，与中国古代阴阳失序引起地震的理论体系完全不同。此地震文献，在印度古代占卜类文献集大成者如《广集》中有类似记载。②

《广集》《大智度论》地震部分比较表

编号	《广集》第 32 章	《大智度论》卷三十八
1	大地为四头大象（或是一头海怪）所负，大象疲惫休息的时候发生地震	
2	大地母亲为长翅膀的山困扰不已，梵天让雷神去砍掉山的翅膀，风神、火神、雷神、水神有规律地震动大地，形成地震	火动，龙动，金翅鸟动，天王动
3	鬼宿、昴宿、氐宿、胃宿、星宿、室宿、张宿等七个星宿属于火神。 天空将遍布陨落的流星，四方天空燃烧，风与火在大地上肆虐。在火地震中，没有云，水池与湖会干涸，统治者互相敌对，将会爆发癣、出疹、发烧、丹毒与黄疸。相貌出众之人、坏脾气之人，以及阿萨卡人（Aśmaka）、鸯伽人（Aṅga）、Bāhlīka人、Tangana人、羯陵伽人（Kaliṅga）、孟加拉人（Vaṅga）、达罗毗荼人（Dravida），许多 śabara 人受到损害③	若月至昴宿、张宿、氐宿、娄宿、室宿、胃宿，是六种宿中，尔时地动若崩，是动属火神；是时无雨，江河枯竭，年不宜麦，天子凶，大臣受殃
4	奎宿、箕宿、参宿、柳宿、尾宿、壁宿、危宿等七个星宿属于水神伐楼那。 云的颜色如同蓝莲花、蜜蜂，以及眼膏，雷声隆隆，伴随着闪电，将会有骤雨。在水地震中，在海边或河边生存的人将会死亡。将会有很多雨，统治者们会停止敌对。Gonardha 人、车底人（Cedi）、Kukura 人、Kirāta 人与毗提诃人（Videha）会受损④	若柳宿、尾宿、箕宿、壁宿、奎宿、危宿，是六种宿中，尔时，地动若崩，是动属龙神；是时无雨，江河枯竭，年不宜麦，天子凶，大臣受殃

---

① 依据 27/28 星宿来命名日，是印度历的一个特色，类似于现代的恒星日，参后文星宿月的介绍。
② 周利群：《佛经中的古代印度地震占卜体系——以〈虎耳譬喻经〉为例》，《自然科学史研究》2016 年第 1 期。该文章发表之时，并未注意到《大智度论》中的相关记载，实乃疏漏。
③ 《广集》第32章，第 12—15 颂。Yano, Michio and Sugita, Mizue digitalized, Varāhamihira's *Bṛhatsaṃhitā*(Version4.3, May 8, 1998), based on the edition of A.V.Tripāṭhī (Sarasvatī, Bhavan Granthamālā Edition), with reference to H. Kern's text and his translation. 翻译参照下列文献：矢野道雄、杉田瑞枝訳，ヴァラーハミヒラ占術大集成（ブリハット・サンヒタ），平凡社東洋文庫，1995. M. Ramakrishna Bhat, *Varāhamihira's Bṛhatsaṃhitā*, Delhi: Motilal Banarsidass Publishers, First edition 1981, reprinted, 2010. N.C. Iyer translated, *The Bṛhatsaṃhitā*, Delhi: Sri Satguru Publications, second revised edition 1987.
④ 《广集》第32章，第 20—22 颂。

（续表）

编号	《广集》第32章	《大智度论》卷三十八
5	牛宿、女宿、虚宿、毕宿、心宿、斗宿、房宿等七个星宿属于因陀罗。 云像移动的大山，轰鸣的云，伴随着闪电，黑得像水牛的角，像黑蜜蜂，像黑眼镜蛇，倾盆大雨降下。在雷震中，有名的种姓与大家族的人、名人、大地保护者（王）、商会首领，将会受损。痢疾、咽喉炎、口腔炎、呕吐将会折磨人们。瓦拉纳西人（Kāśi）、蹂健达罗人（Yugandhara）、Paurava人、Kirāta人、Kīra人、Abhisara人、Hala人、Madra人、Arbuda人与Malawa人将会受损，将会有雨满足人们的需要①	若参宿、鬼宿、星宿、轸宿、亢宿、翼宿，是六种宿中，尔时，若地动若崩，是动属金翅鸟；是时无雨，江河枯竭，年不宜麦，天子凶，大臣受殃
6	翼宿、轸宿、角宿、亢宿、井宿、觜宿、娄宿等七个星宿属于风神。 四方的天空为烟尘遮蔽，风撼动树木，太阳光暗淡。在风地震中，庄稼毁灭，大地干涸，水肿、疯狂、发烧、咳嗽这些疾病产生。美人、持武器者、医生、女人、诗人、音乐家、商人、画家、木匠会受难，另外还有Saurāṣṭra人、俱卢（Kuru）人、摩羯陀（Magadha）人、Daśarṇa人以及摩差（Matsa）人②	若心宿、角宿、房宿、女宿、虚宿、井宿、毕宿、觜宿、斗宿，是九种宿中，尔时地动若崩，是动属天帝；是时安隐丰雨，宜五谷，天子吉，大臣受福，万民安隐
7	平息地震所进行的祭祀	

从上表可以看出，《广集》与《大智度论》的地震占卜部分，前者详尽，有成因，有分类，有卜辞，有祭祀；后者简略，只有分类和卜辞。二者有相同的部分，比如在分类上都受四种神的影响，《广集》有雷神因陀罗、水神、风神、火神这些早期婆罗门教主神，而《大智度论》则是火神、龙神、金翅鸟、天王/帝这些早期婆罗门教与佛教相结合的神祇。

《大智度论》的作者龙树，大约生活在150年至250年间；译者鸠摩罗什，约生活在344年至413年间。《广集》的作者伐罗诃·密希罗（Varāha Mihira）生活在6世纪。从著译者生活年代看，《大智度论》相关地震记载比《广集》中相关记载略早。

此地震占卜分类中，上述两种文献都提到了二十八/七宿，《广集》均分二十八宿，每一种神辖七宿；而《大智度论》则并未均分，分别是六宿、六宿、六宿、九宿，共计二十七宿。二十八宿系统与二十七宿系统，在不同的卜辞中共存了很长一段时间。此处也是《大智度论》中关于星宿的一处记载。

佛教文献中，则主要是指由佛陀生平重大事宜引起的地震。即便是一般佛教文献中记载稀少的自然地震，也是朴素的四大元素相互依存的关系而导致地震，与自

---

① 《广集》第32章，第16—19颂。
② 《广集》第32章，第8—11颂。

然神引起的地震是有很大区别的。地震文献中体现出来的古代印度宇宙模型，大地母亲中央屹立着最高的凯拉什神山（Kailāsa），等同于佛教文献中的须弥山，日月星辰都是绕着凯拉什神山运转，雷神、水神、风神、火神所代表的空、水、风、火四大基本元素撼动大地，引起地震。从此角度上来看，佛教文献中的宇宙模型基本上与印度婆罗门传统文献所表现的宇宙模型是差不多的。此地震理论，所反映的是印度文化中宇宙模型和宇宙起源思想。

三　历法知识

佛经中有大量印度历法知识，如《思益梵天所问经》提到了三十日为一月、十二月为一年的规定。

无疲倦菩萨言："若恒河沙等劫为一日一夜，以是三十日为一月，十二月为岁；以是岁数，若过百千万亿劫得值一佛；如是于恒河沙等佛所，行诸梵行修集功德，然后受阿耨多罗三藐三菩提记，心不休息无有疲倦，是名菩萨。"①

上文记载简略，《大智度论》卷四十八对于日、月、年岁、时节都有详细的分析，体现出龙树大师和鸠摩罗什对印度当时专门天文知识的掌握。

"日月岁节"者，日名从旦至旦，初分、中分、后分，夜亦三分。一日一夜有三十时，春、秋分时，十五时属昼，十五时属夜，余时增减。五月至，昼十八时，夜十二时；十一月至，夜十八时，昼十二时。

一月或三十日，或三十日半，或二十九日，或二十七日半。有四种月：一者日月，二者世间月，三者月月，四者星宿月。日月者，三十日半；世间月者，三十日；月月者，二十九日加六十二分之三十；星宿月者，二十七日加六十七分之二十一。闰月者，从日月、世间月二事中出，是名十三月。或十二月，或十三月，名一岁。②

---

① 高楠顺次郎：《大正新修大藏经》，《思益梵天所问经》，经号 586，第 15 卷，第 48 页下栏 4—9。《思益梵天所问经》是鸠摩罗什在前人基础上重译的典籍，主要内容是佛为网明菩萨与思益梵天等诸菩萨说诸法空寂之理。

② 高楠顺次郎：《大正新修大藏经》，《大智度论》，经号 1509，第 25 卷，第 409 页中栏 25—下栏 7。

此段文字，依次论述了时、分、日、月、岁的划分，令人可以概观到整个印度历法。上文中最小的时间单位为时，即牟呼栗多（muhūrta）。印度人用水漏来测量时间长短，基本单位是一刻（nāḍikā）。两刻形成一个牟呼栗多，三十牟呼栗多即为一昼夜二十四小时。昼夜的牟呼栗多比，可以反映出昼夜比的变化，进而体现太阳直射点的南北移动和季节变化。春分、秋分时，日夜均分，皆为十五牟呼栗多。农历五月夏至，日十八牟呼栗度，夜十二牟呼栗度。农历十一月冬至，日十二牟呼栗多，夜十八牟呼栗多。虽然与现代天文学相比，牟呼栗多比例尚不那么精确。但这毕竟反映了当时印度人引进的巴比伦历法与印度本土历法结合后对古代社会的适用性，也反映了此知识在欧亚大陆的传播。①

除了有牟呼栗多这样的时间划分，上文记载中古印度人还将一天分为初分、中分、后分，一夜也分为三分。报时的时候，报时人先打鼓报具体的刻，再吹螺报分。佛教中结合禅定这项活动，将日与夜分别划为三分。但在古代的那烂陀寺，也有将日与夜分别划为四分的。②关于日的划分，此处定义的是"从旦至旦"，乃是以太阳运动为基准的测量，称为 divasa。前文讨论地震占卜时，用到月至某宿的纪日方式 nakṣatra，乃是以 27/28 星宿纪日的古老方式，在印度沿用了三千年。完整的印度历包含五要素，分别是太阴日（tithi）、太阳日（vara）、星宿日（nakṣatra）、行星相合（yoga）、天文的时段（karaṇam）。此五要素组成的印度历被命名为五支历（pañcāṅgam）。

《大智度论》中将月分为四种，即三十日半的日月，三十日的世间月，二十九日加六十二分之三十的月月，二十七日加六十七分之二十一的星宿月。钮卫星研究表明，日月乃等同于现代根据太阳回归年的长度定出的一月，每个月平均为 30.44 天；世间月乃三十民用日（civil day）组成的月，十二个民用月乃译理想年（ideal year）；月月乃是朔望月，上文的数据与现代略异；星宿月乃今之恒星月，是以月亮从某宿出发，运动一周又回到该宿所用的时间，上文的数据与现代平均恒星日长度非常接近。③如此看来，龙树大师和鸠摩罗什在《大智度论》中对四种月的不同概念理解得非常准确专业，准确地反映了当时印度的天文学成就。

十二月或十三月为一岁，则涉及闰月问题了。闰月印度称为 adhimāsa，在古代

---

① 日、夜牟呼栗多比最大为 3∶2，反映了某一固定纬度带的日夜比，印度人在引进这一知识时，并没有针对印度的低纬度进行因地制宜的改变，中国也是。这是一个比较大的话题，前人有不少研究，兹不赘述。
② 关于分的描述，详见周利群：《义净记载的天竺时间测量体系》，《西域研究》2016 年第 1 期。
③ 钮卫星：《西望梵天——汉译佛经中的天文学源流》，上海：上海交通大学出版社，2004 年，第 96 页。

各历法中也是一个比较难以处理的问题。上文指出，闰月是日月、世间月层面的概念，即闰月要加的话加在太阳回归年基础上的月，或者是民用月上，而非朔望月或者星宿月。阴阳合历中，就是以月球平均绕地球转一圈的时间为一月，但通过设置闰月，使一年的平均天数又与地球平均绕太阳转一圈的时间相等，故而闰月用来调节回归年与阴历年的矛盾，防止阴历年月与回归年及四季脱节，影响农业及畜牧业的正常秩序。印度历跟中国古代农历一样是阴阳合历，很早就使用闰月来调节阴历和阳历了。

此外，《大庄严论经》中提到月亮相关的天文历法知识。

> 尔时比丘告檀越言："善哉善哉！汝是善丈夫，汝知正道。"即说偈言："一切诸世间，皆由善恶业，善恶生五道，业持众生命。业缘作日月，白月十五日，黑月十五日。恶业虽微细，名为黑月初，善业名白月，以业名白月，以业分别故，是故有黑白。诸有福业者，不善皆成吉，犹如须弥山，黑白皆金色，诸无福业者，吉相为不吉，如似大海水，好恶皆咸味。一切诸世间，皆从业缘有，是故有智者，皆应离恶业。远离邪为吉，勤修于善业，犹如种田者，安置吉场上，若不下种子，而获果报者，是则名为吉。"①

此文献中，体现了印度特有的历法，一个朔望月分为黑分与白分的两半，每一半十五日。出于说法的目的，《大庄严论经》说善业产生白月，恶业产生黑月。此历法知识在《大唐西域记》等文献中有更科学的表述。

> 月盈至满谓之白分，月亏至晦谓之黑分，黑分或十四日、十五日，月有小大故也。黑前白后，合为一月。②

律中丰富的戒条可以体现佛陀时代的生活规范，其中许多都是关于僧团衣食住行的时间，保留了大量印度时节历法的资料。《十诵律》四十八卷，提到六岁一闰的历法，并且声明春、夏、冬三季中，哪些为大月，哪些为小月，是关于印度历法置闰的重要资料。

---

① 高楠顺次郎：《大正新修大藏经》，《大庄严论经》，马鸣撰，鸠摩罗什译，经号201，第4册，第316页上栏20—中栏18。
② 〔唐〕玄奘译，辩机撰，季羡林等校注：《大唐西域记校注》，北京：中华书局，2000年第1版，2008年第4次印刷。此乃重排后的第1版，真正的第1版是1985年版。

尔时瓶沙王，以六岁一闰，诸比丘不知云何？以是事白佛，佛言："应随王法。"时王瓶沙，一岁作六月小，诸比丘不知云何？以是事白佛，佛言："应随王法。春初月大、二月小、三月大、四月小；夏初月大、二月小、三月大、四月小；冬初月大、二月小、三月大、四月小。"又问："若非比丘住处说戒，是说戒不？"佛言："若比丘尼说戒者，是说戒。"①

上文皆为从鸠摩罗什译经中整理出来的印度历法资料，从时（牟呼栗多）、分、日、月、年、闰月、黑半月、白半月、大小月次第展开，比较完备地展现了测量基础上的古代印度历法的基本概念。关于日月、世间月、月月、星宿月的划分，与现代的太阳月、民用月、朔望月（太阴月）、恒星月的划分相似，其数据也极为接近，体现了印度4世纪的天文学水平。上述概念中，时（牟呼栗多）、分、星宿日、星宿月、黑半月、白半月是印度独有的概念，与善恶业的结合更兼具了佛教特色。

四　僧团对星占知识的态度

《十诵律》为弗若多罗、鸠摩罗什共译说一切有部律，卑摩罗又补译，翻译的过程十分曲折。此律初诵至三诵，含有四波罗夷、十三僧残、二不定、三十尼萨耆、九十波逸提、四波罗提提舍尼、一百另七众学、七灭净等八法。第四诵有受具足戒、布萨、自恣、安居、皮革、医药、衣等七法。第五诵有迦缔那衣、俱舍弥、瞻彼、般荼卢伽、悔、遮、卧具、净事等八法。第六诵为谓达事等杂法。第七诵为尼律，包括六法。第八诵，为增一法，包括二十一法。第九诵为优波离问法，可分为二十四法。第十诵包括比丘诵、二种毗尼及杂诵、四波罗夷、僧伽婆尸沙法。最后附"善诵毗尼序"，分四品，前二品述结集的始末，后二品集录有关羯磨、说戒、安居、衣食、医药、房舍等的开遮。

《十诵律》记载佛与阿难在没有遮蔽的野地中行走，教阿难观察星宿上的云气，推算下雨的时间，以安排僧团的生活。见到雨云如圆碗当空，预料到马上会下雨，命比丘们随意地露天洗浴。

---

① 高楠顺次郎：《大正新修大藏经》，《十诵律》，经号1435，第346页上栏28—中栏6。

佛是夜，共阿难露地游行。佛看星宿相，语阿难言："若今有人问知星宿相者：'何时当雨？'彼必言：'七岁当雨。'"佛语阿难："初夜过已至中夜，是星相灭，更有异相出。若尔时有人问知相者：'何时当雨？'彼必言：'过七月当雨。'"又语阿难："中夜已过至后夜，是星相灭更有异相出。若尔时问知相者：'何时当雨？'彼必言：'七日当雨。'"是夜已过地了时，东方有云出，形如圆碗遍满空中，是云能作大雨满诸坑坎。尔时佛语阿难："语诸比丘：'是碗云雨有功德，能除病。若诸比丘欲洗者，当露地立洗。'"阿难受教，语诸比丘："是碗云雨有功德，能除病。若诸比丘欲洗者，听露地立洗。"时诸比丘随意露地立洗。①

当有客人来僧团时，上座比丘让下座比丘起来迎接，扰乱僧团打坐。于是佛规定说，当听到打犍槌唱，看到星宿出来，不应从坐禅中起来迎接上座，否则犯突吉罗。

王舍城大僧坊，常多有客比丘来，初夜、中夜、后夜来。时上座比丘，驱下座起扰乱。诸比丘不知云何？是事白佛，佛言："若打犍槌唱时，然灯分坐具敷卧具，见星宿出时，着禅镇头上，若上座来不应驱起。若驱起者，突吉罗。"②

比丘入、坐、食、起、去等活动，不按照时间安排都会导致混乱。于是佛规定了，应该唱时、打犍槌、打鼓、在垛上、在高处打，通过多种方式来报时，统一僧团的活动。

时诸比丘不次第入，不次第坐，不次第食，不次第起，不次第去；有前入者，有行食时入者，有食时入者，有食竟入者。佛言："应唱时至。"唱时至声不远闻，是事白佛，佛言："应打犍槌。"打犍槌已亦不远闻，是事白佛，佛言："应打鼓。"打鼓时在地打鼓亦不远闻，是事白佛，佛言："在垛上打。"垛上打时亦不远闻，佛言："应在高处打，使远处得闻时。"③

古代印度佛教徒一般采用日影测量、水漏计时两种方式测量时间，具体细节参见周利群的《义净记载的天竺时间测量体系》，发表于《西域研究》2016 年第 1 期。

---

① 《十诵律》，第 128 页上栏 17—中栏 1。
② 《十诵律》，第 349 页下栏 13—18。
③ 《十诵律》，第 352 页上栏 28—中栏 26。

如前所述，僧团的衣食住行、沐浴、打坐、待客等都需要以时而动，对于僧团来说，知时节历法是多么的重要。

阿兰若法者，阿兰若比丘应常一心先问讯人，喜心和视共语，舍离颦蹙，赞言善来，应畜火及火炉，少多办食及食器，常畜水及水器，洗足水器常令有水，净澡罐厕澡罐中亦应令有水。应善知道径、善知日数、善知夜、善知夜分、善知星宿，读诵星宿经，善知修妒路、比尼、阿毗昙。若善知初禅、二、三、四禅，应善知须陀洹、斯陀含、阿那含、阿罗汉果。若不能得修学，当问知当读诵，不应畜日爱珠、月爱珠，应畜法杖。所畜物皆随顺道，如《俱尼舍经》广说。是名阿兰若法。①

为了僧团生活的需要，佛陀要求僧众"善知日数、善知夜、善知夜分、善知星宿，读诵星宿经"，说明古代印度，天文历法知识对于佛教僧团是极为重要的。此处日数、夜、夜分等都是印度历法的相关内容，星宿经应指 jyotiḥ śāstra 这一类印度的星占文献。

五 鸠摩罗什译经中的印度星占

鸠摩罗什是中国佛教史乃至中国文化史上的重要人物。他七岁出家，天资聪颖，在印度佛教文献梵语化的背景下，从部派改宗大乘，学贯中西。他开坛说法，建译经场，全面介绍了自己所在时期的重要典籍，尤其是中观学派龙树大师的著作。他的译作提高了中国佛教的学术水平，也符合中国思想重理性、重人文的传播；他翻译佛典注意适应本土思想、文化土壤加以变通，使得自己的译作成为汉传佛教历史上最受欢迎的作品，促进佛教"中国化"。②前文多次引用到的《大智度论》是精通五明的龙树大师作品，包含了劫波、地震占卜、时节历法等内容。《思益梵天所问经》是鸠摩罗什重译"诸法空寂"的重要典籍，在此前的同本异译有西晋竺法护译《持心梵天所问经》四卷、北魏菩提流支译《胜思惟梵天所问经》六卷。《大庄严论经》是优秀的譬喻文学作品集。《十诵律》是汉地最流行的四部律之一，为说一切有部的重要律典。上述文献不仅记载了古代印度的天文历法知识，也说明了佛教团体为

---

① 《十诵律》，第419页下栏16—27。卷四十一、卷五十七等多处提到应学星宿，此处不一一列举。
② 鸠摩罗什在文化史上的意义，以及《大智度论》等经典的价值。参见孙昌武：《中国文化史上的鸠摩罗什》，《南开学报（哲学社会科学版）》2009年第2期，第48—54页。

何要学习星占文献，进而说明了为何佛经中会出现大量的星占知识。

根据印度天文学史专家平格里（D. Pingree）的研究，古代印度天文学分为五个阶段：第一个时期是吠陀时期（约前1000—前400年），仅在吠陀文献及注释中出现了一些天文名词。第二个时期是巴比伦时期（约前400—200年），从《竭伽集》（Gargasaṃhitā）与《占星吠陀支》（Jyotisavedāṅga）中可以看出，美索不达米亚天文学传入印度，比如利用折线函数来描述日长变化的方法。第三个时期是希腊-巴比伦时期（约200—400年），在臾那天文书（Yavanajātaka）以及几部悉檀中，可以发现希腊人改编过的巴比伦天文学对行星动态的描述，有关日月交食、影长等问题的几何计算等。① 总体来看，上述经文中的天文知识，相比起行星运动来说相对简单，以星宿为中心的占卜比较机械，以牟呼栗多为单位的日夜比记载符合从巴比伦传来的折线函数的数据，时节历法记载中也没有行星——曜的线索。于是可以推断，鸠摩罗什译经中天文学知识，体现了古代印度《占星吠陀支》承载的巴比伦天文历法技术阶段，时间段大致是公元前400年至公元200年。

无独有偶，西域出土的宿占文献充分体现了这一技术阶段，如佛经星占文献《虎耳譬喻经》及其汉译《摩登伽经》《舍头谏太子二十八宿经》《大方等大集经》梵本及汉译，《乙巳占》以及受到佛经星占文献影响的《复原吐鲁番出土二十七宿经》。上述文献皆有各自的印度来源，汉译沿沙漠丝路进入中国之后体现了一些本土色彩，之后从汉地回传到西域形成独具特色的《复原吐鲁番出土二十七宿经》。②

佛经中包含宿占内容的文献，也随佛经东传从中国传到日本，并引起了宿曜道的流行。《文殊师利菩萨及诸仙所说吉凶时日善恶宿曜经》《七曜攘灾诀》《符天历》，以及京都藏《御堂关白记》（998—1020年）、阴阳道《宣明历》，甚至是当今日本历都还保留着以星宿日占卜的传统。③

鸠摩罗什精于佛法，对当时的其他知识也有广泛涉猎，故在佛经及其所携印度星宿占卜知识向东传播中做出了卓越贡献。正如印度佛陀成道之地菩提迦叶（Buddhagaya）的菩提树，在母树被毁后迎回斯里兰卡的枝丫重长成一棵参天大树。

---

① 第四个是希腊时期（约400—1600年）。受亚里士多德影响的非托勒密传统希腊天文学传入印度，天文学名家辈出，婆罗门天文学派等五大天文派别活跃在印度南北。第五个是伊斯兰时期（约1600—1800年），印度经历了非顶峰时期的伊斯兰天文学时期。详参见 D. Pingree："History of Mathematical Astronomy in India," *Dictionary of Scientific Biography*, XVI, New York, P.534; 钮卫星：《西望梵天——汉译佛经中的天文学源流》，第2—3页。
② 参见周利群：《西域出土的早期星宿占卜文献》，《探索西域文明——王炳华先生八十华诞祝寿论文集》，上海：中西书局，2017年。
③ 矢野道雄：『星占いの文化交流史』勁草書房、2004、111-150。

佛教国际化，不仅对于佛教僧团内部有互相提携、帮助彼此起死回生的意义，也促进了古代知识在亚洲各地区的流动和传播，推动了古代文明的进步。

[周利群，博士，北京外国语大学亚非学院讲师，李约瑟研究所 2017 年纽约李氏基金学人，研究领域主要为佛教天文学、中印文化交流史、佛教文献]

佛陀耶舍，还是卑摩罗叉？

——鸠摩罗什《十诵律》受学师从考析

姚 胜

摘要： 关于鸠摩罗什《十诵律》受学于何人，最早的两部文献《出三藏记集》和《高僧传》有着截然不同的记载，前者说是佛陀耶舍，而后者则认为是卑摩罗叉，学界对此也尚无定论。本文通过对比分析两部文献各自《鸠摩罗什传》的相关文本、佛陀耶舍与卑摩罗叉二人的译经活动以及鸠摩罗什与二人的心性异同，对鸠摩罗什《十诵律》师从人物进行了考述，并做出了可信结论。

关键词： 十诵律 鸠摩罗什 佛陀耶舍 卑摩罗叉

（鸠摩罗什，Kumārajīva）及还龟兹，名盖诸国……后从佛陀耶舍（Buddhayaśas）学《十诵律》（Sarvāstivādavinaya）。

——僧祐：《出三藏记集》

什还国……从卑摩罗叉（Vimalākṣa）学《十诵律》。

——慧皎：《高僧传》

鸠摩罗什，五胡十六国前后秦时期僧人，出生于龟兹，父亲为天竺人，母亲为龟兹人。现存最早关于鸠摩罗什的历史文献当属南朝齐、梁时期的两部，一部是僧祐编纂的《出三藏记集》（又称《僧祐录》）①，另一部是稍后慧皎编纂的《高僧传》②，

---

① 僧祐著，苏晋仁、萧炼子点校：《出三藏记集》，北京：中华书局，1995年第1版。
② 慧皎著，汤用彤校注：《高僧传》，北京：中华书局，1992年10月第1版。《高僧传》卷十四"序录"（第524页）写道："沙门僧祐撰《三藏记》（作者按：《出三藏记集》），止有三十余僧，所无甚众。"《出三藏记集》一共32篇僧传，加上附传一共记有49人。汤一介在汤用彤校注《高僧传》"绪论"中说，"所有三十二僧传几全为《高僧传》所采录"。

再往后，还有唐朝编纂的《晋书·艺术传》。①晚于僧祐但早于慧皎的还有宝唱编纂的《名僧传》，此书现已不存，尚有日本僧人宗性抄录的《名僧传抄》，保留了目录及部分内容。②

国内最早关注鸠摩罗什研究的，首推汤用彤，其于1938年初版，此后数次再版的《汉魏两晋南北朝佛教史》第十章为"鸠摩罗什及其门下"。③陈寅恪对《高僧传》尤其是其中的"鸠摩罗什传"十分关注，有《读书札记》。④吕澂对中国佛学思想体系、宗派及其流变作过全面而系统的分析。⑤梁启超也对中国佛学思想、体系、经译等问题有过深入研究。⑥近年，黄先炳、纪赟分别有博士论文对《高僧传》进行了研究。黄先炳对《高僧传》与《出三藏记集》和《名僧传》作了充分、深入的比较研究。⑦纪赟对《高僧传》作者思想观念、写作背景、文献资料、史料源流等作了系统研究。⑧与传统研究方法和视角不同的是，陆扬从文化背景、叙述方式和历史心理学的角度，对鸠摩罗什传作了阐发。⑨陈楠发现元代藏文文献《红史》中有关于鸠摩罗什的记载，可与汉文史料对照。⑩在研究综述方面，有黄夏年、桑荣、张开媛三人分别对前人研究成果作了梳理。⑪纪赟、陆扬则分别对国内外学者的研究作了介绍，后者尤其提到了国内外知名学者对鸠摩罗什生平包括生卒年份的关注。⑫

可以说，鸠摩罗什研究著作已是汗牛充栋，不过众人最为关注的问题，主要还是在于鸠摩罗什的生平、思想以及译经等方面。笔者发现，对于"鸠摩罗什《十诵律》

---

① 〔唐〕房玄龄等：《晋书》，北京：中华书局，1974年11月第1版，1993年10月第5次印刷。
② 中国国家图书馆古籍馆普通古籍阅览室藏有此书，上海涵芬楼（商务印书馆）1925年影印本。
③ 本文所据版本为汤用彤：《汉魏两晋南北朝佛教史》，北京：中华书局，1983年第1版，2016年6月第2版。
④ 陈寅恪：《读书札记三集》，北京：生活·读书·新知三联书店，2001年9月第1版，2015年7月第3版。
⑤ 吕澂：《中国佛学源流略讲》，北京：中华书局，1979年8月第1版。
⑥ 梁启超：《佛学研究十八篇》，北京：中华书局，1989年6月第1版。该书曾于1936年由中华书局作为《饮冰室专集》中的一种出版，1989年为影印版。
⑦ 从《名僧传抄》情况来看，"《名僧传》收录传主四百二十二人，其中超过半数，即二百二十四人见于《高僧传》正传，另有近三成即一百一十二人见于附传"。黄先炳：《〈高僧传〉研究》，南京大学中文系2005年博士论文，第46页。
⑧ 纪赟：《慧皎〈高僧传〉研究》，复旦大学中文系2006年博士论文，2009年3月由上海古籍出版社出版。
⑨ 陆扬：《解读〈鸠摩罗什传〉：兼谈中国中古早期的佛教文化与史学》，《中国学术》第23辑，北京：商务印书馆，2007年3月第1版。
⑩ 陈楠：《鸠摩罗什生平事迹新证——汉藏文献记载比较研究》，《世界宗教研究》2013年第2期。
⑪ 黄夏年：《四十五年来中国大陆鸠摩罗什研究的综述》，《佛学研究》1994年第3期。桑荣：《鸠摩罗什研究概述》，《西域研究》1994年第4期。张开媛：《1995年以来国内鸠摩罗什研究综述》，《邯郸学院学报》2015年第1期。
⑫ 纪赟：《慧皎〈高僧传〉研究》，"引言，第二节 研究综述"，第10—21页。陆扬：《解读〈鸠摩罗什传〉：兼谈中国中古早期的佛教文化与史学》，"研究现况与问题"，第30—32页。

受学于何人"这一问题，尚无定论。除伯希和、鎌田茂雄①与黄先炳有所考察之外，其他人则或回避，或虽涉及但未作分析，或径称受学于某人而未论述理由。②鸠摩罗什《十诵律》到底是受学于佛陀耶舍还是卑摩罗叉？为何《出三藏记集》和《高僧传》对此记载截然不同？解决这些问题，实有必要，这也是本文的主旨。

一、《出三藏记集》的相关记载自相矛盾

上面提到，伯希和、鎌田茂雄与黄先炳对鸠摩罗什《十诵律》受学师从做过考察。伯希和虽有分析但并未得出明确结论，实际上相当于调和了《出三藏记集》与《高僧传》关于鸠摩罗什《十诵律》受学师从记载的矛盾，推测"鸠摩罗什很可能先是从佛陀耶舍进修，而后中断并改从卑摩罗叉受业"③。鎌田茂雄也分析了这个问题，认为应当是师从卑摩罗叉。④

最近对这一问题考察较多的是黄先炳，兹录其文如下：

据卷三《新集律来汉地四部序录·萨婆多部〈十诵律〉》云："昙摩流支得书，方于关中共什出所余律，遂具一部，凡五十八卷。后有罽宾律师卑摩罗叉来游长安，罗什先在西域，从其受律。罗叉后自秦适晋，住寿春石涧寺，重校《十诵律》本，名品遂正，分为六十一卷，至今相传焉。"

《出三藏记集》虽未明言罗什从卑摩罗叉受的是何律，但这段文字置于论《十诵律》传来汉地的因缘，所以当是指《十诵律》无疑。《出三藏记集》卷十二《萨婆多部师资记目录》所载之汉地外国律师名单中，鸠摩罗什之名字即排在卑摩罗叉之后，则更说明鸠摩罗什传《十诵律》乃师承于卑摩罗叉。《高僧传》卑摩罗叉传亦载罗什曾随之受律事，时传主"在龟兹弘阐律藏，四方学者竞往师之，鸠摩罗什

---

① 伯希和撰，富安敦整理，张广达等译：《关于鸠摩罗什札记》，《西域文史》，北京：科学出版社，2015年12月 第1版。Paul Pelliot, Notes sur Kumārajīva, Antonino Forte and Federico Masini（eds.）, *A Life Journey to the East: Sinological Studies in Memory of Giuliano Bertuccioli（1923-2001）*, Scuola Italiana di Studi sull'Asia Orientale, Kyoto, 2002, pp.1-19.（Italian School of East Asian Studies, Essays, volume 2）。鎌田茂雄：《中国佛教史》第二卷，东京：东京大学出版社，1983年6月1日初版。该书有中文译本，是关世谦译的《中国佛教通史》，佛光文化事业有限公司，2011年10月第2版。
② 塚本善隆：《肇论在佛教史上的意义》，《肇论研究》，京都：法藏馆，1972年，第138、139页。任继愈主编：《中国佛教史》第二卷，北京：中国社会科学出版社，1985年11月第1版，第260、262页。
③ 伯希和：《关于鸠摩罗什札记》，《西域文史》，第7—9页。
④ 鎌田茂雄：《中国佛教史》第二卷，东京：东京大学出版社，第234、235页，中文译本在第274、275页。

时亦预焉"。至于佛陀耶舍,《高僧传》载他亦是罗什之师,曾应姚兴之请,诵出《昙无德律》,并于稍后译为汉语。这与《出三藏记集》卷三《新集律来汉地四部序录》"昙无德《四分律》"条所载一致。《十诵律》与《四分律》各有师承,《出三藏记集》经录所言甚明,独译经师列传中混淆。这种混淆尚非独见于鸠摩罗什传,佛陀耶舍传亦然,卷十四本传云:"(耶舍)后至沙勒国,……罗什后至,从其受学《阿毗昙》《十诵律》,甚相尊敬。"慧皎亦察觉此误,所以《高僧传》佛陀耶舍传仅载"罗什后至,复从舍受学,甚相尊敬",不载所学包括《十诵律》。①

黄先炳的分析是正确的。其实,不仅《出三藏记集》与《高僧传》关于鸠摩罗什受学《十诵律》师从佛陀耶舍的记载有出入,《出三藏记集》自身关于这一问题的记载就有自相矛盾之处(见下表)。

地点	卷十四第一"鸠摩罗什传"	卷十四第二"佛陀耶舍传"
沙勒国	年十二,其母携还龟兹……什进到沙勒国……诵《阿毗昙》《六足诸门》《增一阿含》	至沙勒国,罗什后至,从其受学《阿毗昙》《十诵律》,甚相尊敬
		什随母东归,耶舍留止
龟兹	及还龟兹,名盖诸国	
未明	后从佛陀耶舍学《十诵律》	

从这两段我们可以发现,《出三藏记集》一说鸠摩罗什是随其母回到龟兹之后才从佛陀耶舍受学《十诵律》,又说是回到龟兹之前。而且,从两篇传文内容来说,也无法得出鸠摩罗什跟随佛陀耶舍"学过两次"《十诵律》的信息,而只能是一次。同一部书的两篇传文,而且两篇传文一前一后紧挨在一起,却自相矛盾,实在令人不可思议。

我们再将《出三藏记集》和《高僧传》中各自"鸠摩罗什传"的相关内容做一个简表,进行比较分析。

时间	《出三藏记集》	《高僧传》
七岁	亦俱出家	亦俱出家
九岁	进到罽宾,遇名德法师槃头达多	随母渡辛头河至罽宾,遇名德法师槃头达多
年十二	其母携还龟兹	其母携还龟兹
	至月氏北山,有一罗汉见而异之	时什母将什至月氏北山。有一罗汉见而异之
	什进到沙勒国,顶戴佛钵	什进到沙勒国顶戴佛钵

---

① 黄先炳:《〈高僧传〉研究》,第84页。黄文此后继续写道:"前文已述僧祐是律师,以弘演《十诵律》为业,按理他记载《十诵律》的师承当不会有差误,此或说明译经师列传另有执笔人。"

（续表）

时间	《出三藏记集》	《高僧传》
	什于沙勒国诵《阿毗昙六足诸论》《增一阿含》	遂停沙勒一年，其冬诵《阿毗昙》
		时有莎车王子……什亦宗（须利耶苏摩）而奉之，亲好弥至
		顷之，随母进到温宿国
	及还龟兹，名盖诸国	龟兹王躬往温宿，迎什还国
年二十		受戒于王宫
	后从佛陀耶舍学《十诵律》	从卑摩罗叉学《十诵律》
		有顷什母辞往天竺
	又从须利耶苏摩谘禀大乘	
	于龟兹帛纯王新寺得《放光经》，始披读（遇魔）	于是留住龟兹，止于新寺。后于寺侧故宫中。初得《放光经》。始就披读（遇魔）
	后于雀梨大寺读大乘经（遇魔）	复闻（魔声）
	停住二年，广诵大乘经论	停住二年，广诵大乘经论
	后往罽宾，为其师槃头达多具说一乘妙义	俄而大师槃头达多不远而至
	西域诸国伏什神俊，咸共崇仰	西域诸国咸伏什神俊

很明显，两书在"鸠摩罗什传"内容方面的基本脉络是别无二致的，对于"鸠摩罗什受学《十诵律》"的时间，也都认为是在其返回龟兹之后，只是二者在其师从人物上有分歧。①《高僧传》在"佛陀耶舍传"中记载鸠摩罗什"从佛陀耶舍受学，甚相尊敬。什既随母还龟兹，耶舍留止"，但未明言受学内容。

显然，《高僧传》在编纂时，一是在"鸠摩罗什传"中将罗什受学《十诵律》的师从人物由"佛陀耶舍"改成了"卑摩罗叉"，二是将"佛陀耶舍传"中鸠摩罗什从佛陀耶舍受学的内容删除了。

这样一来，本文就必须将考察焦点投射至卑摩罗叉了。卑摩罗叉，何许人也？

二、《出三藏记集》《高僧传》对卑摩罗叉、佛陀耶舍相关活动的具体记载

正如前引黄先炳文所述，我们从《高僧传》"卑摩罗叉传"中就能得知，卑摩罗叉在龟兹以"弘阐律藏"闻名，"四方学者竞往师之，鸠摩罗什时亦预焉"。《出三藏记集》虽然没有"卑摩罗叉传"，但在"鸠摩罗什传"里也写道："初，什在龟兹，从卑摩罗叉律师受律。卑摩后入关中，什闻至欣然，师敬尽礼。"与《高僧传》

---

① 关于鸠摩罗什从须利耶苏摩学习大乘的时间，以及关于鸠摩罗什折服槃头达多的地点，二书记载也是有差异的。信息有限，无法作进一步分析，殊为遗憾。

不明言鸠摩罗什从佛陀耶舍受学内容所不同的是,《出三藏记集》明确地说鸠摩罗什在龟兹随卑摩罗叉学习过律。

我们现将《出三藏记集》与《高僧传》关于卑摩罗叉和佛陀耶舍二人的相关记载列表如下:①

人物	《出三藏记集》	《高僧传》
卑摩罗叉	罽宾律师卑摩罗叉来游长安,罗什先在西域,从其受律("萨婆多部《十诵律》六十一卷")	卑摩罗叉……先在龟兹,弘阐律藏,四方学者竞往师之,鸠摩罗什时亦预焉("卑摩罗叉传")
	【A】	(鸠摩罗什)至年二十受戒于王宫,从卑摩罗叉学《十诵律》("鸠摩罗什传")
	初,什在龟兹,从卑摩罗叉律师受律。卑摩后入关中,什闻至欣然,师敬尽礼("鸠摩罗什传")	初,什在龟兹从卑摩罗叉律师受律。卑摩后入关中,什闻至欣然师敬尽礼("鸠摩罗什传")
佛陀耶舍	【B】佛陀耶舍……后至沙勒国……待遇隆厚。罗什后至,从其受学《阿毗昙》《十诵律》,甚相尊敬("佛陀耶舍传")	罗什后至(沙勒国),复从舍受学,甚相尊敬("佛陀耶舍传")
	【C】及还龟兹,名盖诸国……后从佛陀耶舍学《十诵律》("鸠摩罗什传")	

从上表,我们可以进一步明确,《出三藏记集》与《高僧传》除"《十诵律》受学师从"之外,其他记载基本上是一致的。假如我们将【C】移至【A】,并将【B】的《阿毗昙》与《十诵律》删去,《出三藏记集》与《高僧传》关于卑摩罗叉和佛陀耶舍二人的记载,也就基本一致了。

学界已认定《高僧传》相关僧传源自《出三藏记集》,因此可以说,晚出的《高僧传》在叙述鸠摩罗什受学师从时,将佛陀耶舍改成了卑摩罗叉。退一步说,《高僧传》相关僧传即便不是直接出自《出三藏记集》,二者也有着共同的材料来源。也就是说,《高僧传》不大可能是因为"不为《出三藏记集》所知的"史料来源而进行的更改。

那么,为什么在"《十诵律》受学师从"这个问题上,《高僧传》不仅不像其他内容一样直接采用《出三藏记集》"受学于佛陀耶舍"的记载,而是要另起炉灶,将其改作"受学于卑摩罗叉"呢?!② 要考察这个问题,我们需要进一步考察卑摩罗

---

① 《出三藏记集》有"鸠摩罗什传"和"佛陀耶舍传",而无"卑摩罗叉传"。《高僧传》三传都有,皆在卷二"译经中"里,"鸠摩罗什传"第一,"卑摩罗叉传"第四,"佛陀耶舍传"第五。
② 同时我们还注意到,佛陀耶舍和卑摩罗叉在二书中的分量似乎大有不同,相对于《出三藏记集》,《高僧传》明显增大了卑摩罗叉的分量。

叉、佛陀耶舍二人后来在长安的活动。

三、卑摩罗叉、佛陀耶舍在长安的活动

鸠摩罗什于弘始三年（401年）十二月二十日抵达后秦都城长安，国主姚兴待之以国师礼，请入西明阁、逍遥园，并使沙门僧䂮、僧迁、法钦、道流、道恒、道标、僧叡、僧肇等八百余人，咨受什旨，翻译佛经。鸠摩罗什在临终[①]前曾跟众僧告别，感喟自己"所出经、论三百余卷，唯《十诵》一部，未及删烦"。在此应当说，《十诵律》的翻译，殊为不易，过程跌宕曲折，本文需要赘述一下。

抵达长安后，鸠摩罗什开始译经活动。其时，"经法渐传，律藏未阐"。继鸠摩罗什之后，罽宾人弗若多罗也抵达长安。弗若多罗备通三藏，而以戒节见称，专精《十诵律》，鸠摩罗什对他颇为推崇，十分尊敬。弘始六年（404年）十月十七日，始译《十诵律》，由弗若多罗诵读梵语，鸠摩罗什译成华文。然而不幸的是，翻译工作刚刚进展至三分之二[②]，弗若多罗患病，奄然离世。弘始七年（405年）秋，以律藏闻名的西域僧昙摩流支抵达长安。庐山僧慧远知晓昙摩流支擅律，寄书于他，希望他能继续弗若多罗未竟之业。昙摩流支随即与鸠摩罗什合作开展并完成了《十诵律》的翻译。不过，鸠摩罗什虽然觉得译文繁冗，不够完善，却未及删修，以致有临终之憾。《十诵律》译本的完善，最终是卑摩罗叉完成的。

《出三藏记集》没有卑摩罗叉的传记。《高僧传》本传记载，卑摩罗叉是罽宾人，

---

① 《出三藏记集》没有记载鸠摩罗什的卒年，《高僧传》则记载为弘始十一年（409年），唐代《广弘明集》所收的僧肇撰《鸠摩罗什法师诔》记载为弘始十五年（413年）。当然，也有学者认为该诔文是伪作。伯希和、汤用彤、塚本善隆、鎌田茂雄、陈世良（《鸠摩罗什年表考略》，《新疆社会科学研究》1982年第1期）等对鸠摩罗什卒年多有考证，但目前仍未确证，尚有争议。笔者在此提供两条材料，或有益于讨论。其一，在本节我们会知道，佛陀耶舍于弘始十二年（410年）开始着手翻译《昙无德四分律》，十四年译毕，十五年出《长阿含》。佛陀耶舍恐未通晓华语，故而所出二经由竺佛念翻译，道含笔书。若弘始十二年至十五年鸠摩罗什尚在世，以其与佛陀耶舍之关系，为何不亲自与耶舍共译？或说佛念只是翻译《长阿含》而未参与翻译《四分律》，则僧肇《长阿含经序》（《出三藏记集》卷九，第336、337页）"请罽宾三藏法师沙门佛陀耶舍。出律藏《四分》四十卷。十四年讫。十五年，岁在昭阳奋若。出此《长阿含》讫。凉州沙门佛念为译"（以"。"号为句读），如果佛念没有参与《四分律》，此《长阿含经序》完全不需要提及《四分律》一事。其二，《出三藏记集》"道生法师传"："竺道生……钻仰群经，斟酌杂论，万里随法，不惮险远，遂与始兴慧叡、东安慧严、道场慧观，同往长安从罗什受学，关中僧众咸称其秀悟。义熙五年还都，因停京师。"此处义熙五年即弘始十一年，道生此时离开长安，或许即为鸠摩罗什去世之后。
② 《高僧传》"弗若多罗传"，第61页。不过《高僧传》"昙摩流支传"慧远致昙摩流支书写作"《十诵》之中，文始过半，多罗早丧"，《出三藏记集》"萨婆多部《十诵律》六十一卷"作"始得二分，余未及竟而多罗亡"，同卷庐山慧远致昙摩流支书也说"始备其二，多罗早丧"。或许弗若多罗诵《十诵律》梵文，鸠摩罗什译为华语，只是过半，尚未及三分之二。

在龟兹"弘阐律藏，四方学者竞往师之，鸠摩罗什时亦预焉"。后来听说鸠摩罗什在长安"大弘经藏"，又欲使"毗尼胜品，复洽东国"，于是前往长安。佛教经典分为"三藏"：经、律、论。毗尼，为梵语，就是"律"的意思。显然，在《高僧传》中，卑摩罗叉不论是在龟兹，还是前往长安，都是以弘扬律藏为己任的。而且，卑摩罗叉"弘律"，是与鸠摩罗什"译经"相对应的。卑摩罗叉于弘始八年抵达长安，后于鸠摩罗什去世之后离开，出游关东，最后留驻寿春石涧寺。《高僧传》云其在此"律众云聚，盛阐毗尼"。

关于卑摩罗叉在长安时的情况，《高僧传》则没有明确记载，也没有关于卑摩罗叉在长安与鸠摩罗什合作译经的直接记载。但是《高僧传》记载，鸠摩罗什所译《十诵律》为五十八卷，最后一诵是关于"明受戒法"的，称为《善诵》。卑摩罗叉离开长安之后，将《十诵律》携出，在石涧寺重校将其扩为六十一卷，最后一诵改为《毗尼诵》，意即《律诵》。① 随后，卑摩罗叉前往江陵辛寺，夏坐期间开讲《十诵律》，一时求理者聚集如林。《高僧传》盛赞道："律藏大弘，（卑摩罗）叉之力也！"在叙述卑摩罗叉于江陵辛寺开讲《十诵律》时，本传用了"既通汉言"这么一句表述。"既"字表明，卑摩罗叉此时已经通晓汉语，能够在开讲中"善相领纳，无作妙本，大阐当时"。这是在将鸠摩罗什所译五十八卷本《十诵律》增益至六十一卷之后。也就是说，在鸠摩罗什去世之前，卑摩罗叉很可能并不通晓汉语，因而无法协助鸠摩罗什删修《十诵律》。

再说佛陀耶舍。

《出三藏记集》及《高僧传》"佛陀耶舍传"记载，鸠摩罗什听说佛陀耶舍已至姑臧，劝姚兴迎之，未果。在姚兴命其译经时，鸠摩罗什趁机再次进言姚兴邀请佛陀耶舍。鸠摩罗什说：本人虽然能通诵经文，但并不善于把握其中的义理，弘宣法教，需要文义圆通，只有佛陀耶舍能够深刻理解经义，每一句话再三审度其详，然后下笔，使得细微之处也不致被忽略，这样才能流传千载，信仰不绝。这回姚兴听从了鸠摩罗什的建议。

佛陀耶舍抵达长安之后，先是翻译《十住经》（与鸠摩罗什一道），然后于弘始十二年至十四年译出《昙无德律》（即《四分律》）四十卷，十五年译出《长阿含经》，

---

① 《出三藏记集》"萨婆多部《十诵律》六十一卷"（第117页）："罗叉后自秦适晋，住寿春石涧寺，重校《十诵律》本，名品遂正，分为六十一卷。"梁启超先在《佛学研究十八篇》"翻译文学与佛典"篇中说卑摩罗叉在寿春石涧寺"补译最后一诵"（第156页），继在同书"佛典之翻译"篇中说是"增改最后一诵"（第239页），后在同书"说四阿含"篇中表述为"罗叉续成罗什之十诵律"（第271页）。后二者意思差不多，前者可能为一时之误。

由佛陀耶舍诵出，凉州僧竺佛念口译，僧道含笔书。① 佛陀耶舍善解《毗婆沙》，号大毗婆沙。鸠摩罗什去世之后，佛陀耶舍于弘始十五年（413年）离开长安，返回罽宾。

关于鸠摩罗什与佛陀耶舍译经的记载还见于《名僧传抄》。该书卷第十八（第9页下）有一段记载，一共5句，涉及五个时间节点，其中第2、3句与鸠摩罗什和佛陀耶舍有关。

1	义熙二年	沙门法显以义熙二年从外国还，得《僧祇律》《弥沙塞律》二部，止获胡文，未得宣译
2	义熙九年	有弗若多罗至长安与童寿共出《十诵律》
3	到十二年	佛陀耶舍与佛共出《四分律》
4	其年	佛驮跋陀又出《僧祇律》
5	宋景平元年	沙门佛驮什与智胜共出《五分律》

为论述方便，我们不按数字顺序进行分析。先看第5句"宋景平元年（423年），沙门佛驮什与智胜共出《五分律》"。这一句在《出三藏记集》和《高僧传》中都有更为详细的记载，此处没有问题，五分律即"弥沙塞律"。②

再看第1句"沙门法显以义熙二年从外国还，得《僧祇律》《弥沙塞律》二部，止获胡文，未得宣译"。我们知道，法显乘船返国抵达青州长广郡的时间是"义熙八年（412年）"无疑。此处记为"义熙二年（406年）"，明显有误。不过，相同的记载却还见于《出三藏记集》卷三"弥沙塞律"："法显以晋义熙二年还都，岁在寿星，众经多译，唯《弥沙塞》一部未及译出而亡。到宋景平元年七月，有罽宾律师佛大什来至京都……时佛大什手执梵文，于阗沙门智胜为译，至明年十二月都讫。"③ 此即《名僧传抄》所引文字最后一句"宋景平元年，沙门佛驮什与智胜共出《五分律》"的详解。将《出三藏记集》这句话遮掉"义熙二年"，而连贯地看"法显……还都，岁在寿星，众经多译"一句，就能发现，这句话讲的是法显回到南京道场寺译经的情况。岁在寿星，即当年为丙辰年。据《法显传》"跋文"④、《摩诃僧祇律私记》⑤、《出三藏记集》卷三"婆粗富罗律"⑥可知，法显于义熙十二年（416年）岁次寿星十一月，在道场寺与佛驮跋陀共译《摩诃僧祇律》，至十四年二月末乃讫。

---

① 《出三藏记集》卷三"昙无德四分律"，第118页。关于竺佛念与佛陀耶舍共译《四分律》的问题，下文考证《名僧传抄》有记载可资佐证。
② 《出三藏记集》卷三"弥沙塞律"，第120页。《高僧传》卷三"译经下·佛驮什传"，第96页。
③ 《出三藏记集》卷三"弥沙塞律"，第120页。
④ 章巽校注：《法显传校注》，北京：中华书局，2008年11月第1版，第153页。
⑤ 《中华律藏》第2卷，北京：国家图书馆出版社，2009年第1版，第341页。《法显传校注》附录（六），第169页。
⑥ 《出三藏记集》卷三"婆粗富罗律"，第119页。

《出三藏记集》卷八"六卷泥洹经记"记载法显与佛驮跋陀于义熙十三年至十四年在"谢司空石"所立道场寺译定《方等大般泥洹经》。① 同书卷二"大般泥洹经……佛游天竺记"（此为法显自天竺携回的经录）记载："右十一部……沙门释法显……归京都，住道场寺，就天竺禅师佛驮跋陀共译出。其'长'、'杂'二《阿含》、《绽经》、《弥沙塞律》、《萨婆多律抄》，犹是梵文，未得译出。"② 综合这些记载来看，《出三藏记集》"法显以晋义熙二年还都，岁在寿星，众经多译，唯《弥沙塞》一部未及译出而亡"，"二年"之前脱一"十"字，即法显以晋义熙十二年还都云云，而非"以晋义熙二年"，且"众经多译"讲的应当是在义熙十二年至十四年间，有多部经书译出的情况，而非指十二年当年。③《名僧传抄》"沙门法显以义熙二年从外国还，得《僧祇律》《弥沙塞律》二部，止获胡文，未得宣译"，此处"义熙二年"亦为"义熙十二年"之误。

再看第4句"其年，佛驮跋陀又出《僧祇律》"。此处"其年"当为前文之"十二年"，从上下文文意来看，也就是"义熙十二年"。法显于义熙九年夏"南下向都，就禅师出经律"④，《出三藏记集》作"遂南造京师，就外国禅师佛驮跋陀罗，于道场寺译出《泥洹》《摩诃僧祇律》……"⑤《高僧传》记载基本相同，但未写明《摩诃僧祇律》的翻译时间。⑥ 不过从上文《出三藏记集》卷三"婆粗富罗律"、《摩诃僧祇律私记》记载可知，《名僧传抄》此处记载没有问题。

再看第3句"到十二年，佛陀耶舍与佛共出《四分律》"。按照文意，似乎此处"十二年"为"义熙十二年"。然而，从《出三藏记集》和《高僧传》我们已经得知，佛陀耶舍翻译《四分律》的时间是弘始十二年至弘始十四年。也就是说，《名僧传抄》中的"到十二年佛陀耶舍……出《四分律》"中的"十二年"当为"弘始十二年"，而非从上文文意延伸出来的"义熙十二年"。另，文中"与佛共出《四分律》"中的"佛"字，当为"竺佛念"。据《出三藏记集》卷三"昙无德四分律"、

---

① 《出三藏记集》卷八"六卷泥洹经记"，第316页。
② 《出三藏记集》卷二，第54—55页。
③ 日本学者足立喜六对此"义熙二年还都"深感困惑："《出三藏记集录》卷三有'法显以晋义熙二年还都'之语……其为谬误，无庸赘言……"足立喜六为此还专门做了一个对照表（略），考证"义熙元年""义熙二年"之误。其困惑不解之原因正在于没有准确把握《出三藏记集》"义熙二年还都，岁在寿星，众经多译，唯《弥沙塞》一部未及译出而亡"的上下文文意，没有意识到"义熙二年"就是"义熙十二年"之漏。[日]足立喜六著，何建民、张小柳译：《〈法显传〉考证》，贵阳：贵州大学出版社，2014年3月第1版，第234、235页。
④ 《法显传校注》，第148页。
⑤ 《出三藏记集》卷十五"法显传"，第576页。
⑥ 《高僧传》卷二"佛驮跋陀罗传"，第73页，卷三"法显传"，第90页。

卷十四"佛陀耶舍传",《高僧传》卷二"佛陀耶舍传"所载,佛陀耶舍译《四分律》及《长阿含》时,系由佛念译为秦言。恐佛陀耶舍并不通晓华语。佛念即竺佛念,《出三藏记集》与《高僧传》均有传,与佛陀耶舍共译《四分律》与《长阿含》之前,曾于前秦建元二十年(384年)与昙摩难提共译出《中阿含》与《增一阿含》。弘始十五年(413年),佛陀耶舍译出《长阿含》之后,即"辞还外国",返回罽宾。

最后看第2句"义熙九年,有弗若多罗至长安与童寿共出《十诵律》"。义熙九年,即弘始十五年,此年当为争议中的鸠摩罗什去世的时间。前文已知,弗若多罗去世时间为弘始六年(404年)十月之后,弘始七年(405年)秋昙摩流支抵达关中之前。在弗若多罗去世后,与鸠摩罗什续译《十诵律》的是昙摩流支。译毕未及删削,既而鸠摩罗什去世。显然,《名僧传抄》此处与童寿共译出《十诵律》的无论如何都不应当是弗若多罗,而应是昙摩流支。然而新的问题是,如果说弗若多罗与鸠摩罗什只用了顶多一年的时间,就将《十诵律》的翻译完成了一半有余,而之后的不到一半,昙摩流支与鸠摩罗什却花了八年时间(以鸠摩罗什卒于弘始十五年计算),这实在令人难以想象。如果类似第5句那样,此处义熙九年也是弘始九年(407年)之误的话,文意或通顺。昙摩流支于弘始七年秋抵达长安,与远在庐山的慧远书信往来之后,开始着手续译《十诵律》,并于弘始九年译毕。卑摩罗叉抵达长安之后,虽未直接参与《十诵律》的翻译工作,但在鸠摩罗什去世之后对《十诵律》进行了完善,了却了鸠摩罗什的临终遗憾。

至此,我们用表格将《名僧传抄》这五句话在不打乱语序的情况下,稍做处理,意思就明了了。

南朝译经	南朝年号		北朝年号	北朝译经
沙门法显从外国还(都),得《僧祇律》《弥沙塞律》二部,止获胡文,未得宣译	义熙(十)二年(416年)	1		
		2	弘始九年(407年)	弗若多罗(昙摩流支)至长安,与童寿共出《十诵律》
		3	弘始十二年(410年)	佛陀耶舍与佛(念)共出《四分律》
佛驮跋陀又出《僧祇律》	其年(义熙十二年)	4		
沙门佛驮什与智胜共出《五分律》	宋景平元年(423年)	5		

《名僧传抄》这五句话所在目录题为"律师",从上下文来看,也是介绍律部源流及传至汉地的翻译情况。五句之中,三句为南朝译经活动,两句为北朝译经活动。

此段文字恐为源自《出三藏记集》的各种译律信息之杂糅，同时也将时间搞错了。

从卑摩罗叉、佛陀耶舍在长安的活动来看，卑摩罗叉参与过《十诵律》的翻译，而佛陀耶舍则无。这个意味，就已经相当明显了。①

四、鸠摩罗什与佛陀耶舍心性相近，不类卑摩罗叉

《出三藏记集》没有"卑摩罗叉传"。《高僧传》卷二中，"鸠摩罗什传"第一，紧随其后的是"弗若多罗""昙摩流支"和"卑摩罗叉"三传。这三传传主均"专精律藏"。②"卑摩罗叉传"之后，才是"佛陀耶舍传"。而且，《高僧传》对"佛陀耶舍"的评价，与前三位差别甚大！我们可以再做比较看看。

弗若多罗："少出家，以戒节见称，备通三藏，而专精《十诵律》部。"

昙摩流支："弃家入道，偏以律藏驰名。"

卑摩罗叉："沉靖有志力，出家履道，苦节成务。先在龟兹，弘阐律藏……倾之，闻什在长安大弘经藏，欲使毗尼胜品，复洽东国。"

佛陀耶舍："年十三出家……至年十五，诵经日得二三万言……至年十九，诵大小乘经数百万言。然性度简傲，颇以知见自处，谓少堪己师者，故不为诸僧所重……年二十七，方受具戒。恒以读诵为务，手不释牒。"

从《高僧传》对四人的评价就能看出，"专精律藏"的三位，都有"克己坚韧，律己修身"的性格，而佛陀耶舍则偏向于"智慧超群、博闻强记、风流倜傥、不拘一格"。佛陀耶舍的情况，不类此律师三人，而与鸠摩罗什相近。③

《出三藏记集》与《高僧传》在其本传开篇，都突出讲述了佛陀耶舍的一段经历。

---

① 陈寅恪在此处按云："什公与弗若多罗、昙摩流支所译为十诵律，而耶舍所译为四分律……似仍应作'卑摩'而不作'耶舍'为是。"《读书札记三集》，第49、50页。作者按：陈氏札记恐误。

② 《名僧传》目录，佛陀耶舍与鸠摩罗什分列"卷二'外国法师'"第一、二，而卑摩罗叉、昙摩流支则分列"卷十八'律师'"第一、二，弗若多罗位于"卷十九'外国禅师'"第一。《名僧传》如此分类，鸠摩罗什、佛陀耶舍与其他三人之差异，可见一斑。

③ 陆扬已经注意到这一问题，但或许是论文研究主旨差异，他在此处并未展开。《解读〈鸠摩罗什传〉：兼谈中国中古早期的佛教文化与史学》第4节"神童鸠摩罗什"："在僧祐与慧皎笔下，佛陀耶舍的生平除了出生没那么神奇之外，可以说与鸠摩罗什十分相像。"（《中国学术》第23辑，第51页）此后，在该文第10节"作为史学作品的《鸠摩罗什传》"，陆扬再次提出："除了在上文中已经讨论过的那些例子外，我们如果对照玄畅所撰的《诃梨跋摩传》中的《成实论》作者诃梨跋摩的形象，或者《付法藏因缘传》中马鸣的形象，就会发现僧祐、慧皎笔下的鸠摩罗什或多或少有这两位佛教智者的影像。"（《中国学术》第23辑，第87、88页）。不过陆扬在此处也是从文化史的角度分析"鸠摩罗什传"的自身意义以及传记作者的写作意图，而非进行史学考证。

佛陀耶舍本出身"外道"世家，出家后，常随师远行，于旷野遭遇老虎，师父意欲躲避，而耶舍却颇有胆识："此虎已饱，必不侵人，俄而虎去。"这与鸠摩罗什在龟兹新寺读经遇魔的遭遇十分相似。"（鸠摩罗什）初得《放光经》。始就披读。魔来蔽文，唯见空牒。什知魔所为，誓心愈固。魔去字显，仍习诵之。复闻空中声曰：'汝是智人，何用读此。'什曰：'汝是小魔，宜时速去。我心如地，不可转也。'"都是魔障，只不过一个是老虎，一个是小魔。而与佛陀耶舍"虎去前行，果见余残，师密异之"相对应。鸠摩罗什也有折服其师槃头达多，其师"礼什为师"的故事。

这种与佛陀耶舍相似的"灵异"故事，在"鸠摩罗什传"中还能找到很多。比如，佛陀耶舍初至沙勒国时，本不受过往欢迎，但太子称之"法子"，遂留宫中供养，待遇隆厚。而鸠摩罗什尚在胎中时，其母忽自通天竺语，"难问之辞，必穷渊致，众咸叹之"。罗汉达摩瞿沙曰："此必怀智子。"当然，鸠摩罗什的神迹更多，更为神通广大。①

再比如，佛陀耶舍"至年十五，诵经日得二三万言……至年十九，诵大小乘经数百万言"。而鸠摩罗什同样"年七岁，日诵千偈。偈有三十二字。凡三万二千言。诵《毗昙》既过，师授其义，即自通达，无幽不畅"。

更有，二人都擅用法术。《出三藏记集》与《高僧传》记载：当鸠摩罗什邀请佛陀耶舍前往姑臧，而其为龟兹国人阻滞不得前往，佛陀耶舍遂取清水一钵，以药投水中，念咒语数十言，与弟子洗足，即夜行数百里，龟兹国人追赶不及。鸠摩罗什则有：后秦姚兴逼其别有家室之后，诸僧多有效仿。鸠摩罗什"乃聚针盈钵，引诸僧谓之曰：'若能见效食此者，乃可畜室耳。'因举匕进针，与常食不别，诸僧愧服乃止"。这段故事前两书未载，但见诸《晋书·艺术传》②。

如果说上述两人身怀特异功能的故事过于离谱，那么关于二人心性、旨趣相类的记载，则真实得多。鸠摩罗什在沙勒国时，"以说法之暇，乃寻访外道经书，善学《围陀舍多论》，多明文辞制作问答等事。又博览《四围陀》典及五明诸论，阴阳星算莫不必尽，妙达吉凶言若符契，为性率达不厉小检，修行者颇共疑之。然什自得于心未尝介意……什为人神情朗彻，傲岸出群，应机领会，鲜有伦匹者"。佛陀耶舍则是"性度简傲，颇以知见自处，谓少堪己师者，故不为诸僧所重。但美仪止，善谈笑，

---

① 在龟兹有吕光破龟兹获鸠摩罗什回师山下夜遇大雨，在凉州有吕光中路得福地、姑臧大风奸叛自定、吕纂讨段业必败、吕纂不斩胡奴头则胡奴斩吕纂头、中书监病死，在长安则有发"经信则舌不燋烂"誓等。汤用彤对鸠摩罗什在龟兹和凉州时"阴阳术数，无所不验"的六事有归纳，见《汉魏两晋南北朝佛教史》上册，第205页。
② 《晋书·艺术传》"鸠摩罗什传"，第2502页。

见者忘其深恨。年及受戒,莫为临坛,所以向立之岁,尤为沙弥,乃从其舅学五明诸论,世间法术,多所通习"。二者何其相似乃尔！①

特点	佛陀耶舍	鸠摩罗什
博闻强记	年十三出家……至年十五,诵经日得二三万言……至年十九,诵大小乘经数百万言。……恒以读诵为务,手不释牒	年七岁,日诵千偈。偈有三十二字。凡三万二千言。诵《毗昙》既过,师授其义,即自通达,无幽不畅
不惧魔障	本出身"外道"世家,出家后,常随师远行,于旷野遭遇老虎,师父意欲躲避,而耶舍却颇有胆识:"此虎已饱,必不侵入,俄而虎去。"	(鸠摩罗什)初得《放光经》。"始就披读。魔来蔽文,唯见空牒。什知魔所为,誓心愈固。魔去字显,仍习诵之。复闻空中声曰:'汝是智人,何用读此。'什曰:'汝是小魔,宜时速去。我心如地,不可转也。'"
折服其师	"虎去前行,果见余残,师密异之"	折服其师槃头达多,其师"礼什为师"
天生异象	佛陀耶舍初至沙勒国时,本不受过往欢迎,但太子称之"法子",遂留宫中供养,待遇隆厚	鸠摩罗什尚在胎中时,其母忽自通天竺语,"难问之辞,必穷渊致,众咸叹之"。罗汉达摩瞿沙曰:"此必怀智子。"
傲视群侪	性度简傲,颇以知见自处,谓少堪己师者,故不为诸僧所重。但美仪止,善谈笑,见者忘其深恨	为性率达不厉小检,修行者颇共疑之。然什自得于心未尝介意……什为人神情朗彻,傲岸出群,应机领会,鲜有伦匹者
多习外道	年及受戒(二十七岁才受戒),莫为临坛,所以向立之岁,尤为沙弥,乃从其舅学五明诸论,世间法术,多所通习	在沙勒国时,"以法之暇,乃寻访外道经书,善学《围陀舍多论》,多明文辞制作问答等事。又博览《四围陀》典及五明诸论,阴阳星算莫不必尽,妙达吉凶言若符契"
擅使法术	当鸠摩罗什邀请佛陀耶舍前往姑臧,而其为龟兹国人滞留不得前往,佛陀耶舍遂取清水一钵,以药投水中,念咒语数十言,与弟子洗足,即夜行数百里,龟兹国人追赶不及	在龟兹有吕光破龟兹获鸠摩罗什回师山下夜遇大雨,在凉州有吕光中路得福地、姑臧大风奸叛自定、吕纂讨段业必败、吕纂不斩胡奴头则胡奴斩吕纂头、中书监病死,在长安则有发"经信则舌不燋烂"誓等

从文献记载中可以归纳出,鸠摩罗什与佛陀耶舍有以上"博闻强记""不惧魔障""折服其师""天生异象""傲视群侪""多习外道""擅使法术"等七大共同点,可见二人更多的是亦师亦友,性情相合,惺惺相惜。②

因此,从这个视角来看,与其说鸠摩罗什受学《十诵律》师从佛陀耶舍,莫若说其师从卑摩罗叉。另一方面,《高僧传》对于鸠摩罗什、佛陀耶舍,以及弗若多罗、昙摩流支、卑摩罗叉五人传记的内容记述和个人评价,也是《高僧传》作者慧皎本人对这五人思想观念的体现。虽然《高僧传》取材于《出三藏记集》,但在涉及鸠

---

① 纪赟在《慧皎〈高僧传〉研究》中提到,北朝佛教史传文学几乎是一片空白,相对而言,南朝则十分发达,而其中的一大特点是,别传大量出现以及别传中掺杂了大量荒诞不经的传说,作者也并不在意是否真实可靠。同书第六章为"《梁传》中的神异与法术研究",对《高僧传》中大量乃至反复出现的因果报应、灵异、母子神异、巫术、咒语作了分析。《高僧传》中关于"鸠摩罗什"和"佛陀耶舍"性情和灵异方面类似甚至雷同的记载,与佛教传记同史学传记在编纂目的上有着根本不同有关,另一方面也得考虑,《高僧传》对同一流派或同一源流的高僧,采取了类型化的处理,这既是"人以群分"的客观结果,恐怕也是作者有意为之。纪赟似乎没有注意到这一情况。
② 汤用彤也持类似看法,见《汉魏两晋南北朝佛教史》上册,第200页。

摩罗什律学师承的问题上，慧皎并不认可《出三藏记集》的记载，无法认同鸠摩罗什受学《十诵律》是师从性情和修为都与之颇为相似的佛陀耶舍，更何况《出三藏记集》自己关于鸠摩罗什受学《十诵律》的时间就自相矛盾，因而将其师从改换为一位戒律修持更为令人敬仰的卑摩罗叉。

余 论

一方面从《出三藏记集》关于鸠摩罗什受学《十诵律》师从佛陀耶舍的记载，有时间上的自相矛盾之处这一点来看；另一方面从佛陀耶舍、卑摩罗叉各自在长安活动，佛陀耶舍与卑摩罗叉二人的各自所译经卷，以及鸠摩罗什与佛陀耶舍心性相近而不类卑摩罗叉等情况所透露的信息来看，鸠摩罗什受学《十诵律》师从卑摩罗叉而非佛陀耶舍的判断是可靠的。

当然，鸠摩罗什在沙勒国也跟从佛陀耶舍学习过。《出三藏记集》"佛陀耶舍传"记载："罗什后至，从其受学《阿毗昙》……甚相尊敬。"后来，鸠摩罗什在长安译经，曾发感喟："吾若著笔作'大乘阿毗昙'，非迦旃延子比也。今在秦地，深识者寡，折翮于此，将何所论！"迦旃延为佛陀十大弟子之一，称"议论第一"。鸠摩罗什的自信，颇有"数风流人物，还看今朝"的豪气。佛陀耶舍同样擅论，"善解'毗婆沙'……既为罗什之师，亦称'大毗婆沙'"。或可说鸠摩罗什从佛陀耶舍所学当为论藏，即"阿毗昙"。

鸠摩罗什与佛陀耶舍，性虽相近，习却相远。佛陀耶舍在二十七岁受具足戒之前，性度简傲、通习外道，之后未见有大疆。而鸠摩罗什在二十岁受具足戒之后，却遭逢两次被逼破戒[①]，以至鸠摩罗什自叹：虽新经、诸论多所传出，却"累业障深"。而佛陀耶舍也在得知他被逼以妾媵之后，感叹："罗什如好绵，何可使入棘中乎！"[②]

对于鸠摩罗什，《出三藏记集》和《高僧传》本传在其早年就为他日后的悲剧埋下了伏笔：当鸠摩罗什母亲带着他从罽宾返回龟兹，途经月氏北山时，有一罗汉见而异之，谓其母曰："常当守护此沙弥。若至三十五不破戒者，当大兴佛法，度无数人，与优波掘多无异；若戒不全，无能为也，正可才明俊义法师而已。"优波

---

① 两次被逼破戒事，《出三藏记集》和《高僧传》本传有详细记载。此外还有一次似乎是主动犯戒，仅见诸《晋书·艺术传》本传（第 2501、2052 页），不过未知史料来源。
② 此一感叹，无法得出"对其行为无比反感"的判断。伯希和：《关于鸠摩罗什札记》，《西域文史》第十辑，第 12、13 页。

掘多普度众生，而法师只能解经说法，信仰大乘佛教的僧祐和慧皎两位作者采用这个典故，恐怕是因为对于大乘佛教信仰而言，优波掘多与法师堪称云泥之别吧。

"至三十五不破戒"这个伏笔，不仅是鸠摩罗什命运的伏笔，也是后人研究鸠摩罗什的魔碍。鸠摩罗什生年未见诸史籍，卒年颇有争议。其中一个重要原因就在于对"鸠摩罗什第一次破戒，在三十五岁之前还是之后"的理解不同。反过来，这一理解又被用于论证鸠摩罗什的卒年。有人认为，鸠摩罗什大弘经藏，即为普度众生，即为优波掘多，其于前秦建元十九年（383年），为吕光所逼受龟兹王女第一次破戒应该就是在三十五岁之后。

《名僧传抄》附"名僧传说处·第二"也有一条关于鸠摩罗什破戒的记载："梦释迦如来以手摩罗什顶曰：'汝起欲想，即土（生）悔心。'"可惜《名僧传》已佚，只余下宗性摘抄的寥寥数语，也就无从得见其详。①

[姚胜，北京外国语大学全球史研究院中国史中心主任，校史馆馆长]

---

① 《名僧传抄》此处记有七条说处：1.罗什见《中》《百》二论始悟大乘事。2.梦释迦如来以手摩罗什顶曰：汝起欲想，即土（生）悔心事。3.罗什三藏译《法华》等经论三十八部二百九十四卷事。4.汉土三千徒众从罗什法事。5.罗什临终众僧告别曰事。6.罗什烧身之后舌犹存事。7.《涅槃》后分宋地无缘事。第7事并非宗性抄自"鸠摩罗什传"，而是抄自"昙无忏（谶）传"。《出三藏记集》和《高僧传》本传均有相关记载。"道场寺慧观志欲重求后品（《涅槃》后分）……宋元嘉中，启文帝资遣道普将书吏十人，西行寻经。至长广郡，舶破伤足，因疾遂卒。普临终叹曰：'《涅槃》后分与宋地无缘矣！'"陆扬：《解读〈鸠摩罗什传〉：兼谈中国中古早期的佛教文化与史学》，《中国学术》第23辑，第38页，注17；《出三藏记集》卷十四"昙无谶传"，第580页；《高僧传》卷二"昙无谶传"，第80页。

全球史：中国与丝绸之路上的音乐

[德]汉克杰著　庄超然译

摘要：全球史的理念要求跳出原有民族—国家视域，引出了一系列新的研究视角。音乐作为全人类共同的语言值得全球史视角下的深入研究。本文以琴弓的发明与传播以及隋唐时期对西域音乐的吸收为例，展现丝绸之路，特别是中亚地区，对于音乐史研究的意义。以跨民族、跨文化现象的丝绸之路音乐为起点，作为全球史的音乐史仍有较大的研究空间。

关键词：全球史　丝绸之路　音乐史

作为一种历史书写的基本观点，"全球史"这个概念关注互动。它刻画出一个特定的历史学科领域，强调世界上不同地区历史的联系和对比。因此它超越了那种国家—民族的历史研究视角（nationalgeschichtliche Perspektiven）。尤尔根·奥斯特哈默尔 2009 年出版的《世界的转型：一部 19 世纪历史》①一书使得全球史研究在德国备受关注。但它绝不仅仅只在西欧或是北美受到重视，在世界许多地区，尤其在亚洲，也同样受到关注，如 2011 年夏德明（Dominic Sachsenmaier）在他的《全球视角下的全球史：世界联系下的理论和方法》②一书中所展现的那样。因此从这个层面上看，北京外国语大学全球史研究院的成立具有十分重要的意义。

全球史研究院院长李雪涛教授在他的博士论文《赞宁思想及其译经理论之研究》[*Die Übertragung buddhistischer Sutren ins Chinesische：Theorie und Praxis. Am Beispiel von*

---

① Jürgen Osterhammel, *Die Verwandlung der Welt. Eine Geschichte des 19. Jahrhunderts*, München：Verlag C.H.Beck，2009.
② Dominic Sachsenmaier, *Global Perspectives on Global History. Theories and Approaches in a Connected World*, Cambridge：Cambridge University Press，2011.

Zanning（919-1001）]中就体现了丝绸之路文化区的空间（räumlich）、历史联系的多样性以及它们对中国产生的影响。① 本人 2014 年出版的著作《别样西方之旅：丝绸之路音乐与中国》②（*Eine Reise in den anderen Westen.Die Musik der Seidenstraße und China*）中则主要探讨了历史发展过程中中亚与中国的文化交往。概括说来，曾属于苏联领土南端的这一大片丝路区域，以及天山、帕米尔高原、里海（kaspisches Meer）、咸海（Aralsee），是法国面积的两倍。它囊括了乌兹别克斯坦、塔吉克斯坦、吉尔吉斯斯坦、土库曼斯坦以及哈萨克斯坦等中亚国家。历史上，中国与这些地区以及波斯、印度有着非常紧密的关系。形成于汉唐之间的这种交流网络对中国的音乐题材（Inhalten）以及技术（Techniken）有着重要的促进作用，这种影响直至今日。

古希腊人将中亚波斯地区阿姆河（Oxus）与锡尔河（Jaxartes）之间的区域称作河中地区（Transoxanien）。公元前 6 世纪它属于阿契美尼德王朝（波斯第一帝国，Reichs der Achämeniden），到了约公元前 330 年被亚历山大大帝征服。在亚历山大马其顿帝国覆灭后，它一直受到不同帝国和民族的影响，但仍保持波斯文化的特点。约公元 700 年粟特人（Sogdier）控制了这片土地，他们经营着众多贸易区域，一直活跃到中国边境。随着 8 世纪阿拉伯的扩张，712 年穆斯林迁往河中地区（阿拉伯语称 Mawarannahr）。9、10 世纪时，布哈拉城（Buchara）发展为波斯文化和经济的中心。今日乌兹别克斯坦的布哈拉以及撒马尔罕（Samarkand）历史上均是这片区域的中心。

16 世纪印度航线的开辟导致古代丝绸之路重要性下降之前，丝绸之路四通八达的支线商路途经这片地域，因为河中地区曾是跨洲际交流网络的枢纽，所以阿姆河与锡尔河之间的区域在古代丝绸之路的文化交往中具有重要地位。另外，由于琴弓（Bogen）的发明，这一地区对东、西方的音乐史也具有重要意义。弦乐器音乐（das Streichinstrumentenspiel）起源于河中地区，其发展历史在全球史研究意义上，增强了我们对全球互动的敏感性并且帮助我们克服历史学科里的欧洲中心主义。

---

① Xuetao Li, *Die Übertragung buddhistischer Sutren ins Chinesische：Theorie und Praxis.Am Beispiel von Zanning（919-1001）*.Inaugural-Dissertation zur Erlangung der Doktorwürde der Philosophischen Fakultät der Rheinischen Friedrich-Wilhelms-Universität zu Bonn.Bonn，2004.
② Heinrich Geiger，*Eine Reise in den anderen Westen.Die Musik der Seidenstraße und China*，München：Iudicium，2014.

琴 弓

琴弓的使用最早大约可以追溯到 9 世纪。到了 10 世纪，它已经十分普遍地被使用。这种新技艺首先传播到伊斯兰地区和拜占庭地区。在这一时期，最早的琴弓可能受益于拨子（Plektrum）的发展。根据大量欧洲以及中国的记载，长的、指挥棒状的拨子可能被当作摩擦棒（Reibstäbe）用来试弦而不是用来弹拨（anzupfen）弦线（Saiten）。在弦弓发展过渡时期，在乐器（Instrument）上很可能只用一种拨子交替击弦（Schlagtechnik）、拨弦（Zupftechnik）以及擦弦（Streichtechnik）来产生不同的音调。在这个基础上只需要很小的改进，通过使用马毛（Pferdehaar）使得弦线可以更好地振动发声。琴弓使得弦乐器可以保持发声（Toene auszuhalten）。不同于琉特琴（Laute）和竖琴（Psalterium），弦乐器能够不间断地演奏出抑扬顿挫的旋律并且在音调（Klang）和节奏（Phrasierung）的灵活性上可与人声媲美。尽管如今西方交响乐团（Symphonie）与合唱乐团（Opernorchester）的核心是弦乐器演奏者（Streicher），但是弦（Streichen）既非西方发明亦非最早在西方使用。

由于地理位置的优势，亚洲的发明通常是通过中亚传到欧洲。游牧部落的迁徙、好战的骑士、历史久远丝绸之路上的商人和荒漠商队，他们的活动促进了互动的文化交流。在这个过程中，一些重要的乐器传到了欧洲，比如早期的琉特琴、六弦琴（Fidel）以及横笛（Querflöte）。钹（Becken）也很可能在这时期传到欧洲。欧洲最早于 9、10 世纪记载了琉特琴，它有前后两个弦轴（Wirbel），这是所有中亚乐器的特征，它很可能随着中亚的入侵而传到欧洲。大约 11 世纪时，通过拜占庭以及阿拉伯人统治下的西班牙，琴弓被带到欧洲。在西班牙，人们发现了欧洲最早弦乐演奏的有关证据，一部 11 世纪早期加泰隆语（Katalanisch）《圣经》中的图画（Miniatur）描绘了一个大的三弦乐器，它被放在膝上，用 P 字形的琴弓演奏。

思考的复杂性

丝绸之路的文化交流并不仅仅局限在波斯、印度与中国之间。希腊人移居至巴克特里亚地区（Baktrien）以及他们同希腊本土的联系从而形成的商路，从长时段来看，实际上构成了后来闻名于世的丝绸之路。另外罗马人经常通过这条商路开展贸易，他们还进行海路贸易。因此实际的网络要比我们认为的波斯、印度与中国之间的相互联系要更复杂。

这里我们要提到黄金之丘（Tillya Tepe），它位于今日阿富汗北部接近土库曼斯坦边界处，邻近曾出土过乐师浮雕的艾尔塔姆（Airtam）。在黄金之丘对游牧民族的大型墓地的考古发掘表明，这一地区曾经存在不同的文化传统。一些出土物品从中国而来或具有中式风格，还有一些来自印度或以印度工艺制作而成。但出土文物更主要的是受到希腊艺术的影响，也或多或少与草原艺术的石刻（Tierdarstellung）传统有紧密联系。这表明，从艺术史的角度看，黄金之丘是一个希腊艺术与游牧民族建立的贵霜帝国（Kushan-Reiches）的交会区域（Bindegelied），前者位于锡尔河（Jaxates）与哈努姆（Ai Khanum）的城邦被游牧民族摧毁。两种艺术均对这一区域产生过重要影响。此外，对黄金之丘的考古还揭示了它与三国时代（前57—668年）的朝鲜的关系。这说明当时两个地区并非取道中国，而存在着直接联系。这种直接联系解释了为何在朝鲜地区出土了来自不同文明的文物。它证明了朝鲜曾与游牧民族、地中海地区或罗马人的诸帝国的联系。佛教通过丝绸之路得以传播，除此之外，还存在一条贯穿欧亚大陆（Eurasien）的线路，它将斯堪的纳维亚与阿尔泰山脉联系起来。

这些现象似乎提示我们，绝不能低估丝绸之路的复杂性。关于黄金之丘的出土文物，位于喀布尔（Kabul）的阿富汗国家博物馆的一篇目录《被拯救的珍宝》讲道："或许，从这些令人惊叹不已的考古废墟中得出的最重要的经验是：艺术就是一种混合物（Konglomerat），而阿富汗这片土地就是它的大熔炉。"① 由于在弦乐器发展历史上的重要意义，任何音乐史著作都不应忽视这片位于阿姆河与锡尔河之间、被希腊人称为"河中地区"（Transoxanien）的土地。

不同层面：历史性与时代

丝绸之路留下了许多宗教和文化的遗迹。它们每一个似乎都拥有自己的"时代"（Zeit）。② 我们在中亚音乐史所遭遇的则是四个时间层面（die vier zeitlichen

---

① Véronique Schiltz, „Tillya Tepe, der "Goldhügel".Eine Nekropole der Nomaden ", in: *Gerettete Schätze. Afghanistan.Die Sammlung des Nationalmuseums in Kabul*.Kunst-und Ausstellungshalle der Bundesrepublik Deutschland（Hrsg.）.Bonn：Kunst-und Ausstellungshalle der Bundesrepublik Deutschland，2010，S.63.

② Titel einer Veranstaltung....

Schichten）。① 第一个时代是远古和早期历史。第二个时代受古代发达文明的影响而发展起来。"多样性"（Vielfalt）与"活力"（Dynamik）的概念揭示了在第三个时代，古希腊遗产以及基督教对丝绸之路文化区（Kulturraum）的作用以及对音乐生活的影响。由于在丝绸之路的环境下，古希腊文明对其影响与对欧洲地区（Abendland）的影响并不相同。这样，在第四个时代形成了不同传统间的独特的"混合关系"（Mischverhältnis）。

在第四个时代中，1世纪时，丝绸之路音乐文化通过与印度文明、传播到中亚的佛教以及几个世纪之后伊斯兰诸教派（Spielarten）的接触受到了巨大影响。它在古希腊文化、阿拉伯文化和波斯文化的基础上，伴随着基督教、伊斯兰教两种宗教的传播，逐渐形成了拥有自身"时代"特色的音乐文化。尽管这些音乐文化"在各自的时代"有时相互排斥，但它们因其硕果累累的音乐遗产，极大丰富了丝绸之路的音乐文化。

丝绸之路与中国

唐代社会已经对来自中亚与河中地区的音乐颇感兴趣，尤其为龟兹（Kucha）的音乐着迷。相比于中国传统音乐，异域音乐更具魅力，因为它听起来更有动感（erregend）、更悦耳（schriller）、更富有感染力。李白（701—762 年）、白居易（772—846 年）等一批诗人都对异域舞者敏捷、跳跃、跃起旋转的舞姿印象深刻。

异域音乐以及舞蹈不仅进入了宫廷，也传播到城市中，尤其是有外国人聚居的地方。隋代（581—618 年）时已经出现了"七部乐"。"七部乐"中有两部出自传统音乐，五部来自龟兹、粟特（Sogdien）、印度、朝鲜以及撒尔马罕（Samarkand）。隋末的音乐演奏又增加了三部异域音乐，但之前引入的两部异域音乐逐渐消失。这一时期的舞蹈表演因面具的引入得到丰富。此外，也形成了新的"九部乐"。新增的两部乐曲分别来自喀什（Kashgar）和甘肃。许多证据表明这些乐曲是整部曲而且按照固定顺序演奏。

唐代沿用了隋代的"九部乐"。然而不久唐太宗 640 年的征服为"十部乐"的形成奠定了基础。第十部乐曲来自被征服的高昌地区，即今日的吐鲁番地区（Turfan）。

---

① 四个时间层次理论（vier zeitliche Schichten）参见 Walter Wiora, *Die vier Weltalter der Musik*.Stuttgart：W. Kohlhammer Verlag，1961，85ff。

唐初引入的印度音乐的消亡以及对扶南（Funan，如今属于越南）音乐的接受也体现了外国音乐的多样性和影响。唐朝军事上的胜利与宫廷不断吸收被征服地区的乐团的直接联系让我们推测，政治原因是形成"七部乐""九部乐""十部乐"的决定性因素。

"七部乐""九部乐""十部乐"常用于欢迎外国使节。它传达出一种含混的信号：一方面外国使节们看到了唐朝对全世界的开放，另一方面也显示了它的强大。实际上早在唐代之前的几个世纪，已经有异域乐者出现在中国宫廷之中，但是他们并非自愿而来。例如北周（557—581年）有很多从征服地区来的乐团（Orchester）。据传北周通过北方民族氐首次接触到撒尔马罕以及龟兹的音乐演奏者。这些演奏者本是被氐人作为战利品掠夺而来。与此相反，朝鲜的乐团则是作为礼物被送到北周。由于唐代一些"十部乐"异域乐团曾属于隋代"九部乐"以及之前北周的乐团，因此异域音乐在唐代宫廷也有差异。这不仅仅是由于唐代政策（Machtpolitik），还与之前朝代的政策以及对异域的着迷有关。经过几个世纪，异域音乐在中国慢慢地发展起来。

异域乐曲占了唐代俗乐（Unterhaltungsmusik）的绝大部分，这表现了中国人对这种新颖音乐的喜爱。除去重大庆祝活动与祭祀（Opfer）时演奏的音乐，其他乐曲均受到这些俗乐的影响。对异域音乐的欣赏还可以从唐玄宗（712—756年在位）时期宫廷乐队的等级地位得以窥见。据记载，宫廷乐师中的演奏能手——当时他们通常是受过异域乐师指导的中国人，被划分到演奏西域乐曲的乐团。演奏天赋较差的则负责演奏雅乐。

对于唐代中国（618—907年）这样一个大帝国来说，所谓"中国的中国音乐"这个问题具有特殊的意义。在数百年间，这音乐演奏在一个经济不断发展，政治、军事扩张的帝国。随着对中亚影响的加强，中国不仅向西扩张了势力范围，同时也吸收了来自波斯、印度的文化和宗教。1世纪起，欧亚大陆南端的印度佛教已经沿着丝绸之路传播到中国，7世纪伊斯兰教从西边传入，这两种宗教均丰富并影响了中华文明。

基于上述背景，当代中国音乐（Musikwelt）可以将丝绸之路文化区作为一个互动区域（Resonanzraum）。在这片区域中，音乐的创新将"渺小的"游牧文化与"伟大的"中国、印度、波斯文明联系在一起。丝绸之路上的音乐，不管是室内乐（Kammermusik）还是交响乐（Sinfonie），将会成为一个值得研究的领域。丝绸之路的音乐史以及文化史的多元性给中国音乐史带来了崭新的视角。它促使中国音乐家、作曲家以及音乐学家以一种新的方式理解自身音乐遗产并整理历史传统。他们对丝绸之路音乐日益增长的兴趣表明，一个文明通常以其他文明为参照反观自身，以新的视角认识自我与世界。

同时，那些在苏联解体后登上国际舞台的国家，其音乐也值得深入考察。今日这片地区，在丝绸之路鼎盛时期，不只是中国、波斯、印度等伟大文明的中转站（Durchgangsstation），诸如河中地区等区域，在音乐史领域也具有重要地位。

结语：音乐、音乐史、全球史

对丝绸之路音乐的考察重点区域自伊朗东部高原起，经过戈壁荒漠到中国西部省份，也包括通向南方的路线。因此古代丝绸之路网络连接了波斯、中国与印度三个最重要的亚洲文明。

尽管波斯、印度、中国音乐的差异明显，但倘若我们将丝绸之路文化区作为一个整体来同欧洲音乐相比，就会发现，基于事实，这种对比似乎有一定道理。因为相对于欧洲音乐，波斯、印度、中国三者既没有出现复调音乐（Polyphonie），也没有交响曲（Symphonie）这种形式。此外他们的记谱法（Notation）并不成熟也没有广泛传播，没有形成音乐书写文化（musikalische Schriftkultur）。欧洲音乐涌入这些文明之前，在东方，音乐作品作为一种旋律财富，几乎是稳定不变的，演奏者们仍保持着那些原有的类型（Typen）与模式（Modelle）。因此整体来看，东方的音乐史，音乐作品并不具有明确的布局以及多声部的、精心设计的艺术性结构，也不存在类似赋格曲（Fuge）和交响曲（Symphonie）的形式。

瓦尔特·维奥拉（Walter Wiora）在他出版于1961年的著作《四个年代的音乐》中写道："音乐史是音乐的历史；音乐绝不是西方（Abendland）的特权。"[①] 从这句话中我们似乎可以得出结论，音乐史必然也是全球史，全球史的特点使丝绸之路音乐这个研究方向成为可能。只有在东西方音乐分享共同命运这个前提下，即将它看作跨文化、跨民族的事件，我们才能理解它。全球史视角表明，丝绸之路音乐与西方音乐是多样地交织在一起的。

波斯、印度、中国音乐虽有自己的早期历史并保存了重要的古代文化遗产，但古希腊文明以及一些宗教，如摩尼教（Manichäismus）对它们也产生过重要的影响。

---

① Walter Wiora, *Die vier Weltalter der Musik*. Stuttgart：W.Kohlhammer Verlag, 1961, p7.

摩尼教，根据其创始者波斯人摩尼（Mani，216—276年或277年）得名，自第3世纪至第13世纪不时从欧洲向中国传播。762—763年冬季，突厥－维吾尔统治者牟羽可汗（Bögü Khan）皈依摩尼教明教（Lichtreligion）并将它定为这个中亚草原帝国国教后，摩尼教迎来它的鼎盛时期。尽管该帝国在840年被柯尔克孜人（Kirgisen）毁灭，但这些维吾尔人（Uiguren）沿着丝绸之路北段移居到各个城市中，后在吐鲁番（Oase Turfan）建立了高昌帝国（Reich von Kocho），其统治者到11世纪主要是摩尼教徒，但很难弄清楚哪个国王信仰摩尼教或佛教，不过两种宗教还是对该国产生了重要的影响。摩尼教文学、艺术以及音乐在两种宗教和平相处时期得到极大发展。吐鲁番壁画上对乐器与乐师的描绘表明，深受摩尼教徒喜爱的音乐实际上是东西元素的一种混合形式。在高昌还曾有基督教堂的遗迹。

　　从音乐的历史来源来看，欧洲音乐美学的最早标志来源于古希腊神话（Mythologie）。阿波罗、狄奥尼索斯、俄尔浦斯（Orpheus）的神话不仅讲述了音乐的起源与力量，还讲述了人类学的（Anthropologisch）基本经验。这一点在本文探讨丝绸之路音乐（包括舞蹈与诗歌）中并没有涉及。本文重点在于作为一种融合（Synkrerismus）的丝绸之路音乐的文化史方面的考察，关注不同音乐传统的文化史以及创造性的因素。借助这种创造性，丝绸之路文化区也影响了这些不同音乐的传统。

　　历史首先意味着准确或大致明确年代的古迹，它是对文字记载、图画、浮雕、铜币等的整合并从中阐明文明更替和交往。由于丝绸之路文化区留下的文字记载较少，而大多数的文献记载出自罗马人、希腊人、阿拉伯人和中国人，因此除了文字材料，在这类研究中还需要引入乐曲和乐者，并将他们作为音乐形象研究对象（musikikonographisch）来考察。

王昭君怀抱琵琶

丝路上的商人,敦煌莫高窟 296 号洞窟

琵琶演奏者,麦积山壁画残片

[汉克杰(Heinrich Geiger),德国天主教学术交流基金会亚洲部主任。庄超然,北京外国语大学历史学院博士生]

现代早期欧洲视野下的儒学＊

[德] 戴默尔著　王　强译

摘要：本文梳理了欧洲现代早期对儒学的理解与接受。首先以当时欧洲对儒学本质的认识作为出发点，论述了该时段内神学、哲学界学者对儒学是异教迷信、自然宗教抑或无神论的争论，体现了当时不同教派、思想流派看待儒学的视差。其次以儒学的基本观点为线索，展现了儒学思想与当时欧洲思想界之间的碰撞。基于此，作者试图证明，儒学在现代早期欧洲道德与政治哲学语境中的重要地位。

关键词：现代早期　儒学　神学　政治哲学

一、背景：最初印象种种

1555 年，第一位到达中国的基督教传教士曾这样笃定地描绘中国人："这个民族完全沉迷于口腹之欲和其他种种贪欲，但是它的政府制度却着实令人钦佩。"① 数年之后，另一位曾经数次去过广东的修士写信给罗马修道会总长，更详细地写道："（中国）人思维敏捷，智力胜过体力，他们尤其善于行政管理和政治谋略。他们的大部分精力都用在这个领域，不迷信，也不去崇拜偶像。他们只有一个帝王，

＊ I want to express my gratitude to my dear colleague Dirk Lüddecke, professor of political theory and philosophy, who gave me a lot of valuable hints. Moreover, I should mention that in the following article, I do not deal with authors（such as Kant：cf.Lee，2003：273）or texts （e.g. "Discours sur la théologie naturelle des Chinois"，written by Leibniz：cf.Hsia，2000：350）without a sensible impact on the early-modern debate on Confucianism. Instead, I focus on those publications which—in my view—influenced this debate most.

① Letter from Melchior Nunnes [Nunes Barreto]，Kanton，11.Kal.12.1555 [= 1555−11−21]，quoted from：Acosta 1572，97："Natio est ventri ac voluptatibus dedita：sed gubernandi ratio plane admirabilis."

但是所有人都效忠于他，完全不可思议。另外，他们的奖惩制度也绝对值得敬佩。"在信的末尾，作者乐观地断言，如果基督教传教士能自由进入中国，他们在那里的传教事业一定会取得更大成功，因为"首先，这个民族的人品性和能力俱佳；其次，整个帝国之内平安而且宁静"①。

最初的印象很重要。当基督教传教士于 16 世纪初到达印度时，他们明显很乐观。其实，16 世纪 30 年代成千上万的印度人——婆罗门种姓制度中吠舍种姓的渔民——在很短时间内就欣然受洗。此外，后来被称为"印度使徒"的圣方济·沙勿略（Francis Xavier）在 1542 年到达果阿时，他的印象是城市里"住的都是基督教徒"。然而，传教士的热情很快就烟消云散，因为他们很快就发现受洗只能造就一些非常表象的基督徒。② 有些新皈依的教徒只是将耶稣基督与其他男神和女神并列崇拜，因为对他们而言一神论是不可思议的。所以，传教士发现"偶像"在中国并不重要，便认为中国具备成功传教的绝佳条件。

二、儒学是什么？异教迷信，自然宗教，还是纯粹的无神论？

孔子的学说通常被视为国家和社会的基本组织原则③。因此，理解儒学的本质很重要：它到底是异教迷信，是着眼于现世福祉的自然宗教，还是一种独特的无神论，即否认上帝存在、让人忽视来世的归宿？早在 17 世纪初，意大利人利玛窦（Matteo

---

① From the letters of Emanuel Iesseria to the Superior General, Goa, 4 nonas Ianuarij 1569 [1569-01-02], in: Acosta 1572: 213v: "Incola[e] sunt ingenio valde bono & acuto, præstantiores animi, quàm corporis viribus, in reipublicæ administratione & ciuili prudẽtia admodũ excellunt: hac apud eos cura studiumque præcipuum, superstitionibus & idolis minime dediti sunt, vnum labẽt [correctly: habẽt] regem: huic verò supra quam credi possit omnes obediunt, præmiorum ac pœnarũ distributio plane admirabilis"; ibid.214: "primũ ob gentis ipsius naturam atque indolem egregiam: deinde quod secura toto regno pax est atque tranquillitas."
② Neill, 1984: 122, 125, 138（quote）, 141-143; Gründer, 1992, 280-284, who underlines that for the Paravas, Christendom became a vital part of their identity as a caste!
③ One must keep in mind that "the" Confucianism underwent many evolutions and that in a sense it was only the Qing emperors Kang Xi, Yong Zheng and Qian Long, who completed the "Confucianizing" of China, e.g.by a severe censorship and a systematic indoctrination of at least the literate parts of the population.Schmidt-Glintzer, 1995: 124; cf.Li, 2000a: 82-88.An excellent concise introduction into Confucianism is Van Ess, 2003.

Ricci)就曾经探索过这个问题。①1601 年,他成为第一个进入明朝廷的传教士,也开辟了连续不断的基督教传教工作。此后,许多学者的研究都或明或暗地触及了这个问题。②它的背后还有一个问题,即道德和基督教是什么关系。

在 16 世纪,许多欧洲人来到中国。他们认为中国人是"异教徒"或佛教或道教的"偶像崇拜者"。从描述的角度来说,"异教徒"可能仅仅指非基督徒。这个词带有一种同情的味道,但是多数时候带有贬义,据我所知类似中国人称"野蛮人"的词"夷"③。基于这种评价,欧洲人怀疑中国的政治秩序:如果一个异教徒民族是由异教徒统治者统治,那么很难指望它具备基督徒国家的种种美德。④欧洲人坚定地持这种怀疑态度,他们断言中国人是野蛮人,所以许多早期传教士不得不驳斥这种论断。⑤但是,若想在世界其他地方传教,基础之一是相信原则上所有世人都能获得救赎。

1. 利玛窦对儒学的认识

按照利玛窦的说法,中国人是非常有望获得拯救的。根据利玛窦的教会兄弟金尼阁(Nicolas Trigault)所述,利玛窦并不认为中国有什么教派,"只有源于自然法则的理念,主要由孔子发扬光大"⑥。金尼阁以批注和修订利玛窦中国游记的拉丁语译本而著称。利玛窦的游记最初于 1615 年出现在德国小城奥格斯堡(Augsburg),但很快再版并且被翻译成多种欧洲语言。通过这部书,孔子这位中国哲学家第一次

---

① Lee, 2003: 26-27.This habilitation treatise which contains a chapter on the reception of Confucianism since the first encounter until 1770 (pp.21-140) is the most detailed recent study on my subject.It concentrates, however, on German-speaking publications, and on the other hand extends the topic into the 20th century.Especially for Ricci see Li, 2000a: 89-112, who ascribes to Ricci a benevolent, Christian-oriented interpretation of early Confucianism based on a highly limited, earmarked and rudimental understanding (p.89).Also skeptical Tang, 1991: 147-157.There are a lot of recent publications on Ricci, e.g.Butz and Renato, 2007; Haub and Oberholzer, 2010; Fontana, 2011; Hsia, 2011; Giuliodori and Sani, 2012; Laven, 2012; Hart, 2013; Landry-Deron, 2013.
② Bauer, 1984: 164.Also from a modern perspective, Confucianism can be regarded only partly as a religion in Western sense, as best as a "worldly religion" Ching, 1989: 26-27.
③ Wills, 1974: 201.
④ Cf.Pantoja, 1605: 102.Pinto, 1962: 104, describes the excessive cruelty of a certain Chinese official "which could be expected from a lawless heathen as he was" ("tamanho excesso de crueldade quanto se esperava de um gentio sem lei qual ele era"). On the other hand, Pinto speaks of "miserable" ("miseráveis") heathens whose blindness could only provoke his compassion (e.g.237).
⑤ E.g.Semmedo, 1642: 297.
⑥ Trigault, 1615: 489: "... ea excepta, quæ ab lege naturæ orta, Confutio Principe maxime declarata est."

进入欧洲人的视野，而且获得了拉丁译名 Confucius，该译名源于中文"孔夫子"。①利玛窦成功地利用过目不忘的记忆力和特别的记忆术掌握了流利的汉语。由于利玛窦本人接受过人文教育，而儒家经典在儒生当中名声很大，所以利玛窦专注于研究各种文献，从而探索儒学的本质，回答"儒学究竟是什么"这个问题。通过研习，他认识到儒学最初是道德、社会和政治学说，而不仅仅是宗教。利玛窦指出，孔子自己说过，他宁愿避谈来世也不愿信口乱说。利玛窦断言，"孔子学说旨在揭示个人应该如何修身，如何凭借美德和公义来齐家治国"。因此，儒家的目标是社会和谐、安定和仁德。②

这是否意味着中国人对上帝一无所知呢？还是如早期进入中国的传教士加斯巴尔·达克鲁斯（Gaspar da Cruz）所言，中国人崇拜魔鬼？达克鲁斯在1569年断言中国人没有自然哲学，不可能像古希腊和古罗马哲学家一样通过反思创世，从而达到灵知（gnosis）。③同时代的史学家洛佩斯·德·卡斯塔内达（Lopes de Castanheda）却认为虽然中国人是异教徒，但他们崇拜三位一体的单一神祇兼创世主，他的观点正确吗？④虽然冈萨雷斯·德·门多萨（González de Mendoza）曾于1585年在其巨著中认为信仰不朽的精神是中国人的普遍观点⑤，但是利玛窦仍然不会否认中国广泛存在着"无神论"。⑥

然而，利玛窦对最初的儒学持相当正面的态度。他曾经写道："在所有异教派中……我从没有读到任何一本比中国古典早期作品错谬更少的著作"，而且他还说最古老的文献曾提到一位至高无上的神祇。的确，中国人认为这个神祇远远高于自然界的多数鬼怪，但是按照利玛窦的说法，中国从未像古罗马人、古希腊人或古埃

---

① Cameron, 1970: 170; Dawson, 1967: 45. According to Van Ess, 2003: 8, the formulation K'ung fu-tzu (or Kong fu-zi) was very rare in classical Chinese, since it had a rather childlike or folklike, at least a colloquial smack.For the work of Ricci/Trigault, I identified the following editions in diverse catalogues: 1) Latin: Augsburg 1615, 1623, Cologne 1617, 1618, 1684, Lyon 1616, Lisbon 1623, s.l.1684; 2) French: Lyon 1616, Lille 1617, Paris 1618; 3) German: Augsburg 1617; 4) Spanish: Sevilla 1621; 5) Italian: Naples 1622; 6) English: In Purchas, 1625.The last-mentioned edition as well as the one published in Leiden in 1639 in the context of Elzevier's "Res publicae"–series contained only excerpts.Moreover, the book was permanently plagiarized in the aftermath.Lach and Kley, 1993: 513, 596.
② Trigault, 1615: 109, 370: "... legis suæ præcepta ad vitam recte cuique constituendam, & familiam, regumq'; ex æquo & bono gubernandum direxerat." Cf.Guy, 1963: 87–89; Tang, 1991: 54.
③ Gaspar da Cruz, 1569: 144v–151, who even maintained that the apostle Thomas had preached the gospel in China, but had soon recognized the uselessness of his endeavors and therefore had returned to India.
④ Lopes de Castanheda, 1979: 912.
⑤ González de Mendoza, 1944: 360.
⑥ Trigault, 1615: 116.To the (then usually more extended) meaning of this term: Febvre, 1968.

及人那样为他们的天宫玉帝杜撰出种种不堪之事。因此，在利玛窦看来，中国人最早的宗教与原始的一神教没有区别。① 这种"自然启示录"信仰暗合了利玛窦的信仰：即使一个人没有幸运地出生在犹太－基督教传统社会中，上帝也没有完全关闭他们进入天堂的大门。利玛窦坚信，中国人将人类理性看作上天所赐之物，所以他认为在古代很多按照自然法则生活的中国人借着上帝无限的慈爱得到了拯救，"因为（正如神学家所说）上帝从不放弃任何尽其所能求所得的人"。利玛窦还写道，古代的记录讲述了祖国的丰功伟绩和大众的公共福祉，典籍中也有很多关于道德教育的言行教诲，"其中的内容似乎不亚于我们哲学家最著名的学说"。当然，由于缺乏恩典的指引，这种光亮被遮蔽了数百年——很显然，利玛窦指的是《圣经》启示录的恩典。因此，在他所处的时代，只有"少数人没有退化到无神论的深渊"。不过，学者们所崇拜的并不是偶像，而是一种"神力"（元神）。另一方面，利玛窦也承认，中国文人中普遍存在一种观点，认为宇宙只是由永恒的物质构成。在他看来，传教士们不仅用自己的论据，而且引用经典著作来反驳这种观点。虽然利玛窦没使用"新儒学"（Neo-Confucianism）一词，但是他在内容上区分了古典的、大体上属于一神论的儒学和物质的、无神论的"新儒学"（New-Confucianism）。②

利玛窦在传教时特别注意与儒家文人官员打交道，这是一种策略，他希望让精

---

① Trigault, 1615: 104: "Ex omnibus Ethnicorum sectis ...hactenus nullam legi quæ in pauciores errores inciderit, quam Sinarum gens prioribus antiquitatis suæ seculis legitur incidisse." In Ricci's sense Bettray 1955: 235, still spoke of a historical fact of the tradition of the originally pure religion of China in the unspoiled Confucianism.Whereas older studies （e.g.Dunne, 1962）believed that Ricci had gained his insights into Confucianism exclusively by his own reading, new research underlines the important role of his literate Chinese patrons and converts, particularly Xu Guangqi.These Chinese scholars wanted, in fact, to purify Confucianism from Buddhist and Daoist influences, but were apparently more interested in reviving and complementing old Chinese traditions than in adopting central elements of the Christian tradition.Cf.Tang, 1991: 147-157; Duteil, 1994: 139, 142; Camps, 2000; Haub and Oberholzer, 2010: 99-100, 106-107, 122-124; Laven, 2011: 205-207（for Ricci's Chinese critics: 223-225）; Standaert, 2012; Hart, 2013: 8-9, 72-75, 195-256.Collani, 2000: 114, argues that the Jesuits themselves undermined their identification of Confucianism with a （mere）philosophy by their postulate that the original Confucianism had been a monotheism, identical with the first stage of God's grace—and therefore a religion after all !

② This notion was underlying in Ricci's argumentation, though not yet formulated expressively.Lundbæk, 1983. Trigault, 1615: 104, "quod nemini facienti quod in se est, vt aiunt Theologi, solet Deus denegare"; "qua in re celeberrimis nostris Philosophis cedere non videntur"; （explanatory note） "Non paucos in lege Naturæ salutem inuenisse"; 105: "ex ijs pauci sint, qui non in Atheismum lapsu grauiore degenerent." Cf.Pinot, 1932: 284-285, and Lee, 2003: 26-27, 40-42.Bauer, 2009: 241-242, points to the fact that the term "Neo-Confucianism" has no equivalent in Chinese. Nevertheless, also modern Chinese scholars like Tang, 1991, use this European term.Tang, 1991: 16, 46, describes Neo-Confucianism as a combination of a Confucian—empiricist and a Daoist—metaphysical school of thought which resulted in "a Confucian school of idealist philosophy" （quote: 51）.

英皈依可以在中国民众中发挥一种示范效应。但是还有一层原因。事实上，儒家信徒似乎也信奉中国原始的自然哲学，出于对经典的敬畏他们或多或少注定要回归原始的一神论，抛弃宋代（960—1279 年）的唯物无神论的解经人对原典的曲解。利玛窦认为自然理性——很快就被称为"自然宗教"，后来甚至被称为"自然神学"①——是宗教信条的基础，这个基础能够而且必须得到上帝启示。在利玛窦看来，他用汉语写的一篇文章大获成功，足以证明这个策略的有效性。如他所说，他所写的只是美德和言行准则，所依赖的只是自然理性，当然他是以一名基督徒的身份而写作，但是他没有拒斥任何"派别"。因此，所有宗教群体都读了他的文章，而且很推崇他的文章。因此，基督教学说的声誉和可信度得以大幅提高。②

2. "中国人是无神论者"的论点

许多传教士都赞同利玛窦对中国的乐观判断，但并非所有人都如此乐观。同为修士的西班牙人庞迪我（Pantoja）的重点就有所不同。他这样描述同时期的中国人："……他们几乎都是无神论者，要么不知道真神，要么只是崇拜一个虚假的神。"他们把儒家经典的作者当作神明来崇拜，而这些经典遗祸无穷，"因为这些哲学家是异教徒，仅仅讨论政德和品德，却只字不提超世俗的事"③。在欧洲，法国历史编撰者杜雅克（du Jarric）认为这种无神论一定会在现世的政治中产生恶果。他指出，中国的学者能够认识到异教徒信仰的神明是谬误的，却不知道谁才是真神。因此，他们丝毫不重视宗教，而宗教才是所有世俗正义的核心要素。④

龙华民（Longobardi）接替利玛窦负责中国的传教工作之后，"从古至今绝大多数时间内中国人都是无神论者"的观点得到了加强。⑤ 多明我会的修士闵明我（Fernández Navarrete）后来引用了龙华民的证言。他拒绝从基督徒的角度去解读中国经典，他说，"这个民族对上帝一无所知，他们所知的最崇高的境界不过是物质的天，这是毫无疑问的"⑥。当然，这种信念影响了人们对孔子及其学说的认识。因

---

① Leibniz used this expression.Cf.Widmaier, 2000: 34, 49-54; Li, 2000b: 321-325; Lee, 2003: 75-81.
② Shih, 1978: 52-53.
③ Pantoja, 1605: 48-49: "...casi todos son Atheos, sin conocer, ni adorar Dios falso ni verdadero"; "como estos Filosofos (como gentiles) no hablarõ nada de la otra vida, sino del buen gouierno y virtudes morales".
④ Du Jarric, 1610: 573-576.
⑤ Gernet, 1982: 19.
⑥ Fernandez Navarrete, 1676: 21: "No ha conocido aquella Nacion otro Dios ni cosa mas noble, que el Cielo material, esto es cierto." Boxer, 1957: 289, is right when he says that the Dominican monk opposed Jesuit bids for a modus vivendi between Confucianism and Christendom although he was a steadfast admirer of Chinese culture and civilization.

此，闵明我在一个有关儒家学说的章节中以其特有的论调写道："古代哲学家以及中国人的道德是很不完美，很残缺的……这一点已经被圣安东尼有力地证明过了。"在同一个段落中，他描述了阅读异教徒书籍的危险性，而且引用了这一句话："伟大的哲学家很少是天主教的好教徒。"在提到中国的基督徒时，这位多明我会的修士认为中国人的经典对上帝只字不提，最多只提罪恶①。加上祖先崇拜的问题，产生了所谓的"礼仪之争"：多明我会和方济会不许他们的信徒拜孔子，而多数耶稣会士在这方面更灵活。②耶稣会士理解并描述了孔子在中国人当中地位甚高。例如，修士白乃心（Grueber）认为孔子之于中国文人，如同亚里士多德之于欧洲修士，③但是亚里士多德被视为卓越的"哲学家"，虽然也是异教徒，但是这位异教徒的作品被托马斯·阿奎那（Thomas Aquinas）及其继任者纳入基督教传统。于是最晚从15世纪开始，亚里士多德在欧洲大学的哲学研究中备受重视，甚至影响了神学讨论。④特别是耶稣会持续了这个学术传统，但是耶稣会士们也总是强调哲学仅仅是"神学的仆人"。西班牙最重要的神学家兼自然法则哲学家弗朗西斯科·苏亚雷斯（Francisco Suárez）曾经在其政治学著作中写道：纯粹的哲学家——与神学家相对——空谈现世的幸福，往往会误解自然中的形而上部分和人类来世的归宿⑤。

于是，耶稣会原则上意识到了"单纯的哲学"伴生的各种危险。最初，这样的哲学家会将自己的领域当作基础知识，然后越来越信赖自己的专业性。长此以往，他最终会使哲学摆脱作为神学附属物的地位，使之变成一门独立的学科，并因此以一种令人难以接受的方式重新评价人的生命在世界中的价值，而那恰好是17、18世纪人文领域发生的情况。

3."异教徒得拯救"——没有基督教启示的灵知？

从17世纪中期开始，在华的耶稣会传教士们关于神学和哲学的关系——或者更

---

① Fernandez Navarrete, 1676: 129: "Qve la Ethica de los antiguos Filosofos, y de los Chinos, sea muy imperfecta, y insuficiente ..., pruebalo muy bien San Antonio ..."; "Raro magnus Philosophus bonus Catholicus".
② Cf.Cummins, 1993; Mungello, 1994.
③ Thévenot, 1696: 7.
④ An Erfurt professor and auxiliary bishop said in Luther's times that without Aristotle, nobody could become a doctor of theology.Brecht, 1981: 43–44, cf.169.
⑤ Suárez, 1612: 17: "Est enim aduertendum, Philosophos non agnouisse supernaturalem hominum finem, sed solum de huius vite aliquali felicitate, vel potiùs conueniête statu, ad illam in pace & iustitia trãsigendam, tractasse ..." However, Corsi, 2012: 136, after having mentioned the principally propaedeutic function of philosophy toward theology in the opinion of the missionaries adds that Ricci developed an increasing estimation and admiration for the philosophical thinking of the Chinese.

确切地说是有关《圣经》启示和人生道德行为之间的关系——的观点受到了来自各方的挑战。在发展成为世界宗教的过程中，天主教的信仰遇到了一个尖锐的老问题。提问的是新建立的天主教全球传教队伍，这就是"异教徒的拯救"问题。如果有人问，孔子是否堕入地狱，耶稣会士们一般会依着利玛窦的方式谨慎回答：如果这位哲学家最爱的是上帝而且至死不渝，那么他毫无疑问会得拯救①。但是，利玛窦的论点激怒了虔诚的新教徒：如果异教徒遵守自然法则就能上天堂，那么罗马教会无异于在说崇拜偶像的人也可以得救，然而路德会和加尔文派教徒却仅仅因为不尊教皇而下地狱永世受罚！②不过，天主教方面也有抗议。在多明我会和方济会的修士看来，孔子和古希腊先哲苏格拉底一样，据说都已经被打入地狱。③至少，他们来自耶稣会的对手们把这个观点安到了他们身上——很明显未必总是正确。④作为回应，詹森会——一支遍布法国，宣扬恩宠论，而且反对耶稣会的天主教派别——攻击耶稣会在这一点上的"懈怠"⑤。

尽管如此，"许多异教徒虽然没有手持《圣经》从中获得上帝的正法（lex divina positiva），却能了解真神"的想法完全符合基督教某种从未被挑战过的传统。⑥但是这种观念在17世纪得到了强化，主要是在法国自由思想家或放纵派之中。其中拉摩特·勒瓦耶（La Mothe le Vayer）的贡献是传扬了中国文官的名声。他指出引导这些官员的是一套社会道德体系，其基础是自然宗教，而非具体的基督教传统⑦。他为这种基于自然宗教的道德体系冠以"孔子"之名。因此，作为法国当时政坛领袖兼红衣主教黎塞留（Richelieu）的秘书，勒瓦耶希望按照主教的意图提高耶稣会的地位，打压詹森派。于是，他竭力证明被救赎的不仅有古希腊古罗马的先哲，而且有"中国的苏格拉底"孔子。勒瓦耶指出，根据圣·奥古斯丁的观点，只要相信唯一真神的神力和仁爱就算走近基督教的教义。他引述利玛窦、金尼阁（Trigault）和冈萨雷斯·德－门多萨（González de Mendoza）等人的著述，从而证明这一直是中国人的

---

① Dunne, 1962：274；Collani, 2000：105-106.
② See e.g. Müller, 1695：10-11.
③ Dawson, 1976：41；for Navarrete：Reinhard, 1976：560, fn.91.
④ Cummins, 1993：112. In fact, Navarrete did not completely rule out that an unchristianed person could be received in heavens, though he maintained that the philosophy of the literati officials was full of errors and follies. Navarrete, 1676：51, 102.
⑤ Cf. already for bishop Jansenius, the eponym of Jansenism：Pinot, 1932：104.
⑥ For the theological background see Riedl, 1965：27-79, 92-111.
⑦ Guy, 1963：121.

古老信仰。孔子是他们最杰出的哲学家,但最重要的是,他和同时期的苏格拉底一样,是最有仁德的异教徒。①这里,最能说明问题的,不是从"亚里士多德"到"中国的苏格拉底"这个字眼上的转变(勒瓦耶早在另一部书中就第一次这样称呼孔子)②,而是从强调上帝之爱到强调仁德的生活方式的巨大转变。不可否认的是,勒瓦耶将仁德解释为神性的体现,因此仁德是可敬的。③但是,如果说勒瓦耶曾经高呼"孔圣人啊,为我们祷告吧",那就非常可疑了吧?④这岂不是把宗教降格成单纯的仁德吗?如果没有《圣经》的启示,人就可以过上理想的生活,甚至上天堂的话,那么信奉上帝的启示还有什么好处呢?那样,建立教会的目的又是什么呢?⑤

4. 儒家经典在欧洲出版以及耶稣会士和詹森会士之争

为了提高自己在"礼仪之争"中的地位,来华的耶稣会传教士领袖于1687年出版了《中国哲学家孔夫子》,以献给路易十四之名翻译了儒家经典。书的装帧奢华,其中一页将孔子塑造成一个令人心生敬畏的学者,站立在图书馆里(顺便提一句,图书馆是一座欧式建筑)。该书的致辞部分指出,孔子在中国被人广泛地视为"最有智慧的道德哲学、政治学以及占卜术老师",而孔子却认为自己的知识只是来自"自然和理性的启迪"。⑥此外,主编之一柏应理(Couplet)在长篇序言中指出,中国的古籍显示,中国人在佛教传来之前是没有偶像崇拜的。不过,这种观点产生了决定性的影响。对于中国人的原始宗教,唯一遗留的问题是:它是一种自然宗教还是无

---

① La Mothe Le Vayer, 1662: 667-668.Cf.Guy, 1963, 118-122; Pinot, 1932: 286-289.
② La Mothe Le Vayer, 1662: 501.
③ La Mothe Le Vayer, 1662: 559.
④ "J'ay lû dans Mr.de la Mothe le Vayer, qu'il avoit de la peine à s'empécher [sic] de dire, Sancte Confuci ora pro nobis." Bernier, [1688]: 12.
⑤ Also the Jesuit Bartoli called Confucius a "wise and saint man" ("huomo sauio e santo").Bartoli, 1668: 69.But in the context of his voluminous church history this had certainly a significance totally different from the same notion used by La Mothe who was a religious dissident.
⑥ Couplet, Philippe, "Epistola," In Intorcetta et al., 1687, part I: "Sapientissimus & Moralis Philosophiæ pariter ac Politicæ Magister & Oraculum"; "solo naturæ ac rationis lumine cognoverat".

神论信仰？第三种可能，即偶像崇拜，从此被排除了。①

很快，耶稣会多数派的观点就受到了批判，特别是数年之后去过中国的修士李明（Le Comte）发表的系列言论。例如，"2000多年来中国人民一直知道而且崇拜真神。他们崇拜的方式对基督徒来说也堪称模范和指导"。他还说过，"这些（中国）人曾经是如此明智，如此渊博，甚至知道上帝的灵……"在巴黎大学里的詹森会博士们看来，这些论述挑战了《圣经》启示对人类获得拯救的必要性。因此，神学人员将它斥为错谬，甚至在一定程度上是异端。②

不过，有一个问题，直到那时很多神学家一直强调无神论与道德不相容，与人类共同体的存在也不相容。另一方面，他们却指出有一件事情可以证明神的存在：自古以来所有民族都有一些共同的、关于神的思想。这被称为"普遍认同理论"（theory of universal consent）。然而，大多数神学家甚至认为严格意义上的自然神论——认为"创始的神不再干预他的创造物"的理性观念——不足以支撑更高等的道德体系。但是沿袭了利玛窦传统的传教士认为，儒家的道德哲学应该成为基督教教义的基础。很显然，他们想到了被基督教采纳的亚里士多德或新柏拉图哲学等古代传统。然而，耶稣会的反对者们认为这种关系应该倒过来：基督教信仰本身就是一种基础，以基督教信仰为源头可以演绎出道德和政治准则。至于原始的灵知，他们认为应该无法

---

① Couplet, Philippe, "Proëminalis Declaratio." In Intorcetta, Prospero et al.1687, LXXVIII: "...si verum est, quod gravissimus vir Lin ô dictus ...asserit: Ante invectam cum idolo Foe ex Indiâ superstitionem（anno scilicet post Christum 65）nullum vanorum Deorum simulachrum, statuam nullam in Sinis extitisse, alterutrum profecto fatendum erit, aut atheos fuisse tunc Sinas, aut certè notitiam veri Numinis etiam tum conservasse." Pinot, 1932: 152-158, 299-302, states that the manuscript of Couplet's "Introduction" was revised by a fellow priest in order to make it appear in the published version unquestionable that the old Chinese had believed in one God and in an immortal soul.Moreover, any semblance of idolatry should be avoided which could easily have been evoked by a literal translation. Lundbæk, 1992: 33-37, explains, why the missionaries distorted the image of Neo-Confucianism and why they ended up in a scathing verdict in spite of interspersed statements of admiration.

② Le Comte, 1697: 114, 148.Cf.Pinot, 1932: 98; Li, 2000a: 341-345.Especially the last-cited passage seems to have been not so offensive when read in its context. There, Le Comte described the origins of the "sect of the scholars" and critizised them massively as seducers of the Chinese people to superstition, paganism, and finally atheism ["Ainsi se forma la secte des Sçavans, desquels on peut dire qu'ils honorent Dieu de bouche & du bout des lévres（sic）, parce qu'ils repetent continuellement qu'il faut adorer le Ciel...mais leur cœur en est fort éloigné, parce qu'ils donnent à ces paroles un sens impie qui détruit la Divinité, & qui étouffe tout sentiment de religion.Ainsi ces peuples anciennement si sages, si pleins de la connoissance, & si je l'ose dire, de l'Esprit de Dieu, sont enfin pitoyablement tombez dans la superstition, dans la magie, dans le paganisme, & enfin dans l'athéisme, roulant ainsi par degrez de precipice en precipice, & devenus par là les ennemis de la raison qu'ils avoient si constamment suivie, & l'horreur mesme de la nature, à qui ils donnent à présent de si grands éloges"].This passage could also be interpreted as follows:（Only）in comparison with contemporary atheism, the old Chinese had shared a real gnosis.

从中演绎出卓越的道德。

如果巴黎的神学家支持"中国人拥有原始的唯灵论"这个观点,基督教启示的地位会因此而削弱,自然神论会趁势而上。但是如果他们将中国人描述成无神论者,那就意味着宗教和道德的分离,而且意味着放弃"普遍认同理论"。① 因此,神学人员的结论暗示了他们对基督教启示地位的判断②,而围绕儒学历史本质的争论至少为之奠定了基础。

5. 儒学和斯宾诺莎学说相似性的争议

1701 年龙华民的作品在巴黎出版,他似乎将中国人的宇宙观念等同于斯宾诺莎学说,使耶稣会士和巴黎大学之间的争议也因此升级。斯宾诺莎是 17 世纪荷兰哲学家,兼具葡萄牙和犹太血统,相信万物之中都有一种无限、单一、神圣的物质。③ 不久,这种理论及其与中国的关系很快吸引了欧洲当时最伟大的思想家,如皮埃尔·拜尔(Pierre Bayle)和戈特弗里德·威廉·莱布尼茨(Gottfried Wilhelm Leibniz)。④

拜尔认为,多数中国文人是无神论者,他们崇拜普通民众敬畏的偶像,只是出于掩饰和虚伪。他引述龙华民的观点并进一步断言,儒生直到数百年前都没有放弃原始的一神信仰。那些深入地研究过这个问题的传教士认识到,事实上孔子有关道德和政治的论述是美好而真切的,但是孔子和其他所有人一样对真神和神的律法并不了解。⑤ 这意味着:中国人拥有出众的道德系统和悠久而睿智的政治秩序,从一开始就是无神论者,而且至今仍然是无神论者,只不过可能更加隐蔽!因此,无神论者的社会不仅存在而且可以拥有道德秩序。他更进一步断言,这个有史以来最古老,

---

① Pinot, 1932: 305; Roy, 1972: 34.

② "Sans doute la Sorbonne ne prit pas parti dans cette question de la religion des Chinois, mais elle sembla pencher pour l'opinion qu'ils étaient déistes, et comme elle condamna les Jésuites pour avoir prétendu que les Chinois, malgré cette religion, qui s'apparentait au déisme, avaient toujours pratiqué une morale parfaite, elle signifia par son arrêt ... que des théologiens ... avaient dénoué le lien que l'on devait croire indisoluble entre la morale et la religion révélée." Pinot, 1932: 427.

③ In Anglophone countries, Garrett, 1996, is considered a standard textbook on Spinoza.

④ Pinot, 1932: 313, 330-331; Mungello, 1977: 69-117.

⑤ The Dominican friar and Jansenist doctor of the Sorbonne Noël Alexandre, while pointing to the doctrine of nirvana, considered Buddhism also a kind of concealed atheism. In a certain accord with this view, Bayle described Buddhists as quietists and Buddha himself as an atheist. Bayle, 1697: 520, fn.; almost identical: Bayle, 1734, vol.4: 79, cf.vol.5: 180, as well as, from the article "Spinoza", ibid.: 203-204, 219, fn.X.Cf.Alexandre, 1699: 11.

而且由于其内部稳定而管理得最好的国家是由一群无神论者统治的！① 因此，皮埃尔·拜尔认为，宗教不再是宇宙的核心，四周围绕着道德。一定意义上而言，两者已经完成了转向。

然而，德国哲学家莱布尼茨却反对"中国人是无神论者"的观点（尽管这个观点在法国获得了越来越多的支持）。② 他坚信，每个民族都曾有过对神的天然认知，类似于普遍理性。他依靠与索隐派修士白晋（Bouvet）互通信件来了解中国。所谓的索隐派走得更远，甚至还将儒家经典中的人物与《圣经》里的人物——对应。③ 在中国传教的白晋在1702年给莱布尼茨的信中写道："……在中国的典籍之中几乎可以找到真实信仰的整个体系。"④ 也许，莱布尼茨不愿意放弃基督教－犹太传统理想，不愿意代之以白晋所做的激进而含混的解释。⑤ 尽管如此，中国为他提供了证据，让他相信"自然宗教"的历史事实。比如，在题为《中国新事》（*Latest News from China*）的小册子中，他甚至写道："我们正在滑向更严重的腐败。在我看来，我们似乎需要来自中国的传教士，告诉我们如何使用和信奉自然宗教，就像我们向中国

---

① Pinot，1932：314–329；Guy，1963：122–131.For Bayle, too, the Chinese case served just as a verification of his thesis of the possibility of a highly moral atheism which he had conceptualized earlier. Reinhard，1976：566.Étiemble，part Ⅱ：174，points at the possibility of a certain personal interest on the part of Bayle who had understood that the supposed atheism of the Chinese legitimized his own atheism and that of all rationalists.

② This view was shared by e.g.the Oratorian Malebranche, the astronomer Fréret, Levesque de Burigny who wrote a "Histoire de la philosophie paienne", and even Voltaire, until he turned away from this opinion around 1742 under the influence of Jesuit reports.Mungello，1980：562；Étiemble，1961，part Ⅱ：109–110，122–123；Guy，1963：196–206；Pinot，1932：326，340–346，363.Regarding the thesis of an alleged "Spinozism" of the Confucian doctrine, an American author tried to prove that Spinoza could have been influenced in fact by Chinese reasoning：Maverick，1939，esp.418.According to him, a description of Japan was published in Amsterdam in 1649–the decisive year for Spinoza's religious development.There, the author, borrowing from Trigault, had talked about Confucius. Maverick thinks that this description might have been significant for Spinoza's understanding of God.Yet regarding the evidence, this conclusion seems far from being compulsory.Moreover, according to Shackleton，1961：261，the term "Spinozism" was often just a catchword in the 18th century for a doctrine regarded as atheistic, materialistic, and immoral.

③ Collani，1985：212；Lackner，1991. David，1965：59，regards Athanasius Kircher quasi as the spiritual father of the symbolism of the Cantonese Figurists. Collani, however, demonstrates in her introductory chapter that Figurism has a—not the least Jewish—medieval prehistory.

④ Bouvet to Leibniz，1702-11-08. Korholt，1734：79："...le système presque entière de la vraie Religion se trouve renfermé dans les livres classiques des Chinois."

⑤ Neither Rome nor the majority of the Jesuits wanted to choose this way out to defy the idea of Chinese atheism or even to prove the correctness of the Christian doctrine with arguments from universal history. Therefore, the Figurist theses could not be published.But they were known by some scholars such as Leibniz, Fréret and Fourmont by way of correspondence.For Fréret cf.Elisseeff-Poisle，1978：39–40.

派出传教士去讲授神学一样。"①

6. 克里斯蒂安·沃尔夫的《中国人的道德哲学演说》及其影响

在上述方面，数学家兼哲学家克里斯蒂安·沃尔夫（Christian Wolff）最初并不赞同他的导师莱布尼茨的观点。在其发表于1721年（1740年版）的《中国人的道德哲学演说》中，他否认古代中国人知道上帝。在后面的一个版本中，他又解释说自己准备该演讲之前没有读到柏应理为《中国哲学家孔夫子》一书所写的序言。因此，他当时所做的结论"中国人是无神论者"是错误的。然而，他又宣称自己已经清楚认识到耶稣会士和多明我会士的争议是"文字之争"，而不是实质内容之争。毫无疑问，中国人没有清晰的上帝概念，但是他们并不拒斥上帝。②通过这个解读，沃尔夫这样论证自己的观点："中国人及其圣贤孔子已经领会到自然法则、自然义务，认清了美德的真正本质，但是他们由于缺乏灵知，故而未能全面领会这些概念。"③对于沃尔夫的自然教义而言，中国的重要性在于为他提供了个案，帮助他寻找理由，将他的学科——哲学——从神学中解放出来。既然中国人没有《圣经》启示，而且（在沃尔夫看来）没有与世界其他地区有任何接触，居然可以使用先天能力来领会人性和自然道德，那么"我们要证明先天能力的作为，没有比这更好的例子了……"④

很显然，沃尔夫在"演说"中要把自然理性从神学中解放出来。这在普鲁士国内外引起了轩然大波：演讲后不到48个小时，国王腓特烈·威廉一世（Frederik Wilhelm I）就勒令其离境，否则将被绞死。虔诚派神学家约阿希姆·兰格（Joachim

---

① Quoted from Lach, 1957: 75.Cf.[Leibniz], 1979: 18-19: "Certe talis nostrarum rerum mihi videtur esse conditio gliscentibus in immensum corruptelis, ut propemodum necessarium videatur missionarios Sinensium ad nos mitti, qui Theologiae naturalis usum pr[a]xinque nos doceant, quemadmodum nos illis mittimus, qui Theologiam eos doceant revelatam." For Leibniz'（inconsequent）position in the debates on the classification of Confucianism: Mungello, 1977: esp.45-46, 73-75, 142; Roy, 1972; Merkel, 1920: 42; Merkel, 1952: 24-30; Ho, 1962: 64-84; Guy, 1963: 86-87; Lee, 2003: 68-84.
② Wolff, 1981: 105, fn.51, 112-122, fn.54, quote 122, fn.54: "mehr in den Worten." For a more detailed interpretation see Li, 2000b: 325-331.Cf.Lee, 2003: 84-110.
③ Wolff, 1973: 397.
④ Wolff, 1981: 170-174, fn.83, quote 173, fn.83: "so haben wir gewiß außer ihnen kein vortrefflichers Beyspiel, dadurch man zeigen könnte, wie viel die natürlichen Kräffte vermögen ..." On the other hand, the Chinese example would also demonstrate the limits of such an access to cognition—so Wolff in 1740: Philosophy had the task to expound what is recognizable by reason, so that afterwards theology could demonstrate the deficit which is to be found in philosophy, and could teach at the same time how theology makes up for this deficit（103, fn.50）.But as Li, 2000b: 331, states: "Wolff's punchline is: just this obscurity of the concept of God had in the case of China allowed for the clearity of reason for practical purposes"（"Die Pointe bei Wolff ist: Gerade diese Verworrenheit des Gottesbegriffs habe im Fall von China die Klarheit der Vernunft für das Praktische ermöglicht"）.

Lange，后来接替沃尔夫在哈雷大学的教授职位）立即谴责沃尔夫，说他曾经将中国人描述为无神论者，而且是地球上最明智、最有德行的民族。兰格的控告得到了许多新教神学家的支持，但是也有人表示异议。天主教派不请自来，支持沃尔夫。法国的耶稣会士们祝贺他理解了儒家的道德哲学。很可能正是这些人节选了"演讲"的一部分，于1722年在罗马刊印——此举获得了宗教裁判所的许可，却因为没有征得克里斯蒂安·沃尔夫的同意，显然令克里斯蒂安·沃尔夫不悦。①

除了法国，德意志帝国也继续争论"儒学是不是无神论"②。18世纪有关中国的权威著作（《中华帝国全志》）的作者、耶稣会编撰家杜赫德（Du Halde）在1735年则走得更远，他居然将新儒学（但是并未使用这一说法）描述为当代学者组成的完全独立的派别，其哲学思想更依赖后世作者的注解，而不是古代圣贤的著作。在列举中国的宗教学说的时候，杜赫德将这种学说列在最末位——前三位分别是"中国古代宗教"、佛教和道教。通过这种激进的划分，他明显企图证明孔子正典学说和新儒学（当时发明的一个术语）几乎没有关系③，但是据杜赫德的观点，礼部自始至终一直传承孔子正典学说及至高神圣造物主的思想。"由于礼部的各种规定"，杜赫德断言，最初的儒学"一直是主流派别……"④因此，即便是在法国，拜尔提出的"中国人是无神论者"的断言也再次受到挑战。

7. 儒学与自然神论

同时，英国启蒙思想家马修·廷得尔（Matthew Tindal）沿着拜尔的方向前进：在他的著作中，自然理性和普遍真理完全替代了启示。⑤克里斯蒂安·沃尔夫则有所

---

① Lach，1953：564-567.
② Cf.e.g.Mosheim，1748：11；Zedler，1743：1626-1645；Silhouette，1731：47；Anonymous [Renaudot, Eusèbe]，1718：365-371.
③ Du Halde，1735，vol. III：1-42，quote 2："culte des anciens Chinois". Du Halde speaks of the "sect of some scholars of these last times"（29："Sectes des quelques Lettrez de ces derniers temps"），who since 1070 had begun to misinterpret the old classics, though they continued—without justification—to lean on the authority of Confucius（ibid.：29-30）.Mungello，1978：134-135，argues that there were tendencies in late Ming and early Qing times to synthesize Confucianism, Buddhism, and Daoism which were opposed by some Jesuits such as Ricci and Prémare as well as by orthodox Confucianists.
④ Du Halde，1735，vol. III：15："... c'est à la faveur de ses Arrêts, qu'elle est restée la Secte dominante."
⑤ Hazard，1963：67，363.Berman，1988：121，calls Tindal a deist.But even if Tindal described an atheist as "an Enemy to the whole Race of Mankind"（quote according to p.159），he was a friend of Anthony Collins who obviously was inclined to atheism（pp.78-79）！Also in England the idea of the atheism of the Chinese seems to have been widespread at certain times, possibly due to Navarrete's book which was rather well-known there.Cf.Appleton，1951：57；Rowbotham，1945：237. On the other hand, Gawlick，1967：13，thinks that Tindal wanted to serve the revelated Christian religion by identifying it with "natural religion"—though for a price most other thinkers did not want to pay！

保留地指出，中国人对孔子的敬畏犹如基督徒之于耶稣①，而这位英国的宗教哲学家甚至将中国的圣贤孔子作为理解基督教学说的手段。他在其《基督教与创世同龄》一书中写道："我认为孔子和耶稣的格言没有多大区别，所以前者浅易直白的准则有助于理解后者相对晦涩的准则……"廷得尔非常喜欢莱布尼茨的观点，即"中国可以派传教士去欧洲宣讲自然神学"，但是他又说，也许幸好没有儒生来到这混乱不堪的欧洲，"如果他们真的来了，一定会无一例外地朝我们的脸上吐口水"。这些句子出现在一本被现代人视为"自然神论《圣经》"的著作中。②当然，人们也许不相信，如果没有这些关于中国的信息供他使用，廷得尔也许就不会提出这些概念，但是，就像拜尔关于无神论的论述一样，中国为廷得尔提供了具体的个案。数年之后，苏格兰哲学家大卫·休谟（David Hume）将中国的官员形容成"宇宙中绝无仅有、合格的自然神论者"③。

于是，在一些作者看来，儒学和自然神论变成了同义词。然而，这个相对崭新的词"自然神论"并不是那么清晰。毕竟从传统的基督教视角看，无神论和自然神论之间的区别微乎其微，因为这些所谓的自然神论者同样否认基督教的真神继续观照他所创造的世界。此外，18世纪上半叶，坦率承认自己的无神论信仰仍然十分罕见。④至于原因，一方面，这种坦陈不无危险；另一方面，有迹象表明在同时代的人中，很少有人将自己视为无神论者，更多的人是被对手扣上无神论的帽子。

至少伏尔泰是这样的立场，他写道，在欧洲"无论是谁，只要想法跟我们不一样"都会被指责为无神论者，"沃尔夫褒扬北京的哲学家，因此沃尔夫就是无神论者"。伏尔泰认为中国的文人对非物质的上帝并没有一个清晰的概念，不过他坚持认为不

---

① Wolff, 1981: 67-75, fn.27 and 29. According to this edition of his "Oration", Wolff had just said that the Chinese would estimate Confucius as highly as the Jews do with Moses, the Turks with Mohammed, and Christans with the Redeemer. The claim that he thereby wanted to insinuate that Confucius and Christ were coequal was rejected as defamation. Wolff assures that he just wanted to compare similiar behaviors.

② Tindal, 1731: 313-314, quotes 314; cf.Gawlick, 1967: 5.Tindal wanted to interprete the Christian claim "Love your enemies" in a restrictive sense, since every extensive interpretation seemed him to be against nature. In this context, he invoked Confucian wisdom and quoted from the "Morals of Confucius". Cf.Wagner, 1968: 128; Rowbotham, 1945: 224, who assumes that Tindal's interest in China could have been ignited by Leibniz.

③ Hume, 1987: 78.

④ Cf.Hazard, 1963: 120, 132.Berman, 1988: VI, dates the "Birth of Avowed Atheism" in England only to the years 1782-1797. Fréret had stressed the atheism of the Chinese e.g.in an oration held in the Académie des Inscriptions et Belles—Lettres in 1718.Cf.Elisseeff-Poisle, 1978: 54-55; V.-David, 1965: 86.Niepage, 1955: 132, maintains that Fréret in fact committed himself openly to atheism.

应该据此得出"中国人就是无神论者"的结论。① 伏尔泰也曾持这种观点,后来却随着宗教信仰的改变而果断否定了。他后来写道,不信仰任何神祇,是一种可怕的道德错误,与明智的政府无法兼容。在伏尔泰看来,儒家学说的积极方面在于它可以排除任何无神论:"(中国)学者的宗教从来没有被各种无稽之谈败坏掉,也没有被争执和内战污染掉"——而欧洲的情况恰恰相反!"②

但是伏尔泰不相信人格化的创世神祇继续干预他创造的这个世界。在他看来,中国人的宗教具有以下三个特点:(1)崇拜单一神祇——他的依据是圣旨不断提到某个至高无上的神,指引、奖赏而且惩罚世人。③(2)信仰人类普遍接受的、理性的自然法则,特别是道德。④ 按照伏尔泰的说法,这条法则的各项要求是如此显而易见以至于无须懂得上帝就可以依法而行。⑤(3)据说中国人的宗教是"庄严敦朴。在其他国家,他们的宗教往往是简单却缺乏庄重之气,例如欧洲的加尔文派就是如

---

① Voltaire, 1967, vol.XI (Essai sur les mœurs): 177: "quiconque ne pense pas comme nous"; vol.XVIII (Dictionnaire philosophique): 154–157, quote 157: "Wolf [sic] avait loué les philosophes de Pékin: donc Wolf était athée." In his Dictionnaire, Voltaire entitled a whole sub-chapter about China with "Du prétendu athéisme de la Chine" ("About the pretended atheism of China").Cf.Song, 1989: 119–120, 158–159, 172–173, 277, who states that Voltaire transformed his sources by modifying them according to his tastes and needs (ibid.: 159).
② Voltaire, 1967, vol.XI: 180; ibid., vol.XVIII: 158: "Jamais la religion des lettrés ne fut déshonorée par des fables, ni souillée par des querelles et des guerres civiles." Therefore, Voltaire called the Chinese theists thereby deviating from today's meaning of this term: "Qu'est-ce qu'un vrai théiste? C'est celui qui dit à Dieu: *Je vous adore, et je vous sers*; c'est celui qui dit au Turc, au Chinois, à l'Indien, et au Russe: *Je vous aime*." Voltaire, 1967, vol.XX: 505–508, quote 507.For Voltaire's concepts: Guy, 1963, 264–284; Engemann, 1932: 63–80; Besterman, 1971: 170–184, who asserts that Voltaire used the terms "Deism" and "Theism" synonymously.
③ Voltaire, 1967, vol.XVII: 472–473; similarly id., 1967, vol.XI: 57–58.As proof, Voltaire referred to Du Halde and the Figurist Fouquet who had asserted him several times that there were very few atheist philosophers in China (p.180).
④ Voltaire, 1967, vol.XVII: 458; vol.XX: 111: "Il n'y a qu'une morale ..."; 112: "La morale vient de Dieu comme la lumière." Cf.Voltaire's similar statement quoted by Engemann, 1932, 32, and directed against Pascal's remark that the numerous non-Christian religions in the world had neither a morality to please him nor proves to attract him.For Voltaire, morality was a product of universal reason. The same rationalistic trait of the Confucian doctrine that elated Voltaire worried the Abbé de Marsy. He noted that it was difficult to communicate the mysteries of the Christian religion to people who were accustomed to judge all just from the standpoint of reason and who therefore were unwilling to submit to the invisible authority of faith. Anonymous [Marsy, François Marie], 1755: 338.
⑤ Voltaire, 1967, vol.XI: 179. Here, Voltaire declares that many Chinese literati had become materialists. Yet this would not be the equivalent of atheists and had not changed their attitude toward morality.

此"①。在这里,伏尔泰完全没有评价天主教教会的祭仪……②

由此可见,中国提供了自然神论者治理国家的范本,而这在欧洲是亘古未有的。当然,在欧洲传统范围之内,自然神论的种种趋势当然可以在斯多葛派哲学中找到,但是这样的学说在欧洲却从没有成为国家学说。③再者,哲学家兼政治家孔子的思想对于许多欧洲知识分子来说非常有吸引力,他们正努力在各自的社会寻找类似的例子。④但是儒学的形象在18世纪下半叶日渐模糊。例如,1760年莫雷纳(Morenas)在他出版的一本"口袋字典"中就曾经写道,儒生被一些人看作无神论者,被另一些人看作自然神论者,被其他人看作偶像崇拜者。⑤德国虔诚派诗人马蒂亚·克劳狄乌斯(Matthias Claudius)等少数人继续对儒家道德保持高度热衷,而哲学家赫德等人根本不认同儒学的"种种枷锁",后来黑格尔甚至将儒家斥为"邪恶"。⑥

8. 儒学与去基督教化

与黑格尔相反,法国唯物主义哲学家爱尔维修(Helvétius)从正面讲述了"无神论的"和"唯物论的"中国这个例子来支持自己的论点。他说,正直的原则不可能建立在任何宗教之上,包括真正的宗教也不行。后者(真正的宗教)包括卓越的道德,但是它仅仅约束了世界上为数不多的基督徒。然而,哲学家必须为美德确立所有民族都能以同样的方式接受的标准。因此,必须找到一个不同的基础:"……有能力的立法者如果善于协调各种追求世俗利益的动机,就足以教育出有美德的人。"

---

① Voltaire, 1967, vol.XVII: 61: "... auguste et simple.Ailleurs il est simple sans avoir rien de majestueux: comme chez les réformés de notre Europe ..."
② Many comments on China can also be found in Voltaire's "Papiers de Jean Nesliers", "die gegen den Pomp der katholischen Kirche eifern und für die Einfachheit Abrahams, Noahs, der Alten und Chinas" ("which agitate against the pomp of the Catholic church and for the simplicity of Abraham, Noah, antiquity and China").Reichwein, 1923: 171, fn.57.
③ Hudson, 1961: 319.The economic thinker François Quesnay adopted Du Halde's above-mentioned thesis of the continous preservation of the pure Confucian doctrine almost literally. Therefore, he shared the conviction that the Chinese have acknowledged a supreme being already for 2000 years. Quesnay thought that this simple, originally Chinese belief, to which the true scholars adhered, was a result of reason and had been adopted by all religions which respected natural law. Quesnay, 1965: 589, 631, 633.
④ Gerteis, 1987: 94, argues that the physiocrats ascribed the merit to Confucianism to have laid the moral basis of the Chinese social and political system. Implicitly, they wanted to fulfill a similar task for European society.
⑤ Dictionnaire, 1760–1762, vol. Ⅲ: 363–364.
⑥ Claudius, 1968: 288–289, 476–477, 521, 529; Herder, 1989: 441; Merkel, 1942: 10, 19.Cf.Lee, 2003: 227–263, 274–320.

这一点可以在中国文人那里得到证明。① 另一名唯物主义者霍尔巴赫男爵（Baron d'Holbach）承认，中国堪称"统治阶级不需要迷信就可以很好地管理迷信的人民"的典范，但是他又说，中国的精英并不是真正的无神论者。对他而言，信奉无神论也是一种积极的信仰行为，因此应该像正式宗教信仰一样被摈弃。再者，他认为中国是一个反动的专制制度国家。因此，他将孔子视为骗子。②

尽管如此，一首据传是孔子所写、题为《自然法则》（The Code of Nature）的诗仍然可以在法国于1788年出版。③ 几年之前，由法国前外交大臣达让松（d'Argenson）撰写的比较各国政府制度的著作再版了，书中提到了"神圣的孔子"。卢梭对这本书的手稿本评价很高，并将之运用在《社会契约论》的写作中。④ 诚然，卢梭并不看好儒学，因为他观察到中国有一种狂热的无神论，⑤ 但是，卢梭在其"论公民宗教"一章中提到了达让松，随即就提倡推广"公民宗教"，其中一些简单准则包括相信仁慈而全能的上帝、处罚罪犯、排除偏狭等。难道这仅仅是偶然吗？⑥ 达让松在书中曾这样描述中国：没有任何宗教迫害，只要传道的人不危害公共秩序；任何人都可以自由思考。⑦ 卢梭的追随者罗伯斯庇尔在法国大革命期间由官方提倡的"最高主宰信仰"⑧ 是否与儒学国家仪式有关联呢？

法国大革命的"去基督教化"通常被视为18世纪开始脱离基督教信仰运动的顶峰。⑨ 来华传教士和他们在记者中的信徒经常受人指责，说他们在火热的礼仪之争中不注意自己的言行所产生的后果，才催生了这个"去基督教化"过程。早在1718年，一个名叫勒诺多（Eusèbe Renaudot）的教士就发出了警告，他说耶稣会士认为能够使用孔子的权威让中国人接受基督教的启示。按道理，这个方案是值得称道的，前提是自由思想家们不会为了质疑《圣经》的权威而对中国古典文本大加溢美之词，

---

① Helvétius, 1967: 122-124, quote 124: "...des motifs d'intérêt temporel, maniés avec adresse par un législateur habile, suffisent pour former des hommes vertueux."
② Guy, 1963: 322.
③ Étiemble, 1966: 217.
④ Argenson, 1784: 102 ("divin Confucius"), for Rousseau's high estimation of this book: ibid., Avertissement. The first edition of this work written in 1739 appeared only in 1764, two years after the publication of the "Contrat social." Yet copies of the manuscript had found their way into Rousseau's hands earlier. Cassirer, 1998: 356.
⑤ Lottes, 1991: 78-79.
⑥ Rousseau, 1966: liv.IV, ch.VIII, 179.
⑦ Argenson, 1784: 106.
⑧ Cf. Soboul, 1973: 363-365; Ozouf, 1976: 95, 117-118.
⑨ Cf. Vovelle, 1976; Vovelle, 1978.

然而基督教教义"已经广为接受根深蒂固，完全不需要中国哲学"。① 直到 20 世纪，勒诺多的论点仍然很有市场，被许多作者接受。法国汉学家路易·德尔米尼（Louis Dermigny）曾经这样描述有关"中国无神论问题"的争论："就这样，'中国信奉无神论'的观点协助了西方的去基督教化历程。"② 美国罗曼语言和文学教师杰弗里·阿特金森（Geoffroy Atkinson）认为，"有趣的是，善意满满的传教士们长途跋涉带回来的却是各种武器，那些反宗教的人士兴高采烈地用这些武器来攻击他们"③。直到 1932 年，历史学家维吉尔·毕诺还曾写道："为了将中国人从无神论中解救出来，耶稣会传教士们逆着自己的意愿，帮助中国人成为自然神论者。"④

事实上，很难否认"中国人信仰无神论"的论点为基督教的敌人提供了极佳的论据，让他们借以反对基督教启示的普世性，因此也能挑战其可信度。但是，我们不应该忘记中国在这方面或其他方面只是扮演了个案的角色。从根本上说，支持还是反对基督教传统，取决于如何面对一个基本问题，即宗教与哲学（特别是道德哲学）的关系问题。如果某人最崇尚的是神学——无论是认为神学是哲学的基础，还是认为它是所有哲学思维的目标，那么他都会因此认为所有学术研究和所有人类事业的最终目标都是来世。只要认同这个信仰，即使是异教徒哲学家的道德水平再高也无法撼动基督徒的自信心。从 1700 年左右开始神学专门探索来世，而现世的学问（现在被视为对现世的人更重要）完全交给哲学，于是异教徒国家和社会秩序的性质问题才受到重视，被发现可能引发不安全因素。在这场讨论中，中国被赋予显著的地位，原因可能在于它实践了某些基本理念，大多数现代早期的欧洲思想家也认为这表明中国是一个秩序井然的国家。

三、儒学的基本思想

1776 年，霍尔巴赫写道："数百年来，孔子凭借附在他身上的道德准则一直统

---

① Anonymous [Eusèbe Renaudot], 1718: XXXVIII-IX, quote XXXIX: "trop bien établie, pour avoir besoin de la Philosophie Chinoise."
② Dermigny, 1964, vol.1, 40: "Ainsi, l'athéisme chinois sert-il à déchristianiser l'Occident."
③ Atkinson, 1924: 98: "piquant de voir ...des missionaires rapporter de leurs voyages, avec les meilleurs intentions du monde, des armes que les adversaires de la religion seront trop heureux d'employer contre elle."
④ Pinot, 1932: 366: "Pour sauver les Chinois de l'athéisme, les Jésuites ont dû, bien que malgré eux, en faire des déistes."

治着中国。"①

为了解释这些道德准则的性质，早期传教士已经描述了儒家思想的五大基本美德——仁、义、礼、智、信。在这种情境下，也被称为"五常"②。因此，杜赫德在1735年用下列语言描述的儒家道德准则反映了这一悠久的传统："中国哲学家的道德学说可以追溯到五个基本准则：父子之常，君臣之常，夫妻之常，兄弟之常，朋友之常……中国人的道德和政治基础尤其体现为对父母和师长的尊敬。他们坚信，整个中国是一个井然有序的大家庭，只要子女尊敬顺从父母，臣民像孝敬父母一样对待君上，国家就可以保持安泰统一。"③

1. 道德和政治的统一

耶稣会的编纂人阿塔纳修·基歇尔（Athanasius Kircher）早在1667年就指出，在金尼阁、曾德昭、马丁尼以及其他作者的作品中，"我们可以发现（中国的）政治学说，在最广泛的范围内也不逊于世界上其他的任何一个君主制"④。但是，究竟是什么使得孔子的政治学说如此引人入胜？一方面当然在于它强调人人都有实现至善的潜能，也勾画了一幅层级严格分明的社会，社会中的个人都致力于社会的大同⑤——这种思想很受欢迎，特别是对所谓"开明专制"（或者也可以说"开明独裁"）的追随者。⑥另一方面，如勒克莱尔（Le Clerc）和魁奈（Quesnay）所述，道德和

---

① Holbach, 1970, vol.II: 198: "Depuis un grand nombre de siecles Confucius, par ces préceptes moraux qu'on lui attribue, gouverne encore la Chine."
② Trigault, 1615: 109（Of course, Ricci immediately added that these concepts were definitely compatible with Christianity）; Semedo, 1642: 75, 192-193; Fernandez Navarrete, 1676: 62-63; cf.e.g.the translation by Noël, 1711: 493-516.Further Lach, 1965-1977, vol.I/2: 814-815; Ching, 1989: 111-115; Van Ess, 2003: 32-33, who mentions that bravery or courage did not belong to the basic virtues of Confucianism—contrary to European traditions.
③ Du Halde, 1735, vol.III: 128: "Les Philosophes de la Chine réduisent toute leur Morale à cinq principaux Devoirs; aux Devoirs des Peres & des Enfans; du Prince & des Sujets; du mari & de la femme; du frere aîné & des cadets; & enfin des amis entre eux. ... C'est sur le respect qu'on doit aux Parens & aux Maîtres, que les Chinois ont principalement établi les fondemens de leur Morale & de leur Politique.Ils sont persuadez ... que si les Peuples regardent les Souverains comme leur Peres, toute la Chine ne sera qu'une famille bien réglée, où toutes les parties de l'Etat s'entretiendront dans une paix & dans une union inaltérable."
④ Kircher, 1667: 2: "de politica ...disciplina, qua nulli in Mundo Monarchiae cedere videtur, quam uberrimè descripta reperiet."
⑤ Ching, 1989: 114, 116-117.
⑥ Davis, 1992: 14-17, enumerates thinkers like Wolff, Quesnay, Justi and others, for whom China served as a model for a benevolent (or self-moderated) absolutism. The terms "absolutism" and especially the concept of an "enlightened absolutism" are no longer undisputed in European historiography. Nevertheless, I consider them applicable if they are conceived correctly. Cf.Demel, 2009.

政治在中国形成了一个统一的学说①，因此所有的法律似乎都以道德为基础。

在欧洲，这一点即便在理论上也是有争议的。当然，原则上讲，在1700年之前政治作为一个学科在伦理学的环境中一直都拥有自己系统的位置。②但是，很久以前马基雅维利（Machiavelli）就已经将政治和道德分离开了。他的观点引发了无数争议：很多政治家试图证明基督教道德是完全可以和严密的"国家理性"相容的。③然而，仍然有人秘密地支持马基雅维利，他的学说也得到了完善。即便是托马斯·霍布斯（Thomas Hobbes）的法律思想——法律只能是一个统治者的命令④——也说明立法是不涉及道德的，政治同样如此。专制君主的行为只有因为维持和平的至高要务才能获得道德的合法性。

即便马基雅维利和霍布斯使政治话语在长时间内恢复活力，甚至也可能影响了政治实践，但是在政治理论领域他们的对手仍然保持了长时间的优势。⑤他们需要和非道德理论抗争，这恰恰说明道德和政治的统一在欧洲不再是没有争议的。⑥在这方面，中国好像有所不同。很可能正是因为这个原因，启蒙时期的医生和历史学家勒克莱尔在1769年写道，中国是一个幸运的帝国，拥有有史以来最古老、最人道和最强大的政府。⑦尤其对启蒙思想家而言，儒家道德学说有一个特征是很有吸引力的：这好像是一种纯"道德的学派"，其基础不是宗教教义，而是自然理性。⑧因此，它的普遍性比基督教教义等要更强。其实，伏尔泰相信道德准则的普遍性。但是，即

---

① Quesnay, 1965：605；Clerc, 1769：421："la morale et la politique ne forment en Chine qu'une même science." Cf.Guy, 1963：131-132；Pinot, 1932：368.Atkinson, 1924：84, says that already Michel de Montaigne（1533-1592）had the impression that in China the relations between the virtue of the individuals and the wisdom of the government were particularly tight.Evidence for this tight relationship between politics and moral principles were given by translations of Confucian classics as well as by statements of emperors.Cf.e.g.Du Halde, 1735, vol.II：298.

② Hammerstein, 1972：63-64.Thomasius was the first to argue that mainly jurists–and not professors of ethics–were able to deal with politics. Thomasius' separation of justice and morality belongs to this context（cf.ibid.：74-75）.

③ Cf.as a classic Meinecke, 1924, with many later editions（English translation under the title "Machiavellism", London, 1962）.

④ Schreiber, 1976：39-43, who however stresses that according to Hobbes the natural laws were quasi contained in the positive ones.

⑤ It is well known that two centuries after Machiavelli's death the young crownprince Frederick of Prussia still wrote an "Antimachiavell". Even later, at the end of the 18th century, Paul Johann Anselm Feuerbach, who was to become a famous jurist, published an "Anti-Hobbes"（Feuerbach, 1798）.Cf.for Montesquieu's and Spinoza's concepts which differed much from Hobbes' ideas：Shackleton, 1961：262-263.

⑥ For the tendency to separate politics and morality since Hobbes cf.Clostermeyer, 1983：11-12.

⑦ Clerc, 1769：424.

⑧ Dictionnaire, 1772：287-288；Yoon, 1982：154.Cf.Pinot, 1932：385.

便是更忠于基督教传统的赫尔德也承认并同意这一观点:"对于什么是纯粹理智和正义道德,苏格拉底、孔子、琐罗亚斯德、柏拉图和西塞罗的意见是一致的。"①

在这种情形之下,我们应该可以肯定孔子的道德学说在很多根本方面和传统的——因此基本上而言也是基督教的——欧洲信条是一致的。耶稣会士曾德昭早就说过:"中国哲学家和欧洲哲学家在人生准则方面有很多巧合……"②当时中国占主导的道德准则和中国人类似"斯多葛派"随遇而安的性情,直到17世纪都受到广泛提倡。③总之,中国最根本的道德准则可以概括为一句话——"己所不欲,勿施于人",这也是欧洲人心目中的自然道德的黄金准则。④

艾提安·德·希维特(Étienne de Silhouette)的观点是,孔子以此为基础推演出了法理,推演的方式只能称为天才,因为他每一步都遵循自然状态。根据两性的差异,他推演出了两性的融合,进而推演出父亲对子女的父权,又以之为基础推演出君上和臣民的关系,等等。⑤希维特这位年轻的作家日后作为法国财政大臣扮演了很不幸的角色⑥,很明显在当时的欧洲没有发现这种对权利的天然捍卫。他认为,这位中国圣人的作品证明了人凭借天性可以达到的高度。他比现代欧洲的法学家更加彰显了自然法则,后者其实从未穷尽地对待这一议题。⑦人们一般认为18世纪欧洲的法律体系太过古老或实证,这种感觉一定程度上可以解释孔子的思想为何能在启蒙思想界流行。当然,弗朗索瓦·魁奈(François Quesnay),即重农学派经济学说的创始

---

① Herder, 1989: 652: "Was reiner Verstand und billige Moral ist, darüber sind Sokrates und Confucius, Plato und Cicero einig." Cf.Voltaire, 1967, vol.XX: 111-112.
② Semmedo, 1642: 103: "...que los Chinos en mucho coincidieron con los Filosofos de Europa en lo tocante a la vida ..." Admittedly, Semedo continues saying that the ideas about death differed a lot.
③ Gernet, 1982: 191-198, who nevertheless stresses the different aims of morality: individual perfection on the Chinese side, salvation on the Christian side. In the same sense, the erudite Augsburg theologian Georg Spitzel had already argued. He had recognized a harmony between Platonic and Confucian philosophy regarding the aim to bring man to perfection and the means to reach this goal.According to him, however, Confucius had only tried for the general and absolute perfection of man, whereas Plato had striven for divine perfection.Spizelius, 1660: 126, 143-144.For Spitzel: Jaumann, 2010.
④ Already Ricci detected this evangelical prescription in the "Dialogues" (Lunyu) of Confucius.Di Giorgio, 2012: 204.Cf.Van Ess, 2003: 23-24; Martini, 1658: 130; Atkinson, 1924: 86-87, referring to Trigault; Guy, 1963: 120, referring to La Mothe le Vayer. Kidder, 2003: 159, thinks that this rule could be found in all world religions.
⑤ Silhouette, 1732: 30.At the beginning of this book (p.2), Silhouette stressed that the reading of Confucian classics was useful, for they contained principles of virtue also a Christian philosopher could agree on and examples which would not be reached by the deeds of the greatest Greek and Roman heroes.
⑥ Weis, 1968: 235: When Silhouette tried in 1759 to limit the gains of tax farmers and to tax rich and privileged subjects higher, the financiers and the parliaments sparked a propaganda campaign against the erudite minister whom they made a public figure of fun (therefore the expression "silhouette").King Louis XV abandoned him.
⑦ Silhouette, 1732: 2.

人同时也是法国国王路易十五的御医,曾经指出:任何一个好政府——比如中国的政府——的主要目标都应该是深入研究并永久强制教习自然法理。①

但是,孟德斯鸠本人就是法学家,当然并不是狂热的法学家,可是他并不相信孔子认识到了普遍有效的道德和政治法理,他认为这些东西原则上根本就不存在。在《论法的精神》中他指出:"多种因素控制着人类,气候、宗教、法律、政府准则、历史的先例、习俗、礼仪……"但是,这些因素对每一个民族的影响是不一样的:"……礼仪控制着中国人,法理统治着日本人……"②但是基本上而言,孟德斯鸠认为中国立法者已经将宗教、法律、习俗和礼仪以一种特殊的方式融合成了所谓的"礼"。③

因此,对孟德斯鸠来说,中国的道德从本质上而言是由这些"礼"的准确实施构成的。对于后者,他也纳入了"礼貌"的含义,更确切地说是中国人在日常接人待物中表现出的对自我的克制。但是,这种解读引起了一些质疑,即中国的道德只是一种表面的形式。德尼·狄德罗(Denis Diderot)参与编写的《百科全书》是法国启蒙思想最重要的集成。其中收录了狄德罗于1753年发表的描述中国哲学的文章,文章列出了孔子的很多道德训诫,同时还有欧洲评论者所做的差异颇大的评价。狄德罗发现,关于文本的真实性和翻译的质量人们有所争议,因此他避免对孔子的道德思想的价值做出明确的判断。④但是,几年之后,他对中国却表达了极为明显的保留意见。"在那儿,人们对道德了解得最多但实践得最少。那儿有更多的谎言,更多的欺骗,更多的偷窃,更少的荣誉感,更少的守法、真诚和圆融。整个帝国就是一个大市场,跟我们的市场相比并没有更多的安全感和信誉。"⑤如果狄德罗将中国人描述为只顾个人利益的势利小人,那很明显是因为他接触过一个法国商人,这个商人在广州认识的中国人就是这种人。法国部长贝尔坦(Bertin)很喜欢中国,但是

---

① Quesnay, 1965: 646.Most recently, see for Quesnay: Richter, 2015: esp.289–299.
② Montesquieu, 1979, vol.I: 461(Esprit XIX/4): "Plusieurs choses gouvernent les hommes, le climat, la religion, les lois, les maximes du gouvernement, les exemples des choses passées, les mœurs, les manières, d'où il se forme un esprit général qui en résulte.A mesure que, dans chaque nation, une de ces causes agit avec plus de force, les autres lui cèdent d'autant.La nature et le climat dominent presque seuls sur les sauvages; les manières gouvernent les Chinois; les lois tyrannisent le Japon ..."
③ Montesquieu, 1979, vol.I: 468–470(Esprit XIX/16, XIX/17).Here, Montesquieu's source might have been Le Comte, 1697: 46.Before Montesquieu, La Loubère had already had the impression that all norms of behavior in China were particularly uniform(id., 1691: 362–363). Later, Raynal, 1770: 35, shared this view.
④ Diderot, 1875–1877, vol.XIV: 122–123, 139.
⑤ Diderot, 1875–1877, vol.IV: 46: "C'est là que l'on connaît le mieux la vertu et qu'on la pratique le moins; c'est là qu'il y a plus de mensonges, plus des fraudes, plus de vols, moins d'honneur, moins de procédés, de sentiments et de délicatesse.Tout l'empire est un marché général où il n'y a non plus de sûreté et de bonne foi que dans les nôtres."

他的一位朋友于 1786 年到达广州之后，写信给他表达了对当地情况的失望之情，贝尔坦毫无避讳地告诫这位朋友应该摒弃此前的偏见，即中国人的道德比欧洲人要好："……我可以向你保证：虽然我非常敬佩他们的道德典籍，但是我鄙视他们的行为。与欧洲人相比，他们在道德方面唯一的优势就是他们的法律。"①

其实，对于孔子道德思想的实际实施，人们在 18 世纪下半叶就越来越开始质疑。比如，赫尔德一方面指出中国人具有"良好的政治风气"，另一方面又说："……虽然中国说教做得很好，但是其政府却不是一个理想的政府。"②因此，即便作为新教神学家的赫尔德也清楚地区分了道德哲学的目标和政治的目标。18 世纪上半叶，在政治理论的论述中还能读到这样的句子："所有著名的哲学家都曾经把政治学视为哲学的一个分支。"③现在政治学却开始将自己从社会科学中解放出来，不过暂时仍然处于政治和社会科学的大环境中，直到 19 世纪大学才设立独立的教席。④经济学也经历了类似的过程。这些知识领域都属于亚里士多德最初在政治哲学领域设立的三部分。因此，关于欧洲的理想也经历了变化，在此之前人们认为这种理想似乎在中国得到了一种完美的实现。

2. 有益的中国父权体制

根据传教士曾德昭的记述，民间道德是中国道德教条的准则之一，据说可以进一步分为个人伦理、家庭的经济或家族道德、忠于家族的管理、严格意义上的政治道德、公共生活。⑤当然，家庭准则在欧洲也是一种传统的准则形式。它不仅意味着权威，还有照顾家里所有人的义务，尤其是在中欧，"理想家族父亲"的形象在 17

---

① Letter from Bertin to de Guignes, 1786-10-25, reprinted by Cordier, 1913: 504: "... je vous assure qu'autant j'estime leur morale écrite, autant je méprise leurs mœurs réelles; tout l'avantage qu'ils ont sur nous à cet égard, c'est par leurs loix..." For Bertin: Sacy and Antoine, 1970.
② Herder, 1989: 649: "eine feine politische Moral"; 650: "... weil Sina so vortrefflich moralisiert, ist sein Staat noch kein Muster der Staaten."
③ Le Gendre, 1735: 2: "Touts [sic] les philosophes célébres [sic] ont regardé la politique comme une des branches de la philosophie."
④ Cf.Friedrich, 1961: 288.
⑤ Semmedo, 1642: 75.According to Harris, 1966: 71, the family of an average Chinese farmer did almost not exceed the nuclear family. In contrast, the families of rich people allegedly frequently approached the Confucian ideal of five generations. In Europe, this may have not been that different, as e.g. Michael Mitterauer's researches have demonstrated (id., 1980). Nevertheless, Harris' analysis suggests that the kinsmanlike or clanlike ties were stronger in China than in Europe.

世纪和 18 世纪早期开始突显。① 但是，父亲与儿子的关系模型也被投射到其他所有的规则之上，因为这似乎是人类所有的关系中最古老同时也是最自然的一个。② 在德国，人们过去把统治者称为"国家的父亲"，把他的臣民称为"国家的孩子"。这两个说法可能来自基督教对上帝父亲的设定所传递的基本概念。

于是，很多政治思想家都很强调政治和经济、国家和家庭之间的关联而非差异也就不足为怪了，因为一个理想的国家应该根据家庭的基本结构来构建。③ 加百利·诺德（Gabriel Naudé）在他的《政变的政治考量》一文中讨论中国妇女的"三寸金莲"，不也是同样的道理吗？诺德认为，这是一种明智的家族控制方式，中国人通过这种方式使妇女在没有仆人帮助的情况下无法离开家，进而也无法破坏自己的贞洁。顺便一提，他说这一观点来自耶稣会士金尼阁。④

传教士们不仅很满意地看到中国妇女处于严密的监视之下，还发现中国似乎也发展出一种理想的"父权"——按照传统的罗马法这是一种重要的机制。这一点在中国的守丧之制中体现得很明显，一旦父亲过世，即便是职位最高的官员也要辞职返乡守丧三年。⑤ 因此，耶稣会官员佩德罗·莫雷洪（Pedro Morejón）在 1621 年曾说，中国普遍的和平和富裕明显是一种上天的恩赐，因为中国人比世界上的任何一个民族都更加敬重父母。⑥

其实，儒家经典中多有文字强调敬重父母和治理王朝之间的关联。据说孔子本人曾说过："百善孝为先。"⑦ 因此，对欧洲人来说，中国皇帝毫无疑问行使的是父

---

① Brunner, 1968; Hoffmann, 1959.For Spain, Abellán, 1979–1981, vol.II: 75, traces the widespread idea of a "Christian ruler" back to a tradition derived from Erasmus of Rotterdam and opposed to Machiavelli and adds: "Evidently, it is about a patriarchal concept of monarchy which finds its expression in the utopia of a 'good herder'" ("Se trata, evidentemente, de una concepción patriarcalista de la monarquía, que tiene su expresión en la utopia del «buen pastor»").
② E.g.Le Gendre, 1735: 80.
③ Möbus, 1966: 34.Pablo de Olavide (1725–1803), an admirer of Voltaire, even combined the concept of a state ordered according to patriarchal forms with the idea of an abolition of private property in his "Tratado sobre la Monarquía columbina" (1787–1791). Abellán, 1979–1981, vol.III: 594–597, 620–621.More widely spread was, of course, the idea of a society of owners, i.e. relatively self-sustaining families under the rule of a patriarchal king. But this also reflects the concept that the smaller, managable units of family housholds could be a model for state economy.In the first sentence of his article "De l'Économie publique" Voltaire, 1967, vol.XVIII: 458, expressed this idea succinctly as follows: "The economy of a state is precisely no other than the economy of a large family" ("L'économie d'un État n'est précisément que celle d'une grande famille").
④ Naudé, 1734: 84–86.For Naudé cf.Freund, 1975; Marin, 1989.
⑤ Pantoja, 1605: 81; Trigault, 1615: 80; Le Comte, 1697: 37.
⑥ Morejón, 1621: 140.
⑦ Cf.e.g.Noël, 1711: 474–478, 486, passim, quote 474: "Filialis observantia ...est omnium virtutum basis."

系统治，而且官员、长者和老师也具有父系权威——总督是一个省的父亲，县令则是一个县的父亲。① 所有人都必须尊敬父亲，以及所有的长辈，即便皇帝本人也是如此！② 欧洲人认为，这种父系环境保证了国家的和谐，而且在中国古代就已经发展完善，而当时，用伏尔泰的话来说，法国人仍然在阿登高地的森林里游荡。③

这种父系统治的积极影响之一似乎是中国人出众地温顺。当然，正如杜赫德所说，中国人从儿时就学会的顺从精神使官吏获益。但是另一方面，绝对的权威也伴随着绝对的责任：一家之父要为孩子或仆从的过错负责。④ 官员辖下的地方若是发生最严重的罪行——弑父，官员就将丢官去职。⑤ 至于皇帝，至少要对"天"负责，正如同欧洲的专制君主理论上要对良心和上帝负责。⑥

人民顺从，官员更有可能为各种错失负责，这些理念在很多方面都契合欧洲专制的概念。古老的"父国之父"的概念甚至在17世纪和18世纪早期可能变得更加流行。要使专制权合法化，最好的方式莫过于指向统治者的"父权"，当然同时还要强调"国家之父"日理万机，爱护臣子，为效忠他的民众谋求福利。当然，这种观点可能受到立宪制观点的挑战。比如，约翰·洛克（John Locke）攻击罗伯特·菲尔默（Robert Filmer）的《父权论或论国王的天赋权》就反映了这一点。⑦ 但是，在法国大革命之前，这种立宪革命只在英国取得了成功。即便是开明专制，在实践过程中证明君主

---

① Cf.Mailla, 1777-1785, vol.XIII: 439; vol.XII, Aperçu; Voltaire, 1967, vol.XI: 174.Quesnay, 1965: 585, even maintained: "The Chinese say that the father was the *tien* [heavens] of a family, the viceroy the *tien* of a province, the emperor the *tien* of the empire" ("Les Chinois disent que le père est le *Tien* d'une famille, le vice-roi, le *Tien* d'une province; l'empereur, le *Tien* de l'empire"). In fact, Laven, 2011: 182, says: "The Chinese perceived their homeland as a *guojia*, a 'state-family', in which the state was consciously modelled on the principles of family organization."
② Du Halde, 1735, vol.III: 128; Le Comte, 1697: 37-39; Mémoires 1776-1791, vol.IV: 334.
③ Voltaire, 1967, vol.XI: 57: "Leur ...empire était déjà gouverné comme une famille ... quand nous étions errants en petit nombre dans la forêt des Ardennes."
④ Du Halde, 1735, vol.III: 129; vol.II: 50. In a letter from Prémare to Du Halde from 1701-08-07 it was said: "... perhaps there is no empire in the world which has more beautiful [laws] or people more enclined to let themselves be governed" ("il n'y a peutestre point d'empire au monde qui ait de plus belles [lois] ni de peuples plus disposés à se laisser gouverner"). Bibliothèque Nationale, Paris, Dep.des Manuscrits, Fr.17239.
⑤ Le Comte, 1697: 39.
⑥ Therefore, in extreme cases, an emperor might lose the "mandate of heaven" and his throne and end in misery—like the last emperor of the Ming dynasty.Yet, normally, the loyalty of the elite of officials protected him, since from a Confucian view, even the most incompetent and weak emperor was indispensible for state and society for his political, ritual and symbolic roles had to be fulfilled—so Dabringhaus, 2006: 18-19, who at the same time underlines that this loyalty applied to the dynasty, not to the single successor.
⑦ Locke, 1970, vol.I: §§ 6, 44, 51, passim.

的父权有利于大众利益也起到了重要作用——社会契约立国的理论也枉然。所以，难怪支持这种国家模式的这些作者会对中国的政治制度青睐有加。比如，伏尔泰曾说："……他们的帝国其实拥有世界上最好的宪法，是唯一一个完全基于父权的宪法。"① 德国政治经济思想家尤斯蒂（Justi）对此也非常热衷："真正的好君主政体源自基于父子关系的父权政府模型……因此，中国人对皇帝出奇地恭敬，绝非夸张，也毫无不合理之处。"②

根据传教士的记载，皇帝和官吏如父亲一般关爱臣民，这从他们日常的训诫中可以看出来。③ 重农学派的魁奈倡导"自然秩序"，自然也被这种父权体制所吸引。④ 中国日常训导臣民的景象使他深深地着迷。⑤ 毕竟，官员就是国家合法的道德传播者——一些启蒙思想家希望将这一功能赋予他们国家的牧师。⑥ 无论如何他们都认为非常有必要改善民众的道德和开化教育。这一教育目标是启蒙运动的核心理念。在这一方面，中国政府似乎早已树立起了一面标杆。

法王路易十四的使臣拉路波尔（La Loubère）曾经说过，中国人从未忽视过国民的教育。因此，中国政府很容易制定民众普遍熟悉的法律。而且，中国的法律据说有一个特点：注意遵守良好的习俗，没有习俗这些法律也很难生效。根据这位法国使臣的看法，柏拉图早已认识到了这种关联，而且也希望自己制定的法律能够进入家庭，即公民的私人领域。但是，拉路波尔推测，由于古雅典人普遍热爱自由，柏拉图未敢详细论述这一理念。相反，中国人果断地为所有的人类活动制定了法律。

---

① Voltaire, 1967, vol.XVIII: 158: "...la constitution de leur empire est à la vérité la meilleure qui soit au monde; la seule qui soit toute fondée sur le pouvoir paternel."

② Justi, 1762: 3, 24.For Justi's sinophilism: Menzel, 1992; Lee, 2003: 110-131; Richter, 2015: 219-286, esp.275-276.

③ Du Halde reports that two times a month the mandarins had to give political-moral lectures for the people on a subject formulated by the emperor. The son of heaven himself assembled the highest persons of his empire from time to time in order to instruct them on a topic taken from the classics. No less than 16 subject areas, fixed by imperial decree, were treated in these courses, e.g. the concord within the villages as a means to avoid disputes. Du Halde 1735, vol.II: 33-37.

④ Cf. for the Italian physiocrats: Zoli, 1974: 83-94, e.g.83 the quotation from Alfonso Longo, Istituzioni Economico Politiche (1773) that China was "the most excellent school of political virtues ... These virtues can all be traced back to a single principle, that is to enforce the idea of civil government by that of domestic rule.The sovereign wants to be the father of the state, the viceroys fathers of their provinces, the mandarins of their towns. The subjects want to be children ..."
 ("la più eccellente scuola delle virtù politiche ...Queste virtù si riducono tutte ad un principio che è quello di confermare l'idea dello imperio civile con quella dell'imperio domestico.Il sovrano vuol essere padre delle stato, i vice re delle loro province; i manderini delle loro città.I sudditi vogliono essere figli ...").

⑤ Quesnay, 1965: 596-597.

⑥ Cf.e.g.for a similar policy in Bavaria even at the beginning of the 19th century: Demel, 1983: 310-311.

在拉路波尔看来，虽然很多欧洲人认为中国的规范过于烦琐，但是这些规范恰恰反映了中国立法者的良苦用心。① 专制君主的一位高官会请求拓展政府规章的范围，这绝非偶然。

德国哲学家克里斯蒂安·沃尔夫对义务的信仰是普鲁士封建王朝的特征②，他很明显也着迷于中国的教育：据说在中国乡间自古以来就存在着两种学校，一种面向大众的学校教儿童守信尊礼，一种面向贵族和有才青年的学校教授科学和道德知识，尤其是对"才智"的使用。沃尔夫认为，之所以需要后一种机构是因为温顺的中国人也不喜欢被管制，不会因为天性就甘愿行善。因此，通过良好的教育，尤其是精英分子不得不内化一种理念：人应该从善。对于"生来注定行善"的人来说，这种教育就不需要了。③ 尤斯蒂和沃尔夫一样，长期受雇于普鲁士，热心民众教育，他把中国人称为"世界上几乎唯一一个民族，政府能够不厌其烦地让民众知道自己的义务，而欧洲做得最差的就是没有向民众训导他们对君主、国家和同胞负有的义务，所有欧洲民族都严重地犯了这个错误，真正的智者都意识到了这个错误，因此很容易证明这些民族没有真正的理智和文明"④。尤其是普鲁士的立法机构很快就悉心听取了这一严肃的警告，后来制定的具体规定甚至有些矫枉过正，比如在1794年的《大众土地法》中规定父亲可以决定母亲何时给婴儿哺乳。⑤

但是，中国政治体制的吸引力不仅仅来自它规范的详细程度。⑥ 中国的典籍中常常出现一个理念：皇帝是民众的楷模。⑦ 这与启蒙运动的教育取向不谋而合。比如，约翰·洛克和克里斯蒂安·沃尔夫都认为教师和父母的表率性在青年的教育过程中

---

① La Loubère, 1691, vol.II: 362-363, 374.Le Comte, 1697: 75, confirms the contents of this report.
② Hellmuth, 1985.
③ Wolff, 1981: 185-195 with fn.96, quote 192-193: "welche die Geburth schon zur Dienstbarkeit bestimmet hatte." Cf.Noël, 1711: 3-4: Libri, Buch I: "Adultorum Schola (Ta Hio)", commentary by Chu hi [Zhu Xi].Some authors underline the absolutistic traits of Wolff's political theory, others more his concept of inborn rights of men.Cf.Bachmann, 1977: 96-100, 107-110, 187-188; Thomann, 1977: 257; concisely Stolleis, 1988: 289-290.
④ Justi, 1762: 194, 205.
⑤ Allgemeines Landrecht, 1796, vol.II: 2, § 68.
⑥ The Chinese Jesuit Ko once remarked, that in China around 1700 an encyclopedia had been published with 450 volumes, 32 of which were dedicated to the fundamental laws of the empire and the basic rules of administration and jurisdiction. "Heavens," the Chinese exclaimed patriotically, "that the Montesquieu, Burlamaqui and Grotius shrink and scale down when compared with what is said there." Mémoires 1776-1791, vol.2: 470-471, quote 471: "O ciel ! que les Montesquieu, les Burlamaqui, les Grotius baissent et se rapetissent, quand on les compare à ce qui y est dit."
⑦ Cf.Noël, 1711: 86, 199, passim.

具有极为重要的作用。① 尤斯蒂甚至曾说："对民众充分训导，说明他们的义务，是一切的基础，这是至理名言……然后，君主和权贵的表率就必定能够取得最佳的效果。其实，这一表率作用比所有的法律都更有效。"② 对于这一话题，尤斯蒂提到的总是对人民的统治和他们必须学会的义务，而勒克莱尔则强调中国人完全了解臣民和君主之间双向的义务。因此，中国人被称为全世界最顺从的民族，但是同时如果有人触犯自然之法，他们也是最敏感的。③ 很明显，这一点指的是在中国朝代每隔几百年就会更迭一次。但是总而言之，中国的父系体制一般被认为是其独特的政治持续性的源泉。④

可能正因为如此，1776年《旅华历史记忆》的前言认为中国人民可能比欧洲人民更加富有和幸福。⑤ 但是，这一说法同时也受到了质疑。比如，赫尔德仍然坚信整个中国的法律的基础是儿子对父亲的尊敬、所有臣民对君主的尊敬，君主通过权贵像对待子女一样保护和统治臣民。他还感慨没有比这更加美好的人类统治原则了。但是，赫尔德同时也从一个完全不同的视角审视了中国当时的政治文化："蒙古人的朝廷需要适应那种慵懒的浮华，适应长长的指甲和畸形的裹足，适应野蛮的随从、鞠躬、礼仪、区隔和恭谨。"在赫尔德看来，缺乏品位和肮脏污秽是中国隔离政策的结果，进而造成了一种"中式奴役文化"，他认为这种文化和中国人的性格一样，都是受教育体制影响的。无节制的孝道堕落成一种"幼稚的顺从"："慵懒的仪式取代了慈爱的真实。"⑥

在更根本的层面上，荷兰文化哲学家科内利斯·德波夫（Cornelis de Pauw）攻击了中国政府和社会父系体制背后的价值观。从范畴上，他认为欧洲废除奴隶制，

---

① Brown, 1952: esp.156-157, who remarks that already at the end of the 17th century the European educational system was considered deficient by leading scholars （p.149）.
② Justi, 1762: 204.Cf.Richter, 2015: 277-278.
③ Clerc, 1769: 27.
④ Cf.Staunton, 1797, vol.2: 300, 302.
⑤ Mémoires 1776-1791: XIII-IV.
⑥ Herder, 1989: "... ist auf die Ehrerbietung gebauet, die der Sohn dem Vater und alle Untertanen dem Vater des Landes schuldig sind, der sie durch jede ihrer Obrigkeiten wie Kinder schützt und regieret: Könnte es einen schöneren Grundsatz der Menschenregierung geben？" （pp.431-432）; "Eine Mongolische Organisation gehörte dazu, um sich ... an jene eitle Pracht ... an lange Fingernägel und zerquetschte Füße, an einen barbarischen Troß von Begleitern, Verbeugungen, Zeremonien, Unterschieden und Höflichkeiten zu gewöhnen" （p.435）; "Sinesischen Sklavenkultur" （p.436）; "kindischen Gehorsam"; "leere Zeremonien treten an die Stelle der herzlichen Wahrheit" （both p.437）.

发现父权的局限性,是欧洲立法的两大板块。① 即便是亲华的法国传教士李明也曾指摘中国的暴虐父权:父亲可以处置自己的妻妾和子女,甚至可以将他们变卖为奴。② 我们可以想象一下,这种事给浪漫主义文学时期的年轻人留下的毁灭性的印象(这些人对父系权威表达了极为批判的态度)。不管怎么说,对所有的自由主义概念来说,父系统治的这种延展是难以接受的。随着18世纪后期开始的自由主义的进步,国家的世袭理念受到越来越多的批判。③ 在家庭层面,家庭和工作场所的分割摧毁了这种家族统治模式的基础,现代早期发生的就是这种情形。可能是由博丹(Bodin)创立的 ④ 欧洲父权政府的典型,失去了它存在的基础。因此,表面类似的中国模式也注定失去了吸引力,而且失去得更彻底,因为儒家秩序的基本理念或者它们的中国政府和社会的切实体现越来越受到质疑。

3. 儒学的指导原则:至善、和平、昌盛

耶稣会士马尔第诺(Martino)在评价儒家经典时写道:"从第一本书的第一句话你就能推导出它整套哲学的基础,这句话是:大学之道,在明明德,在亲民,在止于至善。知止而后有定,定而后能静,静而后能安,安而后能虑,虑而后能得。"

---

① Anonymous [Pauw, Cornelis de], 1773, vol.1: 9-10. In Chinese judgment, a child, even if mistreated, was obliged to suffer the evil and to talk its parents to a different behavior just by love and submissiveness.

② Le Comte, 1697: 37-38.According to Song, 1989: 77, Voltaire suppressed his criticism on the abandonment of Chinese children in the later editions of his "Essai".

③ Reinhard, 1999: 118-124; cf.Lee, 2003: 332.

④ Bodin, 1579: 503, begins his book IV with the apodictical statement: "Every republic has its origin in a family which multiplies more and more ..." ("Tovte Republique prend son origine de la famille, multipliant peu à peu ..."). Later, in a chapter (book VI, ch.IV) on the legitimate forms of a republic—popular, aristocratic, and monarchic—of which he prefers the latter, he states that "the household, or family, which is the true image of a republic, has only one chief." Therefore, Bodin indirectly recommends to "eliminate the plurality of chiefs, which exists in the popular state, in order to establish a monarch as a real father of a family" ("oster la pluralité des chefs, qui est dans l'estat populaire, pour establir vn monarque, comme vrai pere de famille"—both quotes: 947). In contrast, the doctrine of the Aristotelian trio-ethics, economy, and politics—had tended to emphasize different kinds of rule.Therefore, still a late-Aristotelian philosopher like Arnisaeus had excluded economy (in the sense of household) from "political science" for methodological reasons.Bodin, however, though following Aristotle concerning the structure and treatment of his philosophical material, distanced himself from the Greek classic with regard to contents.Dreitzel, 1970: 143-144, 354-355.

因此，目标是"无有忧患，近乎于道"①。

这段对儒学原则的描述听上去非常符合理性主义，在启蒙时代的早期必然颇受欢迎。基于这些以及类似的言论，除了曾到过中国的荷兰旅行家约翰·纽霍夫（Johan Nieuhof），还有信仰理性和真理普遍性的人，如德国神学家斯皮哲流斯（Spizelius）和哲学家莱布尼茨，得出了一个结论：欧洲和儒家的哲学在目标方面有明显的平行之处。②最后，这一发现被克里斯蒂安·沃尔夫以一种狂热的方式传播开来。对于儒家哲学思想的分析，他这样总结："因此，尊敬的读者，我将古老中国的智慧带给你们，这些智慧可以说明它们与我自己的哲学理念完全一致。"③

沃尔夫将"至善"（perfection）原则放在自己道德体系的核心位置，依据的是亚里士多德的传统。但是，对于政治哲学来说，更重要的一点是他将这一原则与"至福"（beatitude）以及至福的结果"至幸"（felicity）这两个目标联系起来。④很多启蒙思想家在为政府形态正名时都会模仿这种关联：⑤"中国人所有努力的目标都是国家的治安，只有这样国家的人民才能安泰。"⑥沃尔夫认为，智慧不过就是"一种至福的科学，使得一个有序国家内只有遵守良好习俗的人才能够获得至福"。当然，

---

① Martini, 1658: "E primâ primi libri sententiâ totius philosophiæ fundamentum eruitur.Ea sic habet.*Magna*, *sive magnorum virorum doctrina in eo posita est*, *ut*, *cum quisque seipsum perfecerit*, *alios quoque perficiat*, *sic ut omnes unum*, *hoc est*, *summum bonum consequantur.Sed suiipsius perfectio in eo consistit*, *ut quisque lumen naturale in se accendat clarúmque reddat*, *it*, *ut à lege naturæ præceptísve à naturâ insitis nunquam exerret*" （p.129）; "...ut nihil sentiamus, nihil velimus, nisi quod est rationi consentaneum" （p.130）.Cf. the first sentence of the French translation of the "Great Doctrine" in Mémoires 1776–1791, vol.1, 436: "La vraie Sagesse consiste à éclairer son esprit & à purifier son cœur, à aimer les hommes & à leur faire aimer la vertue, à franchir tout obstacle pour s'unir au souverain bien, & à ne s'attacher qu'à lui" （"Real wisdom consists of clarifying one's spirit and purifying one's heart, loving men and making them love virtue, overcoming any obstacle to unify oneself well with the sovereign and to only attach oneself to him"）.
② Nieuhof, 1665: 71–72; Merkel, 1952: 5, 27.
③ Wolff, 1981: 263–296, quote 295–296: "Also habe ich ihnen nun, meine wertgeschäzte Zuhörer！die Gründe der Weisheit der alten Sineser vor Augen geleget, von welchen ich ...gezeiget habe, daß sie mit den Gründen meiner Weltweisheit genau überein kommen." For the pursuit of perfection as the source of all Chinese wisdom: 175–176, 251–261.Wolff believed that the difference between good and evil was recognizable for reason and that a reasonable drive led to the good.
④ Bachmann, 1977: 78–90.
⑤ Cf.e.g.Justi, 1969: § 687: "A state that is a society of men who inhabit a considerable part of the surface of our globe, who have united to the final goal of their common beatitude and therefore have set up a supreme power over them ..." （"Ein Staat, das ist, eine Gesellschaft von Menschen, die einen ansehnlichen Theil von der Oberfläche unserer Erdkugel bewohnen, sich zu dem Endzwecke ihrer gemeinschaftlichen Glückseligkeit vereiniget, und zu dem Ende eine oberste Gewalt über sich gesetzet haben ..."）.
⑥ Wolff, 1981: 193–195: "Alle Unternehmungen der Sineser hatten zu ihrem Ziel und Endzweck eine gute Regierung, damit nehmlich alle und jede, die sich in diesem wohl eingerichteten Wesen befänden, glükseelig seyn möchten."

沃尔夫也承认，他在这儿所说的只是一种"人民的至福，是一个国家最崇高的目标"①。

但是，沃尔夫认为，没有昌盛和安全作保障，这个政治目标是无法实现的。②对国内政策来说，这些理论带来的是启蒙"幸福主义"（eudaimonia）这一概念，类似的概念后来在普鲁士发展得尤其壮大。对国外政策来说，结果是认同在平衡政治实力的基础上实现欧洲和平秩序的理念——这在18世纪是非常流行的一个理念。③而"幸福主义"的这些基本理念和大和平的框架在中国都能找到知音。④因此，莱布尼茨这样表扬中国："……和其他民族有所不同，中国所有的法律都完美地指向实现社会的和平治安，让人与人之间的关系尽可能地减少摩擦，实在是言语难以形容。"莱布尼茨带着憧憬之情诉说中国的礼数，这些规矩据说帮助避免了很多争吵和敌对，而这些礼数似乎已经变成了中国人的第二天性。⑤于是，他提出了个人态度和宏观政治秩序之间的联系，认为其实这是中国社会哲学的核心理念之一。

从译文可以看出来，儒家经典强调治人的能力以及最终的大国仁政都来自修身。⑥根据诺埃尔（Noël）的描述，孟子解释了这种大国之治的实际结果："善政则民聚，然善政之本是民生。"因此，君主应当重视牲畜的繁衍，省刑罚，薄税敛，同时重视农耕和教育。⑦

增加人口，用实际措施促进农耕，减缓刑罚，推广教育——这些理念在18世纪的政治和经济理论学家之间极为流行。毕竟，对他们来说，中国人对上帝概念的理解这个形而上问题不是很重要，更重要的是一个形而下的问题：哪些信念带来了这种祥和有序的社会环境？在16世纪末，著名的政治思想家乔万尼·博泰罗（Giovanni Botero）曾经描述过中国在这一方面的成就："这个帝国井然有序，唯一的目标是

---

① Wolff, 1981: 88-89: "Glükseeligkeit …, welcher niemand theilhafftig seyn kann, als der sich in einem wohl eingerichteten Staat der guten Sitten befleißiget"; 88-89, fn.38: "bürgerlichen Glükseeligkeit, welche eines Staats vornehmster Endzweck ist."
② Wolff, 1732: 213-228. In Wolff, 1981: 63, it is said that Confucius' main motivation had been "love for the prosperity and the beatitude of his people".
③ E.g. Anonymous [Koch, Christoph Wilhelm], 1771.
④ Cf.Le Gobien, 1702: 21.
⑤ Quoted from Lach, 1957: 70, original text 88: "Dici …non potest, quam pulchre omnia ad tranquilitatem publicam, ordinemque hominum inter se, ut quam minime sibi ipsi incommodent, supra aliarum gentium leges apud Sinenses sint ordinata."
⑥ Noël, 1711: "Index et Synopsis capitum et articulorum" for book I: "Principatûs bonum regimen, universi Imperii pax ac tranquillitas."
⑦ Noël, 1711: 209-227, 286-309, quote "Index et Synopsis capitum et articulorum" for book IV, libri I, caput I: "Bonum regimen parit populi frequentiam.Radix autem boni regiminis est prospicere rebus ad populi victum necessariis."

国泰民安。因此,整个帝国充满了祥和之母正义,律法之师政治哲学,以及和平之子工业。"① 其实,当时整个中国一片祥和之势,至少与欧洲相比是如此,因为当时荷兰独立战争正打得如火如荼,英国和西班牙之间正在作战,而法国正从长期的宗教战争中缓慢地恢复。100 多年后,在康熙皇帝的治下,中国再次迎来一段相对长期的治世。所以,我们可以理解为何在此期间意大利人希皮奥内·马菲(Scipione Maffei)再次引用儒家的言论来证明,从自然理性的道德演化而来的"荣誉"感可以摧毁所有憎恨、不和、争斗和仇杀的基础。孔子曾经说过:"以直报怨,以德报德。"② 很明显,后来伏尔泰引用的就是这句话,并启发他做了这样的感叹:"西方人用何种准则、何种法律才能与这种纯粹的道德媲美呢?"③

4. 儒家智慧——人类经历的宝藏还是陈词滥调的汇总?

伏尔泰的热情并未得到同时代其他人的响应。人们越来越激烈地争论:儒家经典究竟是深刻体会人类经历后言简意赅的升华,还是陈词滥调的汇总?对此,我只做简要介绍。和伏尔泰持相同观点的法国哲学家,以及德国所谓的通俗哲学家认为,儒家道德言论之所以看上去极为简单,是因为它既不是基于复杂的形而上学,也没有对个人过于苛刻的要求。经过哲学训练的欧洲人乍看上去,它缺少系统的顺序,因此会受到批评。1625 年,已经成为英国编修的塞缪尔·帕切斯(Samuel Purchas)认为中国人没有任何逻辑知识,因此他们表达伦理规范时"句子混乱,篇章无序,仅凭先天才智"④,尤其是克里斯蒂安·沃尔夫,他认为孔子的学说非常睿智但是杂乱无序,是他自己的逻辑系统为孔子的智慧带来了顺序。⑤

孔子学说的真正的批评家们却持一种完全不同的视角。1718 年,传统派神学家,同时也是早期东方通的勒诺多曾把孔子的道德训诫描述为"粗俗的句子"。他不仅完全删除了著名的孔子学说,而且认为里面不过只是一些常识,如果仔细阅读往往

---

① Botero, 1597-1598: par.II, lib.2, 66: "E ...regno regolato di tal maniera, che non hà altra mira, che la pace, e la conseruatione dello stato: e per questo VI fiorisce la giustitia, madre della quiete; e la politica maestra delle leggi; e la industria, figliuola della pace."
② Maffei, Scipione, Della Scienza Chiamanta Cavalleresca (1710), quoted by Zoli, 1972: 427: "Compensa i benefici co' benefici, gli odi e le ingiurie con ciò ch'è retto e giusto."
③ Voltaire, 1967, vol.XVIII: 63, 76: "Quelle maxime, quelle loi les peuples de l'Occident pourraient-ils opposer à une morale si pure?" The quote is from the article "Catéchisme chinois" of his "Dictionnaire philosophique". Pomeau, 1991: 253, even assures that Voltaire identified Confucianism with his own "natural religion". For Voltaire's enthusiasm regarding Confucius: Song, 1989: 153-154.
④ Purchas, 1625, vol.III: 384.
⑤ Wolff, 1981: 8.

只会发现迷信和繁复的仪式，比如有杀婴和阉割，还有官员的傲慢和残酷，所有这些都证明中国人缺少最基本的道德观念。少数几句比较好的话，比如"己所不欲，勿施于人"，只不过说明中国人很少应用这些训诫，因为他们未能在此基础上找到更重要的规范。①

在18世纪后半叶，这种观点的数量有所增加。比如，深受"启蒙"的法国海军军官索纳拉特（Sonnerat）曾在广州遭遇一些不愉快的经历，认为孔子的著作不过只是一堆晦涩的空想和言论，只是混杂了古谈和一丁点的哲学。②德波夫则将欧洲出版的中文经典斥为糟糕的小短文，而且据说几乎没有人读过，因为所有人都知道所谓的孔子的作品只不过收集了一些可疑或杜撰的只言片语，并没有什么值得感兴趣的内容。③他同时代的霍尔巴哈持同样的观点，他认为这些作品充斥着一些泛泛的或者琐碎的规矩，根本无法和古希腊或古罗马的作品相比。④几十年以后，黑格尔认为儒家的道德既不出众也不独特，甚至声称："读一读他原本的作品，我们就可以断言，若是不翻译那些作品或许更能维护孔子的光辉形象。"⑤

四、总结和前瞻

在此总结一下本文的主要观点：最早期的传教士认为中国人是"异教徒"或者"愚民"。但是，利玛窦和他的支持者认为自己能够在儒家经典中找到一种原始一神教，只是很多儒家弟子后来偏离了这种观点。不过，他们对儒家的政治和社会哲学评价很高，甚至希望以之为基础构建他们的基督教学说。但是，罗马天主教廷内外有很多人批评他们，甚至认为早期的中国人是无神论者，认为他们不信仰基督启示很难升上天堂。另一方面，法国的自由思想家和利玛窦一样，相信善良的异教徒同样能够获得救赎。耶稣会出版的儒家经典证实了他们的这一观点。在这些文本中，儒家

---

① Anonymous [Renaudot, Eusèbe], 1718: 365-366, 372-379, quote 378: "sentences vulgaires."
② Sonnerat, 1782: 29.I agree with Lee, 2003: III, 320-322, who thinks that the shift of evolution standards was most important for the radical change in the assessment of Confucianism.
③ Anonymous [Pauw, Cornelis de], 1773, vol.I: XI-XIV, quote XII.
④ Holbach, 1970, vol.2: 199, fn.107.In contrast, in 1569 the Augustinian friar Gaspar da Cruz could explain the wisdom of the Chinese political system only by suggesting that the Chinese could have learnt the fundamental norms from the Romans, namely by the medium of the poet Ovid who had been exiled to the Scyths.Dawson, 1967: 28.
⑤ Hegel, 2003: 142-143: "Aus seinen Originalwerken kann man das Urteil fällen, daß es für den Ruhm des Konfutse besser gewesen wäre, wenn sie nicht übersetzt worden wären."

的道德为中国的政治和社会环境奠定了基础,这种道德背后有一种天然的、凭理智发现的灵知。詹森教派拒绝这种解读,但是因此不得不默认即使没有基督启示为基础,也可能存在出众的道德。皮埃尔·拜尔表达的正是这种观点,而莱布尼茨仍然认为儒家思想是一种"自然宗教"。但是,即便克里斯蒂安·沃尔夫最终接受了这种解读,他的"演讲"仍然标志着哲学从神学中解放出来。杜赫德尝试严格区分一神论的儒生和无神论的新儒生,但是无法阻止廷得尔或伏尔泰等自然神论者将儒学定义为基督教之上的"自然宗教",无法阻止唯物主义者爱尔维修称赞孔子的道德学说是一种普遍的、非宗教的,无法阻止卢梭从中国接受"民间宗教"的理念。因此,每个人都用自己的方式为欧洲思想的世俗化做出了贡献。

1786年,前耶稣会士钱德明发表文章描述了孔子的一生。他在介绍中指出,孔圣人的这些崇拜者如果把孔子摆在和苏格拉底以及古代其他思想家同等的位置,其实是夸大了他的美德、知识、优点和品质。但是,把孔子说成陈腐的老学究实在是对他的中伤。[①] 这些言论说明孔圣人的崇拜者不得不作出让步。无论如何,这位中国先贤在欧洲语境中失去了他的重要性。只要人们把道德哲学和政治的统一视为重要的目标,儒家道德学说就会受到尊崇,尤其是对于那些为这种统一辩护但是又拒绝与基督教学说更紧密结合的人。后来,这种统一逐渐分解,再加上很多商人在中国经商的经历,儒家思想在中国日常生活中带来高度道德标准的信念受到了严重的动摇。于是,儒家思想在欧洲也失去了吸引力,而且,以同一框架统治家庭和国家的理念在18世纪也逐渐消退。欧洲经历了现代化的进程,逐渐走出了各种父系体制,而这些体制恰恰似乎是儒家以及早期欧洲政府理念的基础。最后,从18世纪后半叶开始,欧洲学术界的个人主义倾向越来越有影响力。无论是独裁主义的家庭结构,还是启蒙绝对主义的政治结构,都无法再约束"自由追求幸福"的主张。沃尔夫被孔子吸引,因为孔子把自己塑造为改革传统的人,本着尊重的角度探索宝贵的人类经验,同时尝试丰富和完善这种经历。[②] 在1800年左右的"革命改革时代",任何诉诸政治传统的努力似乎原则上都是有问题的。19世纪的民族主义逐渐取代了启蒙时代的大同思想,于是欧洲的政治家也不再愿意让国家的大国野心受到政治平衡系统的制约。但是,政治理论家也不再倾向于接受源自其他文化的政治或道德理想模型。在19世纪,再也没有任何一位重要人士将儒家学说视为欧洲学习的对象。"西方"

---

① Mémoires, 1776–1791, vol.XII: 3.
② Ho, 1962: 105–106.

已经变得自给自足了。它的帝国主义主导地位越来越明显，包括在政治、军事、经济以及一定程度的文化领域，这说明其他文化能够而且应该向欧洲学习，而不是相反。

这是否是说儒家思想，或者更确切地说是早期欧洲人对它的解读，对欧洲已经不再重要了呢？绝非如此！我们当然可以质疑欧洲是否真的从孔子那儿学到了什么新东西，但是孔子理论和实践的例子在欧洲的道德和政治哲学语境中具有举足轻重的地位，原因很简单，中国是世界上最大、人口最多也是最古老的国家。如果不是参考这个模板，很多观念，尤其是所谓开明专制现代化成就带来的观念（如官僚化、福利政策和国民教育）应该无法取得如此强的说服力，因此也无法如此快速密集地传播开来。[①]

利玛窦（1552—1610年）画像，中国耶稣会会士绘于1610年

[①] As Davis, 1992: 24, states: "... China provided the only living prototype of deistic ethics known to 18th century thinkers—Utopian speculation did not suffice—and the affinity between the Sinophiles and leading deists is too great to dismiss lightly." Davis admits that the influence of Neo-Confucianism on European philosophers could neither be precisely ascertained nor measured, but nevertheless he does not hesitate to ascribe a catalyst function to the Chinese model (pp.25–26). E.g.for Wolff see Lee, 2003: 105–106.

《基督教中国远征记》封面，1615 年于奥格斯堡出版

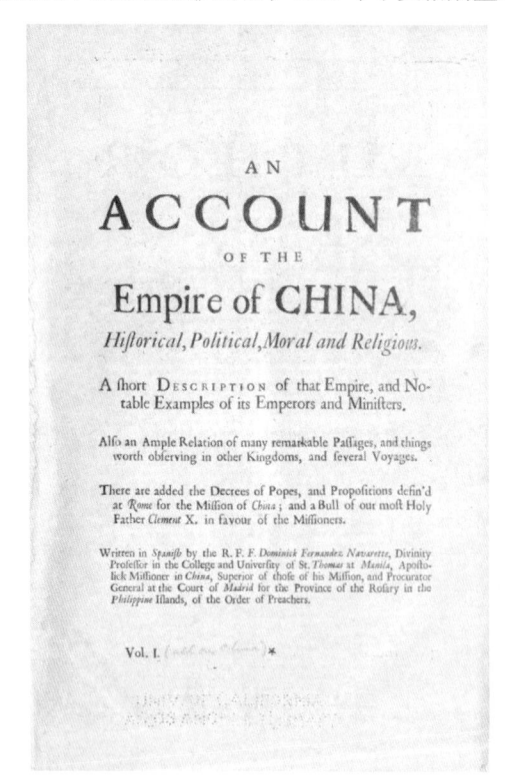

多明我会士闵明我的《中国的历史、政治、道德与宗教》，1676 年出版。图为 1732 年英文版扉页

弗朗索瓦·德·拉莫特·勒·瓦耶（1588—1672年）画像，绘于1639年

《中国哲学家孔夫子》扉页，1687年出版于巴黎

杜赫德《中华帝国全志》扉页，1736 年出版于海牙

马修·廷得尔（1657—1733 年）画像

最高主宰节场景，巴黎，1794年6月8日

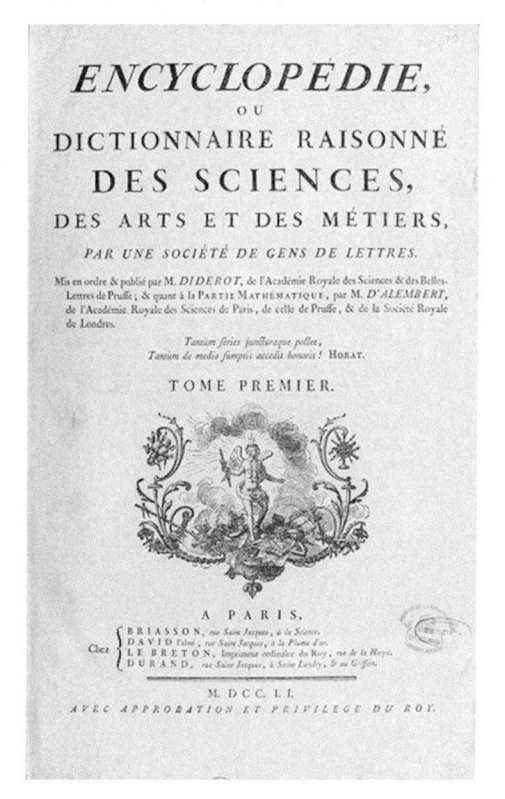

《百科全书》第一卷扉页。《百科全书》由狄德罗主编，1752年出版于巴黎

勒诺多（1646—1720 年）画像，让·兰克绘于 1689 年

弗朗索瓦·奎奈（1694—1774 年）画像

[戴默尔，德国联邦国防大学近代早期历史所教授。王强，北京外国语大学博士生]

全球视角下19世纪的中国和德国

[德] 培高德著　高秀平译

摘要：1822年，由于俄国的关税规定导致恰克图的布料无法再出口到中国，普鲁士再次恢复在广州的贸易。第一次鸦片战争之后，对远东地区利润的预期驱使德国商人进一步扩展全球经济。1859年，普鲁士决定带领一支德国远征军与中国和日本在暹罗缔结条约，同时它也肩负另一项任务：在亚洲和南美开拓潜在的殖民地。本文即拟从全球的层面理解19世纪的这一段中国和德国关系史。

关键词：中国　德国　普鲁士贸易公司

无论是在政治、经济还是文化领域，两个国家之间的关系永远不可能真正是双边的。一直以来，这些关系都必须在多国的层面上理解，现在则越来越需要在全球的层面上理解。

1822年，普鲁士再次恢复在广州的贸易，起因是俄国的关税规定导致恰克图的布料无法再出口到中国。航行到中国的那艘商船是第一艘完成环球航行的普鲁士船只。中国被普鲁士视为可以替代拉美市场的地区。第一次鸦片战争之后，对远东地区利润的预期驱使德国商人进一步扩展全球经济。1859年，普鲁士决定带领一支德国远征军与中国和日本在暹罗缔结条约，同时它也肩负另一项任务：在亚洲和南美开拓潜在的殖民地①。

---

① For a more extensive version of the early Sino-German relations see Cord Eberspächer, Profiteure des Opiumkriegs. Preußische Initiativen und deutsche Konsulate in China 1842–1859, in: Leutner, Mechthild et.al. (Hgg.), Preußen, Deutschland und China.Entwicklungslinien und Akteure （1842–1911）, 2014 (Berliner China-Studien 53) Münster: LIT, S.27–62.

中国和维也纳会议

1815 年,对华贸易是维也纳谈判期间的一项重要议题,至少从普鲁士的角度看是如此。但是,拿破仑欧洲帝国的解体和嘉庆皇帝统治的中国究竟有什么关系呢?首先,拿破仑时代的战争具有全球性的影响力。除了在耶拿和奥埃尔斯特,人们很容易忘了在特拉法加海战之前,英国将军纳尔逊曾经追着法国舰队跑了半个地球。再者,1802 年一个英国舰队取代葡萄牙占领了澳门,之后法国和英国之间开战,中国也直接牵涉其中。一开始,中国只是提防法国舰队在澳门建立永久基地。最终,英国人被赶走了,澳门又回到葡萄牙人的统治之下。但是,普鲁士没有舰队,在欧洲之外没有军事野心,普鲁士东亚公司从 1760 年开始一直没有什么业务。

18 世纪晚期,普鲁士对中国的兴趣越来越大。当时,欧洲商人几乎把所有的注意力都放在华南,普鲁士却开始通过恰克图贸易渠道出口羊毛织品,这条渠道此前一直没有受到西方学界的关注。普鲁士的西里西亚地区和莱茵诸省的羊毛织品首先出口到俄国,穿过西伯利亚来到恰克图,最终卖给中国商人。我们并不清楚中国商人和消费者是否知道这些商品来自普鲁士,但是借道俄国的对华贸易对普鲁士的早期工业是一个非常重要的因素①。

18 世纪晚期到 19 世纪初期,普鲁士对俄国的纺织品出口达到了一个很高的水平,1786 年、1787 年为 288865 塔勒,到 1804 年、1805 年增长到了 1638987 塔勒,而这些纺织品中的一大部分最终销往中国。当时的一位评论者认为,若不是转道俄国的商路遭遇障碍,普鲁士的纺织品有可能将英国的纺织品挤出中国市场。② 拿破仑占领了普鲁士以后,普鲁士的出口品被禁止进入俄国市场,因此 1815 年维也纳谈判期间西里西亚的纺织品和对华贸易就成了一个重要议题。普鲁士要求免税通过俄国到达中国,而出口俄国的纺织品有 90% 最终将进入中国③。1815 年,这些要求获得批准,到华的通道再次开放④。但是短短几年后,即 1822 年,俄国要求从对华纺织品出口

---

① Heinrich Wendt, Schlesien und der Orient.Ein geschichtlicher Rückblick, 1916 Breslau: Hirt, 187.
② Fechner 1907:470.The Silesian producers occasionally conducted product piracy by declaring their fabrics as English or Dutch products, Fechner 1907:538.
③ Linke 1899:201.
④ Zimmermann 1892:19f.

中分一杯羹，大大提高关税，导致普鲁士的对华贸易很快告终。①

史上第一次陆上对华贸易的结束使普鲁士邦国对中国贸易产生了长久的兴趣。普鲁士贸易部对普鲁士纺织品的销路考虑再三，最终将目标定在了广州。当时广州的贸易由英国把控，负责的参赞克里斯蒂安·彼得·威廉·博伊特在广州调查销售的货物，并让驻伦敦的普鲁士大臣找到了英国纺织品的产品样本②。样本被送到了西里西亚的工厂，当时好像没有什么结果③。普鲁士议会还尝试通过美国将纺织品运到中国，但是仅仅三年之后办事处就不得不关张。④

后来，普鲁士西部诸省的商业中心之一埃尔伯费尔德的一个商人雅各·安德斯帮普鲁士指出了一条成功之路。他认为西里西亚和亚琛的纺织品在广州有望热卖，就提议派一支海军到广州考察销路。⑤这并非巧合，安德斯和博伊特都是普鲁士工业促进会的重要成员，这个协会不仅致力于推动工商业的发展，还在德国及海外考察和发布关于商业机遇的信息⑥。博伊特仍然相信到达中国的便捷通道是借道美国，但是认为安德斯提出直接到中国的路径也未尝不可。当时很难判断为恰克图定制的纺织品是否能在广州畅销，但是只有到达广州才能知道答案，博伊特也是如此向贸易部部长海因里希·冯·比洛汇报的⑦。

普鲁士贸易和英国领事

普鲁士的另一机构普鲁士贸易公司早已按照安德斯的建议开始行动了。该公司的商船"曼托"号1822年起航，在南美的几个港口停靠之后，于1824年1月到达

---

① Wendt 1916：193.

② It was an early version of industrial espionage, the fabrics samples were smuggled from London via Paris to Berlin. Message of the Prussian Minister in London, Heinrich von Werther, to Beuth, 24.10.1822（GStA PK, I.HA Rep.120, C XIII 18 Nr.1 Bd.1）.

③ Meuß 1913：39.

④ Ebenda：40.

⑤ Aders to Beuth, 13.2.1823（GStA PK, I.HA Rep.120, C XIII 18 Nr.1 Bd.1）.Aders was a pioneer and had invented the "Elberfelder System" in social welfare and especially engaged in the advancement of industry and commerce.He belonged to the initiators of the Rheinisch-Westfälische Kompanie, that was founded and financed by 50 merchants from Barmen and Elberfeld and traded with the Americas.

⑥ Reihlen 1992：101ff.

⑦ Beuth to Bülow, 6.12.1822（GStA PK, I.HA Rep.120, C XIII 18 Nr.1 Bd.1）.

广州并停靠了三个月①。作为贸易部的措施之一，此次行动直接关系到西里西亚纺织行业的计划。②普鲁士贸易公司在广州建立了贸易体系并从中获利，也有望在丹麦的工厂安定下来。表面看来，普鲁士的羊毛制品很受中国商人的欢迎③，但是总体而言，经济上的成功还是低于预期，贸易公司的很多商品都赔了钱④。即便如此，贸易一直持续到了19世纪40年代。根据珀西·恩斯特·舒曼等历史学家的观点，这一时期航行的主要贡献是收集了中国的一手信息，让柏林第一次了解了进入中国市场的机遇和挑战⑤。贸易公司的航行也让普鲁士第一次开始认真考虑向中国派驻代表。理论上而言，从18世纪晚期开始普鲁士就一直派驻领事。⑥但是，即便中国早期的报道也将这些领事称为普鲁士人⑦，其实他们都是英国公民。他们的目的是利用"领事"头衔，摆脱东印度公司的垄断，在广州合法经商。普鲁士政府在广州的代表很快就被遗忘了。1822年博伊特开始关注对华贸易时，他是从政府手册上才了解到普鲁士在广州还有一位领事，但是"我从来不知道他的存在"⑧。

  首批普鲁士商船在19世纪20年代完成航行之后，贸易公司的董事克里斯蒂安·罗特尔开始对广州领事一事产生了兴趣。原来的领事查尔斯·麦格尼雅克刚刚过世。罗特尔非常清楚英国商人的目的，所以他认为英国人并不能充分代表普鲁士贸易的利益，并建议普鲁士首相克里斯蒂安·龚特尔·冯·伯恩斯托夫花些时间找一位适合的普鲁士人或德意志人担任领事⑨。罗特尔任命他的押运员威廉·奥斯瓦德在1825年的航行中寻找适合的人员，但是无果而终⑩。奥斯瓦德只能回复说在广州期间没有发现其他的德国人⑪。同时，普鲁士外交部已经任命麦格尼雅克的副手担任新的普鲁士领事，普鲁士官方也很快对广州失去了兴趣。1840年，担任普鲁士领事

---

① Journal of the ship Mentor on its voyage from Bremen to Canton and back to Swinemünde in the years 1822 to 1824（GStA PK，I.HA Rep.109，Nr.3523）.
② Lärmer 1993：35f.；Yü 1981：31 und Schramm 1949：326.
③ Schramm 1949：330，339.
④ After the Mentor's return the Seehandlung discovered difficulties to sell the imported tea in Swindemünde. It had to be transported back to Hamburg to be sold successfully.Vogel 1988：270.
⑤ Schramm 1949：347.Vgl.auch Radtke 1987：39 und Vogel 1988：276.
⑥ Ausführlich dazu Eberstein 2008：108ff.
⑦ Governor-General of the Liangguang-Provinces，Bailing，to the Jiaqing-Emperor，21.5.1809（First Historical Archives，Beijing，3-2103-9）.
⑧ Beuth to Bülow，6.12.1822（GStA PK，I.HA Rep.120，C XIII 18 Nr.1 Bd.1）.
⑨ Rother to Bernstorff，2.4.1825（GStA PK，III.HA，II Nr.722）.
⑩ Meuß 1913：36.
⑪ Oswald to Rother，21.8.1829（GStA PK，III.HA，II Nr.722）.

的最后一位英国商人辞职之后,普鲁士没有再任命继任者。罗特尔认为没有必要在广州派驻普鲁士领事①,特别是当时的贸易环境瞬息万变。

从"单鹰国"到《海国图志》

第一次鸦片战争并未对中德关系产生太大的直接影响。但是这场战争,尤其是《南京条约》,很大程度上改变了两国对彼此的政策和态度。对中国而言,鸦片战争的间接影响之一是开始对中国之外的世界有了更大的兴趣,并开始收集相关信息。"西方的冲击"②虽然并未超出华南沿海太多的范围,却极大地激发了中国对西方各国的兴趣。此事对当时中国世界观的影响在中国对普鲁士和德意志的描述和称呼中可见一斑。

在鸦片战争之前,中国已经掌握了较多关于欧洲的信息。1584年利玛窦将他绘制的世界地图呈给了大明王朝,并引入了"入耳马尼亚"一词来称呼德国③。但是另一方面,普鲁士和奥地利的贸易公司早在18世纪就到达了中国,在此过程中人们发明了另外两个名称:"单鹰国"和"双鹰国"。这些名称只是描述了两个国家的国旗,也说明在这一时期中国对广州的贸易伙伴并没有太大的兴趣。这些信息一直被沿用到19世纪,至于哪些是事实,哪些是臆测或谣传,即便是感兴趣的学者也很难分辨。

林则徐让一切发生了改变。凭着超人的预见性,他知道在即将到来的冲突中,中国不仅仅要面对英国,因此中国急需可靠的信息。他创办了一个机构来收集信息,第一个成果是编译了《四洲志》一书④。介绍普鲁士词条的第一句话就可以反映此书所收信息的质量:林则徐第一次将普鲁士(书中称为"普鲁社国")和神秘的"独鹰国"联系在了一起⑤。

林则徐的创举继续扩展,并委托魏源编成了更全的《海国图志》一书⑥。《海国图志》几乎对德意志的每一个王国都以一篇文章予以介绍,无论是巴伐利亚王国还

---

① Meuß 1913:36.
② Rowe 2009:165.
③ In the legend to the map added later—on the first lengthy description of the German countries is to be found, which in many aspects set the standard until the 19th century.Walravens 1972:7ff.
④ The treatise was based on the *Encyclopaedia of Geography* by Hugh Murray.Leonard 1984:91.
⑤ Lin 2002:105-107.
⑥ Leonard 1984:91;Mitchell 1972:192.

是奥尔登堡大公国①。虽然魏源只是从已有著作中收集信息,他的做法却代表了一种新的信息视角,可以和现代的情报部门媲美②。魏源的《海国图志》是中国现代地理学发展和世界信息传播过程中的一座里程碑③。

魏源的作品还有一点更加值得注意却常常被忽视,那就是《海国图志》的最后一部分。在这一部分,他不再简单地编辑资料,而是解读掌握的地理信息、当时的政治局势以及他对军事史的研究,并在很多方面开启了19世纪60年代的强国运动。在魏源看来,中国必须发展现代化的军事,集中在南中国海展示军事实力。④魏源在传统的朝贡制度和以夷制夷的思想之中融入了现代的创新思想。魏源代表了中国人在鸦片战争之后主动思考中国局势和相应战略的努力。不幸的是,他的影响非常有限:1861年普鲁士远征军到达上海和天津时,当地似乎没有一位官员读过《海国图志》。

从《南京条约》中获利

《南京条约》的缔结特别是中国开放五个通商口岸的消息在普鲁士引起了不小的轰动。很快,1842年11月⑤,科隆商会写信给普鲁士政府,认为中国开放口岸对欧亚美三大洲的商业具有重要意义,其历史意义相当于美洲新大陆的发现⑥。商会请求德意志关税同盟向中国派遣代表团,为德国成功进入中国开拓市场。

在接下来的几个星期里,多封类似的信件被送达柏林,几乎全部来自普鲁士工业化程度较高的西部地区。菲尔森县的弗里德里希·迪尔格德希望中国能够拯救德国的出口业,摆脱欧洲的困局,并建议派遣专业的领事推动在华的贸易⑦。普鲁士总领事兼贸易公司前押运长威廉·奥斯瓦德对此事也非常热衷⑧。他认为对华贸易存在巨大机遇,普鲁士和德意志必须"以最重视的态度"予以考虑。他设想建立德国在

---

① Wei 1998, Vol.1: 1569–1582 (on Prussia) and Vol.2: 1260–1276 (on Germany).
② Vgl.Zou 2000: 309ff; Yang 1998: 72ff.
③ Vgl.Zou 2000: 309ff; Yang 1998: 72ff.
④ Wei 1998, Bd.3: 2016ff.
⑤ The Treaty of Nanjing had been signed in August 1842.As news from China at this time took at least two months to reach Europe, a reaction in November of the same year was considerably quick.
⑥ Königliche Handelskammer zu Köln to the Prussian Minister of Finance Ernst von Bodelschwingh, 30.11.1842 (GStA PK, I.HA Rep.120, C XIII 18 Nr.1, Bd.1).Published in Stoecker 1958: 267–269.
⑦ Pro Memoria, einzuleitende Handelsverbindungen mit China betreffend, 4.2.1843 (GStA PK, I.HA Rep.120, C XIII 18 Nr.1 Bd.2).
⑧ Wilhelm Oswald had renamend himself to make his name seem more English.

华公司，并配备多艘船只进行探索。①

前景似乎一片大好，德国的兴趣也很大——主要是普鲁士和德意志北部王国。对普鲁士的希望可能与另一希望有关，即普王腓特烈·威廉四世继位后将实施新政，也明确表示他们志在推动王国发展，开辟新道路。普鲁士邦国却比较勉强，因为面临的障碍太多，普鲁士"缺少港口，缺少舰队，缺少资本和商业精神，无法采取这些激进的措施"②。普鲁士贸易公司及其董事罗特尔也不是很愿意参与这次热火朝天的集体行动。根据以往的经验，他们知道只要普鲁士的布料不得不面对英格兰产品的有力竞争，那么中国开放几个口岸根本没什么意义③。罗特尔在报告中称，因为西里西亚的产品质量不好，普鲁士贸易公司一直未能盈利④。

无论怀疑也好，热衷也好，德意志政府和商人有一点达成了共识：需要了解更多的信息。1843年，德意志的几个州派遣观察员到中国了解新的贸易环境，特别是调查是否需要单独签署条约，设置领事馆⑤。同样，普鲁士外交部也已经找到了一个能力出众、诚实可靠的传教士卡尔·郭士立⑥，作为成本低廉的信息来源。但是，跨越大洲大洋通信的方式明显是不够的。外交部长和财政部长都认为中国开放五个通商口岸是19世纪最重要的事件之一，对全球贸易的意义极为重大。他们决定派遣代表到中国开拓市场。他们的人选是腓特烈·威廉·格鲁贝，来自杜塞尔多夫的一位官员。格鲁贝熟悉普鲁士的工商业，有在美洲工作的国际经验，也可以承担这一任务⑦。

格鲁贝带着为普鲁士工业考察的使命出发了，同时还带着产品样本、购买中国商品的资金和商业参赞的头衔。他于1844年到达中国，在郭士立的协助下开始了对华南诸港口的考察。1844年6月，他接连考察了上海、宁波和厦门。在途中，他身患疾病，先被送到马尼拉，之后又到爪哇疗养。1845年6月他在巴达维亚附近病逝⑧。对于普鲁士在中国市场的前景，他持悲观态度。和罗特尔一样，他认为德国的

---

① William O' Swald to Finanzminister Ernst von Bodelschwingh, 13.2.1843（GStA PK, I.HA Rep.120, C XIII 18 Nr.1 Bd.1）.See also Yü 1981: 33f.
② Kaiser-Wilhelm-Dank 1911: 841.
③ Vogel 1988: 274.
④ Meuß 1913: 46 und Eberstein 2007: 102.
⑤ Bartsch 1956: 31.
⑥ Bickers 2011: 84.
⑦ Bülow and Bodelschwingh to King Friedrich Wilhelm IV., 16.3.1843（GStA PK, I.HA Rep.120, C XIII 18 Nr.1 Bd.1）.
⑧ See Eberstein 2007: 102–105.

商品有质量问题①，在报告中称德国不得不放弃从在华贸易中获利的高预期②。格鲁贝的观点可能受两件事的影响：一是他个人在途中患病；二是作为官方特使他的配备太寒碜，比如厦门的官员对他的到来表示欢迎，但是很难理解他作为官方特使竟然单独一人乘坐他国船只旅行③。

虽然格鲁贝对贸易前景的判断没有提高德国的预期，但是德国财政部从他的信件中总结的报告却提供了非常坚实的信息基础。他的信件内容包括航运、关税、货币和度量衡，也描述了贸易细节。对于普鲁士和德意志的出口商品，他建议精心挑选商品，以避免损失。他还认为暂时不需要领事，因为美国领事一般都愿意帮助普鲁士公民，而且即便没有双方公约，中国官员一般也都非常热心和友好④。持怀疑态度的并非只有格鲁贝一人，比如奥地利商人埃里克森，他作为特里斯特的特使考察之后提出明确警告，"不应对中国的财富和贸易机会抱有错误的幻想"⑤。

除了政府层面，德国的企业和商人也自发地加入了对华贸易的队伍。他们的数量增长很快，1845年时共有64家德国公司在东亚有着活跃的贸易行为⑥。但是，尽管1844年汉堡和不莱梅在中国贸易出口统计中排到了第五名，汉堡商人特奥多尔·约翰斯在1845年在向他的父亲汇报时仍然认为德国在广州的贸易并不值得关注⑦。不过，到了1846年，在华的德国商人就达到了足够大的数量，已经能够向普鲁士政府写公开信，信件还被刊登在汉堡最重要的报纸《哈雷交易所》（*Börsen-Halle*）上⑧。他们写道，德国人自1842年开始就以商人或其他国家商贸公司雇员的身份在中国活动，但是很不幸一直没有中国承认的德国代表机构对他们予以保护。一旦发生沉船、抢劫或盗窃等事故，他们很难获得赔偿。他们希望能设置德国领事馆，但是不应只代表某个德意志邦国，而是应该代表整个德意志联邦，可以通过关税联盟的形式实现，否则中国很难将德国视为重要的贸易对象国。

但是，德国本土却对类似的想法持非常谨慎的态度。1842年普鲁士政府对此事

---

① See Eberstein 2007：183.
② Ibidem：110.
③ Ibidem：173.
④ Compiled Report by Grube，October 1845（GStA PK，I.HA Rep.151，III Nr.7681）.
⑤ Wätjen 1923：2.
⑥ Schramm 1949：349ff.
⑦ Wätjen 1923：10.
⑧ *Börsen-Halle.Hamburgische Abendzeitung für Handel，Schiffahrt und Politik*，31.October 1846.The article was immediately brought to the attention of the Prussian Foreign Ministry（GStA PK，III.HA II，Nr.722）.

尚无热情，收到格鲁贝关于中国港口的报告之后变得更加排斥。不莱梅和汉堡等汉萨联盟的城市也持类似观点，原因却不同：他们认为设置领事馆的成本太高[1]。德意志联邦统一设置领事馆的想法在 1847 年发展成为一个关税联盟，但是似乎很快就被束之高阁，主要是因为南部德意志邦国对海外投资毫无兴趣[2]。

德意志的第一个领事馆最终得以设立要归功于一个人的坚持和主动，他就是理查德·冯·卡洛维茨。19 世纪 40 年代初，他受萨克森的哈尔考特公司派遣来到中国，并签署了 1846 年的公开信。在此期间，他一直试图劝说萨克森政府派遣一名领事到广州，并在 1846 年末建议普鲁士和萨克森共同设立领事馆——由他担任领事[3]。普鲁士和萨克森当局向郭士立咨询了他对领事馆一事的看法[4]，然后做出了支持卡洛维茨的决定。卡洛维茨被任命为名誉领事，但是没有薪资[5]。根据郭士立提供的信息，只需要一封任命信就足矣，因此 1847 年 8 月普鲁士外交部部长冯·卡尼兹写了德意志第一封直接寄给中国皇帝的信件。信中说，新的领事将亲自面见中国当局人士，德意志希望他能够像其他国家的代表一样受到平等的待遇[6]。1847 年 11 月，德意志收到了回复：两广总督耆英给卡尼兹的回信中写道，"既然贵国愿远渡重洋与中国通商，并已任命了广州领事，中国将给予相应的权利，使其能够像其他国家的领事一样完成领事之职责"[7]。

第一份不平等条约之前

面对《南京条约》之后各方积极提出的各种建议，虽然普鲁士政府一直排斥，但是接下来十年的局势发生了巨大的变化。变化的基础在 1848 年欧洲大革命时已经奠定了。革命人士及法兰克福议会的成员和德国中产阶级的大多数人一样，对最终在欧洲之外建立殖民地、派遣德国舰队和行使强权持乐观态度。和丹麦的战争以及对德国海岸线的封锁促成了第一支德国联邦舰队的建立，也引发人们热烈地讨论德

---

[1] Bartsch 1956：35.Hamburg had established a first merchant consulate in Canton in 1829 under the condition that it would not cost anything. There were no activities to speak of and was closed in 1843.Eberstein 1988：62–68.
[2] See GStA PK, I.HA Rep.151, III Nr.6154.
[3] Carlowitz to the Prussian Foreign Ministry, 27.9.1846（GStA PK, III.HA, II Nr.722）.
[4] Gützlaff to Friedrich Wilhelm IV., 28.10.1846（GStA PK, III.HA, II Nr.722）.
[5] Canitz and Bodelschwingh to Friedrich Wilhelm IV., 14.1.1847（GStA PK, III.HA, II Nr.722）.
[6] Canitz to the Daoguang-Emperor, 2.8.1847（GStA PK, III.HA, II Nr.722）.
[7] Qiying to Canitz, 29.11.1847（GStA PK, III.HA, II Nr.722）.

国的海上力量和可能采取行动的区域。

早在1847年发布的一份备忘录就敦促普鲁士国王根据普鲁士广泛的利益建立一支海军，抢占殖民地以应对人口过剩和贫困问题①。普鲁士皇室成员之一的阿达尔贝特亲王设想了几种前景，其中两个需要在世界范围内展示普鲁士的军舰②。著名作曲家理查德·瓦格纳1848年6月在德累斯顿做了一个演讲，以更加清晰的方式表达了这一需求：为了传播文明，德国应该向海外派遣军舰，"在各地为年轻的德国建立基地"，"让德国的自由仁慈之光温暖和教化哥萨克人、法兰西人、布西曼人和中国人"。③在这个时期，人们谈论殖民地和海上权利并不是要获得世界霸权，而是要促进德国的发展并为离开欧洲的德国移民建立栖身之所。这些词语在19世纪晚期意味着有侵略性的帝国主义，但是在19世纪中期仍然只是进步的象征。

于是，从1848年开始德国看待中国的方式发生了重要的改变，德国开始以海外为导向，视野之广绝非此前的空想殖民者可比。随着联邦海军和普鲁士海军的建立，扩张的工具也逐渐到位。格鲁贝初次访问中国时，普鲁士既没有意愿也没有途径向中国的海域派遣战舰，从19世纪50年代开始局势和前十年相比发生了巨大变化。

德国的贸易也是如此。商业活动伴随德国的海上运输一同增加，1849年废除《英国海洋条例》之后尤其明显④。德国的船只，特别是来自汉萨同盟和北德意志邦国的船只，加入了欧洲和东亚之间的商业活动，在亚洲内部的贸易中发挥着越来越重要的作用。1858年，进出中国港口的1440艘外国船只中有180艘来自德国，其中一半来自汉堡⑤。对于中德之间的贸易，很难查到确切的数字，因为借道香港或伦敦运输的货物不算作中国或德国商品，以此方式运输的中国或德国商品会被算作英国商品。德国对在华贸易兴趣的增长从不断增加的领事馆数量上可见一斑——19世纪50年代每一个有航海业的德意志邦国都在中国设立了领事馆⑥。

东亚地区的局势也发生了变化。1853—1854年，一支美国小舰队强行打开了日

---

① Oelsnitz 1847.See also Gründer 1999：42-44.
② Preußen 1848：22.In the same sense wrote Niebuhr 1848.
③ Gründer 1999：51.
④ Stoecker 1958：44.
⑤ Eberstein 1988：33.
⑥ Saxonia was an exception, as otherwise only German states with access to the coast showed any interest in oversea's trade...Manke 2006：124-125.Vgl.auch Hesse 1987：39-41；Eberspächer 2001：98-100；Eberstein 1988：62ff.und Glade 1966：42-49.

本的国门之后，普鲁士海军部开始考虑向日本以及中国派遣远征军[1]。在华的德国人响应了这一需求，因此同一年卡洛维茨开始要求向中国海域派遣普鲁士－德意志战舰[2]，并在接下来的几年间多次表达类似请求：德国在中国的利益必须得到德国战舰的保护[3]。1858年时普鲁士开始不得不面临当时两国关系带来的限制：1857年，挂着奥尔登堡大公国旗帜的"德克萨斯"号商船从宁波航行至厦门的途中遭遇风暴，不得不弃船。船员被一艘中国舢板船救起，但是很快也在海边沉没。海边的居民抢走了中德两国船员的所有财物[4]。奥尔登堡政府向普鲁士寻求外交援助，以期获得赔偿并最终惩罚肇事者——普鲁士已在1853年的《亚德条约》中同意保护奥尔登堡的船只航行。但是，普鲁士也无能为力，只能让卡洛维茨进行调查，并请求英国政府的协助。可是，英国在第二次鸦片战争期间有其他顾虑，实在没有理由代表奥尔登堡行事，于是"德克萨斯"号事件只能不了了之。[5]

在这一阶段，德国人开始跳出旧体制的范围进行思考，虽然这个体制让他们从第一次鸦片战争之后就开始获利。从19世纪50年代开始，卡洛维茨就一直请求向中国海域派驻战舰，并在1857年12月开始准备缔结独有的条约——普鲁士代表所有德意志邦国缔结的条约。他希望英国、法国和中国之间的和平谈判能够带来新的通商口岸和盈利机会，但是这一次德国要确保自己能够从中获利[6]。卡洛维茨并不是唯一持有此想法的人，一个年轻的德国商人同时写道："为什么德国不能和中国缔结商业条约？只需要几艘装备齐全的战舰和几个士兵就足够了。"[7] 很快，这就成了普鲁士政府的官方观点。

1859年，普鲁士决定派遣一个使团和海军舰队到东亚与中国、日本和暹罗缔结条约[8]。这一决定包含几个层面：第一个是全球层面，普鲁士想加入东亚的条约强权国行列，成为超过欧洲范围的国际大国；第二个是欧洲层面，普鲁士希望恢复自己在克里米亚战争及之前受到挑战的欧洲列强地位；第三个是德国层面，长期以来，

---

[1] Prussian Admirality to the Prime Minister von Manteuffel, 2.11.1853（BArch RM 1/2336）.
[2] Eberspächer 2004：58.
[3] Manteuffel to the Admirality, 13.3.1855；attached is Carlowitz' report from Leipzig, 8.3.1855（BArch RM 1/2336）.
[4] Eberspächer 2001：93-95.
[5] Ibidem：101-106.
[6] Carlowitz to the Prussian Foreign Ministry, 10.12.1857（GStA PK, III.HA, I Nr.7995）.
[7] Wilzer 1931：358.
[8] A standard work on the Eulenburg-Expedition is still lacking. The most recent article is by Steen（2014）, mainly concentrating on negotiations in Tianjin.

普鲁士一直在德意志邦国中位列第二，在诺瓦拉战役之中奥地利展示了在全球范围内代表德意志的野心。在东亚远征中，普鲁士一马当先，在历史上首次代表当时人们所称的非奥地利的德意志。

在这次远征中，具有全球导向的两个过程相遇了，一方是德国，一方是中国。中国在西方的影响之下被迫面向世界，普鲁士－德意志则是以发展为动力，这个动力驱使德国做出选择：是继续做一个欧洲强国，还是将野心扩展到全球范围。对两个国家来说，最紧张的阶段即将到来：对中国而言，19 世纪中期仍然处在了解西方的阶段，从第二次鸦片战争和同治中兴之后正式开始了学习西方的阶段；对德国而言，俾斯麦成为普鲁士首相以及统一战争最终建立统一的德意志帝国之后，德国很快就踏上了成为全球性西方强国的道路。

［培高德，德国杜塞尔多夫孔子学院院长。高秀平，北京外国语大学英语学院博士生，北京语言大学讲师］

"科学"的建立

——评沈国威新著《严复与科学》

李雪涛

近年中文世界有关概念史、词汇史的研究取得了很多新的成就。日本关西大学沈国威教授的新著《严复与科学》，可谓词汇史方面的一部力作。沈教授曾因《近代中日词汇交流研究——汉字新词的创制、容受与共享》（北京：中华书局，2010年）一书，确立了在近代汉字词汇研究方面的地位。

沈国威以近代词汇史为专业领域，此次从严复（1854—1921年）的译词入手，深入地分析了严复的"科学"及相关概念的接受和使用，梳理了严复的科学思想的脉络。可以说这是迄今为止的严复研究中，罕见地立足于文本分析的基础上，言之有据的严复研究。

"科学"是"和制汉语"，即日本创造的汉字新词。沈教授的研究从词源上基本廓清了"科学"一词由产生到传入汉语的来龙去脉，为今后的近代词汇研究、辞典编纂打下了坚实可信的基础。在做好词语方面的准备工作后，作者以词为线索对严复的科学思想进行了分析。作者把这一方法命名为"关键词读书法"。所谓关键词读书法，即在特定的文本群内对表示某一核心概念的词语进行追踪、梳理，由此解读作者（或译者）命名之意图、理解之变迁及表达上的特色。具体做法是，从严复的译作、著述中找出所有表达science意义的词语，按照时间顺序排列成表；如果是译文，再找出原文相对应的部分，然后进行整理分析。这一做法，可谓是追本溯源，清楚地梳理出了与science一词相对应的汉语词汇的创制过程。

严复与英国经验哲学，特别是与培根（Francis Bacon，1561—1626年）的关系可谓本书最大的贡献，本书作者并在此基础之上对他们之间的关系进行了考察。近百年来的严复研究，这是第一次廓清了培根对严复影响的研究。沈国威指出严复在《天演论》中以"道每下而愈况，虽在至微，尽其性而万物之性尽，穷其理而万物之理穷"开篇，这段话在赫胥黎（Thomas Huxley，1825—1895年）的原著中并不存在，这实际上是严复演绎培根的"凡为真宰之所笃生，斯为吾人之所应讲"的科学无形上、形下之分的思想。关于严复的科学思想，以往的研究者都强调了富强的问题。作者却根据严谨的文本分析指出，严复认为科学的功用是对心智和思维方式的训练，通过对不同学科的学习，可以克服培根所说的假象，亦能够避免斯宾塞（Herbert Spencer，1820—1903年）所说的偏见（bias）。严复说"群学是一切科学之汇归"，数理化各科的学习都是为"群学"所做的准备。由此我们也可以看出严复的"群学"内涵远远超过了现在的社会学。严复说"唯群学明而后知治乱盛衰之故，而能有修齐治平之功"。沈国威指出：严复意图的是以形下之学为导向的"修齐治平"；培根的经验哲学和中国古圣贤的《大学》融合在一起，构成了严复的科学观。

本书尽管是一本词汇史方面的专著，其意义却非同凡响，我认为它为严复研究指明了一个全新的路径。以往研究严复思想的学者常常孤立地对严复的译著进行文本或词汇分析，而研究严复翻译的学者却对严复的时文重视不够。正确的研究不是对严复话语的断章取义，而是沿着时间轴的梳理和横贯东西中外的把握。

作为一本讨论语言接触、词汇交流的著作，沈国威将严复译著中的词汇问题放在中国近代史乃至近代欧亚知识迁移史的大背景下去分析。作者以词汇史家的坚实手法，考证了science如何成为"科学"的历程。不仅如此，作者还阐明了严复贯之以一的科学思想的根源：培根。以此视角重新解读严复，我们可以发现，历史学可以通过时代关键词的形成而看到时代的脉动，严复与"科学"同时也揭示了时代的特征。沈国威在本书中所展示的方法论，对近代概念史、严复研究都极具启示。

［沈国威：《严复与科学》，凤凰出版社，2017年］

全球史视野下的历史学研究

杨 钊

全球史观念自1963年威廉·H.麦克尼尔在《西方的兴起》一书中提出以来，逐渐得到了国际史学界的认可与接受。全球史研究不仅成为一个新兴的学术领域，而且成为一种新的研究方法，对很多原有的史学领域产生了重要影响。在全球化风起云涌的时代，以民族国家为框架来书写和研究的传统史学受到很大的冲击与挑战，暴露出越来越多的弊端与不足，根本无法适应时代的需要。在这种情况之下，许多史学研究领域开始吸收全球史研究的视角和方法来重新审视原来的研究课题，并且出现了众多新的学术增长点。

著名的意大利历史学家贝奈戴托·克罗齐（Benedetto Croce，1866—1952年）指出，"一切真历史都是当代史"。在深度融入全球化的今天，中国人对全球化进程有着越来越多的现实关切。反映到历史学领域中，就是学者们更加注重运用全球史的视野和方法来进行研究，全球史成为中国史学界近两年的一个重要学术热点。2017年，一大批运用全球史研究方法，或者具有全球史视野的史学研究著作得以出版，既有像《麦克尼尔全球史：从史前到21世纪的人类网络》《全球分裂：第三世界的历史进程》《全球史纲：人类历史的谱系》这样贯通各个时段的通史类著作，也有像《现代世界的起源：全球的、环境的述说，15—21世纪》《太阳底下的新鲜事：20世纪人与环境的全球互动》《1916：全球史》这样聚焦某个主题、时段或年份的全球史著作，还有像《火枪与账簿——早期经济全球化时代的中国与东亚世界》《世界历史上的蒙古征服》《为中国寻找现代之路：中国留学生在美国（1900—1927）》这样具有全球史视野或者运用全球史研究方法的专题性研究著作。整个中国史学界对全球史的译介与研究呈现出一派方兴未艾的繁荣景象。

贯通各个时段的全球史通史类著作

近年最为引人瞩目的全球史通史类著作当属威廉·H. 麦克尼尔（William H. McNeill，1917—2016年）和约翰·R. 麦克尼尔（John R. McNeill，1954—　）父子撰写的《麦克尼尔全球史：从史前到21世纪的人类网络》。该书原名《人类之网：鸟瞰世界历史》（*The Human Web：A Bird's-Eye View of World History*），这一版的中译本将其明确用"全球史"来命名，反映了全球史研究在中国当今史学界的热门程度。

作者在导论中明确指出，"在人类历史上处于中心位置的，是各种相互交往的网络"。也就是说，作者把"网络"作为书写全球历史的一个核心概念，并用它作为统摄全书的解释框架。在作者看来，网络"就是把人们彼此连接在一起的一系列的关系"，"塑造人类历史的，正是这些信息、事物、发明的交换与传播，以及人类对此所做出的各种反应"。[①]

作者认为，语言的发展使人类远古的祖先们通过相互之间的交谈、信息和物品的交换，在狭小的群体中形成了社会，然后不同的群体之间通过暂时性和偶然性的交往，形成了一种非常松散、非常遥远、非常古老的第一个世界性网络（the first worldwide web）。到距今12000年左右的时候，农业文明出现，各种新型的较为紧密的地方性和地域性网络形成，它们通常集中在适于定居生活的地区。大约在6000年前，各地的城市发展起来，使那些地方性网络演变成了各种都市网络（metropolitan webs）。大约在2000年前，各种小的都市网络逐渐合并，形成了最大的旧大陆网络体系（The Old World Web），它囊括了整个欧亚大陆和北非地区。地理大发现之后，世界上各个都市网络终于连接成了一个唯一的世界性（Cosmopolitan）的网络。从此之后，随着电子技术的飞速发展，人类越发成为整个全球性网络不可分割的一部分。作者认为，"这些相互交往和相互影响的人类网络的发展历程则构成了人类历史的总体框架"。[②]

《麦克尼尔全球史：从史前到21世纪的人类网络》这部通史类著作无论是从谋篇布局，还是从解释框架上，都给人耳目一新的感觉。传统的世界史或文明史著作

[①] 约翰·R. 麦克尼尔、威廉·H. 麦克尼尔著，王晋新等译：《麦克尼尔全球史：从史前到21世纪的人类网络》，北京：北京大学出版社，2017年，第1—2页。

[②] 同上，第4页。

虽然也会讲到国家之间、地区之间甚至文明之间的交流、互动和冲突，但要么是各个国家、地区或者文明历史的拼盘，要么就是对重大历史事件的铺陈与描述。麦克尼尔父子的这部著作则彻底打破了传统通史类著作的叙事模式，用世界上各种"网络"的形成与演变，以及其中所蕴含的合作与竞争作为历史发展的主线。书中不再出现世界主要文明和大国内部的历史演进，也不再充斥着地理大发现、文艺复兴、宗教改革、启蒙运动、法国大革命、工业革命这些大家耳熟能详的历史事件，取而代之的是贸易、交通、疾病传播、物种交换、宗教扩散等能够反映人类交往与互动的活动。这种真正从全球的视野来"鸟瞰"历史的叙事方式，将给习惯于阅读传统世界通史类著作的中国读者以极大的冲击，使其能够真正领略全球史研究方法的魅力。

与麦克尼尔父子相比，中国读者更为熟知的一位全球史大家恐怕就是斯塔夫里阿诺斯（L. S. Stavrianos，1913—2004年）。他所撰写的《全球通史》共出了七版，风靡全世界。该书在中国也被多次重译、重印，不仅成为许多大学世界史课程的必读书目，而且在普通公众之中也拥有众多读者，许多国人就是通过这本书来认识外部世界的。2017年，斯塔夫里阿诺斯的另两部全球史著作《全球分裂：第三世界的历史进程》（后简称《全球分裂》）、《全球史纲：人类历史的谱系》（后简称《全球史纲》）由北京大学出版社出版，使大家对他的全球史观有了更为全面的了解。

《全球分裂》书写了一部第三世界国家发展历程的全球史。作者在该书的导言中对"第三世界"一词做出了自己的界定，他更多的是从经济的内涵上来使用这个概念的，主要指"那些在不平等的条件下参与最终形成全球性市场经济的国家或地区"，包括"整个拉丁美洲，除南非以外的整个非洲，除日本、以色列以外的整个亚洲"。[①] 作者借用了著名经济学家约瑟夫·熊彼特（Joseph Schumpeter，1883—1950年）的经济发展理论，认为第三世界国家处于外缘地区，它的经济是宗主国经济的附庸或补充，并且只能在这种依附和从属关系所限定的范围内起作用，这种经济增长并不是真正的经济发展。作者指出，第三世界是一组"占据支配地位的宗主国中心与处于依附地位的外缘地区之间的一种不平等关系"[②]。《全球分裂》一书的主体部分就是从全球史的视野来描述这种不平等关系的演进过程。第一个阶段是1400年至1770年，宗主国中心是商业资本主义形态，通过特许状和垄断权对南北美洲进行殖民活动。

---

① L.S. 斯塔夫里阿诺斯著，王红生等译：《全球分裂：第三世界的历史进程》，北京：北京大学出版社，2017年，第22、25页。

② 同上，第30页。

第二个阶段是 1770 年至 1870 年，宗主国中心演变为工业资本主义，主要通过国际自由贸易来占领市场，不再热衷于直接攫取殖民地。第三个阶段是 1870 年至 1914 年，垄断资本主义成为宗主国的主要经济形态，宗主国之间的冲突和社会达尔文主义思潮导致了欧洲列强瓜分殖民地的狂潮，第三世界真正成为一个全球性体系。第四个阶段是 1914 年至 20 世纪末，宗主国面对内部的矛盾冲突和第三世界的两波革命浪潮，逐渐采取守势，放弃了对世界性帝国的政治统治，转而通过新殖民主义的方式保持对原殖民地领土直接或间接的经济控制。

《全球分裂》是一部不可多得的系统论述第三世界历史的通史类巨著。作者斯塔夫里阿诺斯没有把目光局限在第三世界本身，而是通过把世界划分成中心地区和外缘地区，并描述二者之间不平等关系的历史来展开自己的论述。他的这部用全球史的视野来看待第三世界历史的著作，还借鉴了相当多的社会科学理论，比如熊彼特的经济发展理论、萨米尔·阿明（Samir Amin, 1931—　）和贡德·弗兰克（Gunder Frank, 1929—　）的依附论、伊曼努尔·沃勒斯坦（Immanuel Wallerstein, 1930—　）的世界体系论等，拥有非常丰富的理论工具和解释框架。此外，作者写作本书的现实关怀也是具有全球性的。他认为第三世界的许多问题，比如失业、农民破产、贫困、政治犯、文化帝国主义等，在第一世界也都不同程度地存在，而且二者的分界线在逐渐模糊，都将遵从全球性市场经济的指令，因此所有人都需要有"一种共同的认识"。

《全球史纲》原名《源自我们过去的生命线：新世界史》（*Lifelines from Our Past: A New World History*），是斯塔夫里阿诺斯的收官之作，对作者自己多年来坚持的全球史观进行了系统的总结。作者在全书的导言中回顾了自己从事历史研究的心路历程，指出自己研究历史"不是为了装点文化，而是把它当作理解社会的工具"。面对二战之后席卷全球的殖民地革命浪潮，他对长期统治美国学术界的西方中心论思想非常不满，于是放弃了自己最为擅长的巴尔干历史研究，转而开始探索世界历史的教学与研究。在他看来，"世界历史并非国别史或区域史的总和，而且也不能仅被视为国别史或区域史的总和，而是必须涵盖包括世界历史各个组成部分在内的一个全新的整体"。根据这样一种历史观，作者认为一部世界历史应当以人类社会的出现作为起点。他把整个人类历史按照社会性质的不同分成三类：氏族社会（前 3500 年以前）、朝贡社会（前 3500—1500 年）和资本主义社会（1500 年至今），然后从生态、两性关系、社会关系和战争这四个维度来分析上述三种社会制度。之所以选择这四个维度，是因为"它们涵盖了与当下直接相关的人类经历当中最为广泛的领域，从而可以将我们的过去与我们现在面临的全球性危机最大限度地联系起来"[①]。

《全球史纲》在结构和思路上都非常具有特色，不仅不同于传统的世界史著作，甚至与作者的代表作《全球通史》也有很大的区别。斯塔夫里阿诺斯用极短的篇幅来概括全球历史，大胆舍弃了相当多传统通史著作中出现的重大事件与重大课题，而取舍的标准就是是否对人类当下的境况有启发性的意义。《全球史纲》形成了历史与现实之间的对话，充满了作者强烈的现实关怀。他认为每个时代的历史叙述都要能够反映那个时代的特定需要，回答时代提出的新的问题，都是一种"应时之作"，因为历史学的功用不仅仅是罗列史实和积累史料，更要积极地根据时代需要来阐释历史。在全球化浪潮席卷世界的时代，作者认为必须要从一个新的全球视角，而不是西方中心的视角来观察人类历史，只有这样才能反映时代的新情况和新需求。《全球史纲》集中呈现了作者多年从事全球史研究所形成的思考，是系统了解他的全球史观的必读之作。

聚焦某个主题、时段或年份的全球史著作

全球史作为一种全新的历史撰述方式，不仅应用于贯通古今的通史类著作，也应用在一些集中探讨某个主题、时段或年份的历史著述中。

马立博（Robert Marks）的《现代世界的起源：全球的、环境的述说，15—21世纪》（后简称《现代世界的起源》）从全球和环境的视角重新探讨现代世界的起源，提供了一幅与"西方的兴起"颇为不同的历史画面。传统西方中心论的历史解释认为，欧洲人由于在文化价值、环境因素、技术因素、政治－军事因素、人口因素等方面具有特殊性，率先实现了工业化，并且建立了民族国家，然后向世界其他地区扩散"现代性"。马立博则对这种历史解释提出了质疑，认为它遮蔽了亚洲长期是世界中心的事实，他所做的工作就是让"原画再现"。作者是从事中国环境史出身的学者，而且任教于美国南加利福尼亚惠蒂尔学院，深受彭慕兰（Kenneth Pomeranz, 1958—　）、贡德·弗兰克为代表的加州学派学术成果的影响，对以中国和印度为代表的亚洲因素极为重视和关注，以此来平衡以欧洲为中心的历史叙事。马立博还

[①] L.S. 斯塔夫里阿诺斯著，张善鹏译：《全球史纲：人类历史的谱系》，北京：北京大学出版社，2017年，第4、6、10页。

以整个世界作为研究的单位，而不是具体的国家或区域，把像工业革命这样的重大历史事件放到全球的语境中进行考察，强调偶合（conjuncture）的重要性，即"世界不同地区因各自具体情况而发生的事件随之产生了全球性的重要作用"①。另外，作者非常强调环境因素对历史发展的重要性，比如17世纪波及世界大部分地区的"小冰河期"导致的经济危机对世界历史发展的影响，森林采伐对能源的消耗促使农业经济向化石燃料工业经济的转化，20世纪人类制造出了超出限制的氮使世界人口猛增等。这些特点使《现代世界的起源》一书给人耳目一新的感觉，成为一部挑战"西方中心论"历史叙事的力作。

在《现代世界的起源》第三版的序言中，马立博特别提到了环境史学家约翰·R.麦克尼尔的著作《太阳底下的新鲜事：20世纪人与环境的全球互动》一书对他启发很大，使其在叙述中融入了生态主题。②研究环境的变迁以及人与环境互动的历史，本身就是全球史研究中的一个重要领域，尤其是随着环境问题日益成为困扰全球的难题，对全球环境史的研究成为史学界一个新的学术热点。20世纪是地球环境变迁强度最大的一个世纪，而人为因素对环境变迁的影响又异乎寻常地大，因此作者就把关注的目光投向这个充满怪象的"挥霍世纪"，书写了一部这个世纪的全球环境史。麦克尼尔在书中关注的重点是环境的变迁，尤其是由人类所造成的环境变迁。该书写于21世纪初，在众多回望20世纪历史的著作中，麦克尼尔的环境史视角给读者呈现了一幅非常不同的20世纪历史图景。他认为，环境变迁的"重要性甚至超越第二次世界大战、共产主义运动、识字率上升、民主运动或女性解放运动"，"变迁的规模与强度之大，让许多在过去千年仅限于地方性的问题，成了全球共同关注的焦点"。③作者在书的前半部分从岩石圈与土壤圈、大气圈、水文圈、生物圈这四种地球的主要组成部分出发，细致梳理了20世纪全球环境变迁的经过，然后在书的后半部分从人口与城市化，能源、科技与经济学，以及观念与政治这三个方面勾勒出20世纪环境变迁与人为因素的互动与关联。这部全新的环境史著作完全突破了传统历史学著作的结构与思路，从全球的视野呈现20世纪人类与环境的复杂互动，使读者对20世纪全球历史的理解增加了非常重要的环境维度。

---

① 马立博著，夏继果译：《现代世界的起源：全球的、环境的述说，15—21世纪》（第三版），北京：商务印书馆，2017年，第17页。
② 同上，第1页。
③ 约翰·R.麦克尼尔著，李芬芳译：《太阳底下的新鲜事：20世纪人与环境的全球互动》，北京：中信出版集团，2017年，第1、2页。

基斯·杰弗里（Keith Jeffery，1952—2016年）的《1916：全球史》将关注的目光投向1916年这个一战中的关键年份，书写了这一年的全球战争史，是一部独具特色的全球史著作。对于一战的历史，国际史学界传统上持一种欧洲中心论的观点，把关注的重点放在欧洲战场和英德矛盾方面，认为这场大战基本上是一场欧洲战争。2014年是一战爆发一百周年，国际学术界出版了一大批纪念一战的历史著作，出现了一战史研究的"全球转向"。国内读者较为熟悉的香港大学历史系徐国琦教授近年先后出版了《中国与大战：寻求新的国家认同与国际化》《一战中的华工》《亚洲与大战》等国际史著作，强调中国与亚洲在一战中所发挥的重要作用，是这一史学潮流的重要代表。[1] 杰弗里的这部著作以"全球史"命名，表明它也深受这一学术转向的影响，重视一战的全球意义。作者在序言中指出，"我写作这本书的目的是要将1916年各月所发生的标志性事件作为一系列线索交织起来；通过这些线索，将战争经历惊人的范围性、多样性和相关性一起表现出来"[2]。杰弗里按照时间顺序，利用大量的一手史料和研究著作，既讲述了广为人知的加里波利登陆战、凡尔登战役、伊松佐河战役、日德兰海战、布鲁西洛夫突破、索姆河战役，也介绍了大家不那么熟悉的都柏林复活节起义、俄属中亚的叛乱、德属东非的莫罗戈罗争夺战、东地中海与巴尔干地区的战斗，还梳理了1916年的美国总统大选、沙皇宠臣拉斯普京谋杀案等政治事件，范围涵盖了西欧、东欧、中亚、非洲、巴尔干、中东、中国、印度、美国等世界上几乎所有的重要地区，内容包括了战争、起义、选举和政变，真正从全球的角度立体地展现了1916年一战的全貌。作者的这种撰述方式，本身就表明他认同一战是一场全球战争，是真正的世界大战。此外，作者也呼应了一战史研究的"帝国转向"，认为1916年是欧洲几大帝国危机的开始，这一年发生的诸多事件最终导致了几大帝国在战后的崩溃，从而奠定了全球新的政治格局。

具有全球史视野的专题性研究著作

全球史作为当今史学界一个重要的学术增长点，已经不仅是一种新的历史编撰方式，而且成为一种重要的研究方法应用到具体的史学研究之中。近年，一些专治

---

[1] 徐国琦著，马建标译：《中国与大战：寻求新的国家认同与国际化》，上海：上海三联书店，2008年；徐国琦著，潘星译：《一战中的华工》，上海：上海人民出版社，2014年；Xu Guoqi, *Asia and the Great War：A Shared History*, Oxford University Press，2016。

[2] 基斯·杰弗里著，徐添译：《1916：全球史》，海口：海南出版社，2017年，第3页。

中国史的学者纷纷开始尝试使用全球史的研究视野和研究方法，产生了许多新颖的课题与领域。2017年出版了一批这样的专题性研究著作。

李伯重（1949—　）教授的《火枪与账簿——早期经济全球化时代的中国与东亚世界》是他在复旦大学"光华人文杰出学者讲座"五讲内容的基础上写作成书的。作者自己对该书的定位是，"这是一本体现国际学术新潮流、面向社会大众的全球史研究著作"[①]。他认为15—17世纪中期，中国和世界历史出现了一个"大变局"，也就是经济全球化大潮开始出现。这个早期的经济全球化充斥着新型暴力和商业利益，作者形象地用"火枪和账簿"来概括其特点，"其含义是这个时期蓬勃发展的国际贸易与暴力有着程度不等的联系。为了追求更大的利益，各种利益主体在相互交往中往往运用暴力"[②]。这一时期东亚地区之所以没有建立稳定的秩序，而是受到"丛林法则"的支配，其中一个很重要的原因就是当时的明朝政府未能充分认清变化了的国际贸易新形势，不仅没有在建立东亚新秩序的过程中贡献力量，反而应对不力，导致了王朝的灭亡。但作者并没有简单地对明朝政府进行指责，而是将视野扩展到全球来看待这一问题。作者发现，晚明中国没有成功应对新的国际形势并非偶然和个案，17世纪的大多数国家都是如此。中国的危机其实是"17世纪总危机"的组成部分。在当时的欧洲和日本，政治、经济、宗教、外交等各方面的危机集中爆发，少数国家如荷兰、英国等成功渡过了危机，逐步走上了现代化的道路，而西班牙、葡萄牙等大多数国家都受到危机的沉重打击，逐渐在国际竞争中处于不利的地位。作者没有将视野局限在中国历史本身，而是从经济全球化和"17世纪总危机"的全球史角度，重新审视明清易代和中国近代为何落后于西方的传统问题，提出了很多新颖而富有启发性的见解，使相关领域的研究焕发了新的生机。

元史是中国史学科中非常特殊的一个研究领域，由于蒙古帝国横跨欧亚大陆，对它的研究很难局限在中国本身，而必须具有跨国史和全球史的视野。近年，随着"内亚视角"成为当下中国历史研究的热词，学者们对蒙古帝国及其世界影响的关注也越来越多。美国北乔治亚大学梅天穆（Timothy May）教授的《世界历史上的蒙古征服》就是集中探讨蒙古帝国的世界史意义这一重大问题的。他认为，蒙古帝国的征服通过军事革新、国际贸易、世界宗教传播以及技术和思想的扩散，对整个亚欧大陆产

---

① 李伯重：《火枪与账簿——早期经济全球化时代的中国与东亚世界》，北京：生活・读书・新知三联书店，2017年，第1页。
② 同上，第394页。

生了巨大影响，使其紧密地联系在一起。作者还指出，"蒙古时代在历史上的确是一个关键的甚至是轴心的时代，在很多方面，它是前现代和现代之间的分界点"[①]。与认为蒙古征服给欧亚大陆带来的是落后和专制这样的传统观点不同，梅天穆认为蒙古帝国不仅作为催化剂改变了欧亚大陆的政治版图，而且通过"成吉思大交换"（Chinggis Exchange）在贸易、战争、行政、宗教、疾病、人口、文化等方面引发了欧亚大陆国家的显著转变，其影响力并不亚于被世人津津乐道的"哥伦布大交换"（Columbian Exchange）。该书视野开阔，文字清晰流畅，并且参考了大量的国际最新学术成果，是一部用全球史研究方法进行蒙古帝国史研究的力作。与之相似，日本学者杉山正明（1952— ）的《蒙古颠覆世界史》也用全球史的视野审视蒙古帝国的意义，认为蒙古时代是世界史上游牧文明的顶点，而且它开启了世界通往近代的大门，从而颠覆了以西方为中心的世界史叙述。[②]

留学史是全球史研究中的一个重要领域，它通过考察留学生在域外的学习、生活和人际交往状况，从而透视异质文化之间在学术传统、生活方式、价值观念等方面的交流与碰撞，及其所引发的知识迁移与社会变迁。近年，随着留学国外日益大众化和普及化，与中国的千家万户产生了密切的联系，越来越多的学者开始关注留学史的研究。美籍华裔女学者叶维丽（1950— ）的《为中国寻找现代之路：中国留学生在美国（1900—1927）》是以她在耶鲁大学所做的博士论文为基础改编成书的。作者在书中并没有从教育史的角度切入，把目光局限在留学生在美国大学的学习状况，而是把研究的视野聚焦于留学生在美国成立的学生社团、留学生在美国的种族关系、女留学生在美国的境况、留学生的爱情生活，以及留学生在美国的体育生活和戏剧活动等，全景式地展现了留学生在美国的日常生活。作者的问题意识是关注20世纪的中国在西方影响下如何实现了跨文化的变革，特别是"现代性"是如何引入中国的。在作者看来，"现代性"是作为一种生活方式来体现的。1900—1927年留学美国的这批留学生并不是最早具有"现代思想"的中国人，但却是第一代以"现代"方式来生活的中国人。他们在留学美国的过程中，学到了西方的科学文化知识，并且开始尝试现代的生活方式。他们回国之后，在实现知识迁移的同时，也把作为生活方式的"现代性"带回了国内。因此作者认为，"需要超越政治史和思想史的局限，吸纳更广阔的社会史、生活史和文化史视角，这样我们才能更加全面地理解这些'以

---

① 梅天穆著，马晓林、求芝蓉译：《世界历史上的蒙古征服》，北京：民主与建设出版社，2017年，第3页。
② 杉山正明著，周俊宇译：《蒙古颠覆世界史》，北京：生活·读书·新知三联书店，2016年。

中国的名义寻找现代之路'（seeking modernity in China's name）的人——这些赋予现代性以日常生活内容的中国人——所起的历史性作用"①。

［杨钊：北京外国语大学历史学院］

---

① 叶维丽著，周子平译：《为中国寻找现代之路：中国留学生在美国（1900—1927）》（第二版），北京：北京大学出版社，2017年，第6页。

人类之网与世界历史的编织
——读《麦克尼尔全球史：从史前到 21 世纪的人类网络》

杨 慧

《麦克尼尔全球史：从史前到 21 世纪的人类网络》是威廉·H.麦克尼尔与他的儿子约翰·R.麦克尼尔创作，于 2003 年出版的。2011 年北京大学出版社将该著作中文版推向国内，出版后受到广泛关注。

威廉·H.麦克尼尔，当代著名的历史学家，以其《西方的兴起：人类共同体的命运》为读者熟知。与斯宾格勒、汤因比齐名，被誉为"20 世纪对历史进行世界性解释的巨人"，被视作 20 世纪 60 年代之后全球史研究的"关键奠基人"。曾获"伊斯拉谟奖"、国家人文勋章等荣誉，代表作有《瘟疫与人：传染病对人类历史的冲击》（余新忠、毕会成译，中国环境科学出版社，2010 年）、《世界史：从史前到 21 世纪人类文明的互动》（施诚、赵婧译，中信出版社，2013 年）等，著述甚多，声名远播。

约翰·R.麦克尼尔，现为美国乔治敦大学历史学教授，致力于环境史研究，曾出任美国环境史学会主席、美国历史学会副会长，著有《阳光下的新鲜事：20 世纪环境史》（韩莉译，商务印书馆，2013 年）、《蚊子帝国：1620—1914 年大加勒比地区的生态和战争》。是本书创作计划的最初提议者。

本书围绕"网络"这一主题，按照时间顺序，从人类祖先"从树上下到地面之后开始的人类成长历程"[1]开始，直至当今时代，并以麦克尼尔父子对未来的宏大"网络"图景的展望结束，具体考察了人类历史演进、文明发展过程中编织的大大小小的网，这种网"就是把人们彼此连接在一起的一系列的关系"。[2] 作者认为人类是通

---

[1] 约翰·R.麦克尼尔、威廉·H.麦克尼尔著，王晋新等译：《麦克尼尔全球史：从史前到 21 世纪的人类网络》，北京：北京大学出版社，2017 年，第 9 页。
[2] 同上，第 1 页。

过各种各样表现形式的关系彼此交换信息,并在这些信息传播、用以指导行动的过程中塑造人类历史,"通过这些网络,各种各样扩大个人的尤其是集体的财富与力量的创新和共同努力,呈现出连续不断并到处传播的倾向"①。这种从"联系"审视世界历史、思考文明演绎的角度,正是作者对历史发展动因的独到见解。作者注重人类社会各文明间交往与互动,将这种互动与联系视作历史演进的力量所在,强调互动者互为主体,反对任一文明为中心的观念,以"网"本身为核心,不同文明之间及文明内部的互动、发展、竞争的力量均可归结于"网"的存在。这既是威廉·H. 麦克尼尔对世界历史发展动力分析既有观点的继承,也引进了新的概念——"网络",既具有鲜明的"麦氏风格"又颇具创新力。

全书共分为九章。导论部分作者提出全书主题——"网络与历史",接下来在第一至第八章细腻勾勒出人类交往对世界历史的影响。在第一章,作者提出观点:从新石器时代开始,随着人类社会语言、歌唱、舞蹈等独特的交往方式的发明,人类这一物种凝聚力增强,从而为遍布世界奠定基础。接下来在第二至第五章,人类经过对自然环境不断适应后,逐渐形成最初的文明,这些文明具有鲜明的地区特色,集中诞生在中国、印度、两河流域、埃及四个人口聚居区,但是文明之间相互不断交流、碰撞,文明内部也具有很多共性的特征,从这时开始人类历史愈加明显地呈现出人类文明及各大洲之网逐渐开始勾连编织的特点。作者特别指出,在 1000—1500 年世界主要呈现的特点是旧大陆网络中心地区相互作用联系不断增强。从第六章开始,人类历史进入 15 世纪,随着船只建造技术、航海技术的提升,"世界上以往各个分隔的网络融为一体,此外,尚有许多以前处于网络之外的地区也融入进来"②,并且,在此之前数世纪以大陆为核心的经济繁荣,逐步随着"这种网络融合和扩张使世界发生了一种内外倒置的现象"③,沿海地区逐渐呈现出比内陆更为繁盛的经济现象,并且时至今日世界著名港口城市仍是许多国家的经济金融中心,这种越便于与外界交流的地区越获得更多发展机会的倾向,正体现了麦克尼尔反复强调的"人类之网"在不断编织扩张的社会中的发展趋势。第七、八章细腻地刻画了 18—20 世纪人类经历的工业革命、持续几千年的奴隶制废除、旧世界束缚逐渐瓦解的历史,人类经历了两次世界大战、冷战等前所未有的冲突,在这数个世纪中,革命性的通信技术飞

---

① 约翰·R. 麦克尼尔、威廉·H. 麦克尼尔著,王晋新等译:《麦克尼尔全球史:从史前到 21 世纪的人类网络》,北京:北京大学出版社,2017 年,第 447 页。
② 同上,第 287 页。
③ 同上,第 288 页。

速发展,并经历了"人类社会最为重要的变化,城市化和人口增长"①。最后一章与前述章节风格迥异,独具匠心,两位作者描绘了自己对未来宏大图景的理解,并对人类的"网络"作了展望。

以上便是麦克尼尔父子为我们呈现的"人类之网"的编织历史,内容丰富,视野宏大。因著有《哥伦布大交换:1492年以后的生物影响和文化冲击》(郑明萱译,中国环境科学出版社,2010年)而在学术界赫赫有名的阿尔弗雷德·克罗斯比(Alfred W. Crosby,1931—2018)在对该书的推介语中写道:"如果你只想读一本书来了解世界历史,那么,这本书就是你想要的。"事实上,本书的重要学术价值不仅体现在以广博的知识向读者介绍世界历史,还体现在它展示了作者完整的史学思想体系。

本书提出的核心概念"网络"向全球史基本史学观点注入了新内容。全球史学科的"关键奠基人"威廉·H.麦克尼尔从写作《西方的兴起》开始,便一直强调"世界历史的发展主要归功于各文明、文化之间的相互交流、相互作用"②。但这种相互联系是不同文明、地区之间的线性联系,虽然关注到彼此的互动,但对不同地区整体、系统的联系关注不足,正如贡德·弗兰克在《白银资本·重视经济全球化的东方》中提到的,麦克尼尔自己也认为,他的著作《西方的兴起》对世界的体系性注意不够。③ 本书便是对这一思想的拓展充实。不同文明间的交流互动依靠"网络"这一载体,才可以在不同时期、不同地区、群体间进行,人类历史中扮演核心角色的是相互交往的各种网络,而非一个个发展程度相对较高的文明区,人类与自然、环境共同交织在整体的网络中发展变化,并且,作者将人类历史的发展概括为网络变化的过程,早期人类通过语言、歌唱、舞蹈等交往方式,逐渐形成具有强大凝聚力、相互协调性的群体,并使人类可以散布到地球表面更为广袤的地区,正是从此时开始诞生了第一个纤细、颇为松散的世界性网络。距今约12000年前,随着农业不断兴起,人类更倾向于定居生活,并开始形成村社,更为紧密的新型网络因此也在不断编织。公元前3500年,某些地区形成集中的村落并孕育发展成城市,以这些城市为核心的"大都市网络"逐渐发展起来。大约在2000年前,从原始时期开始网络不断发展的过程中最大规模的旧大陆网络体系形成,借助这一涵盖欧亚大陆和北非的巨大网络,

---

① 约翰·R.麦克尼尔、威廉·H.麦克尼尔著,王晋新等译:《麦克尼尔全球史:从史前到21世纪的人类网络》,北京:北京大学出版社,2017年,第439页。
② 马克垚:《编写世界史的困境》,载《全球史评论》第一辑,第7页。
③ 约翰·R.麦克尼尔、威廉·H.麦克尼尔著,王晋新等译:《麦克尼尔全球史:从史前到21世纪的人类网络》,北京:北京大学出版社,2017年,第10页。

被覆盖地区的文明迅速发展，交往明显增多，文明间的互动碰撞也明显增强。作者对这一部分的历史梳理更加印证了网络推动历史发展的观点。从 15 世纪开始，海洋网络体系的构建与联结，将各个网络联结成单一的世界性网络。随着 18、19 世纪的工业革命，交通、通信技术的发展，20 世纪大范围经济危机、两次世界大战，"全球化"时代终于到来。对这一纵向的人类"网络"历史发展轨迹的梳理正是作者对世界史的新认识。

在横向上，作者也注重不同时期、不同维度的网络，这些网络不是线性的、后者完全取代前者的关系，而是相互交织发展。比如公元前 3500 年便形成的"大都市网络"，时至今日仍然是联结世界各地的重要网络；而在前一网络发展过程中，新的网络同时形成或呈现更为迅猛的发展态势。比如，比起"大都市网络"，"通信技术的网络"更加举足轻重。这种多层次、多维度思考人类历史的思路，体现了作者"对历史发展的进程作出别具一格的描述"①，也是"作者对文化多样性和统一性的思考"②。

在紧扣"网络"这一宏观主题下，作者在每一部分写作时均有具体的专题内容叙述，这样既有宏大视野，又关注细节，特别是对环境、贸易、战争、宗教等主题，作者细腻地描述了它们与历史进程相伴相随的发展过程，它们从出现直至今日仍是人类社会生活中不可或缺的一部分。对人与环境关系的关注，将人类历史置于整体的地球环境中看待，与麦克尼尔父子一贯在历史领域的研究主题联系密切，颇具"麦氏特色"。从最初对自然资源依赖、开发、获得资源开始出现人类文明，对自然适应程度高的地区相应孕育出更为成熟的文明，成为人类早期的文明鼎盛区域。后期随着对海洋的开发与适应，进一步扩大人类社会的活动范围，也将人类社会联结的"网络"进一步扩大。同时，在人与自然产生联系的过程中，地球生态环境也随着改变，瘟疫、物种交换、自然灾害同时也在不停地冲击、影响着人类历史的走向，改变着"网络"的形态。作者这种对世界历史思考的方式，为全球史研究不断增添新思路。

当然，在肯定本书地位与价值的同时，列举其不尽完善之处也是必要的。本书对世界各个文明的叙述，尚未做到等量齐观，在试图凸显世界历史的主线时，仍显露出传统文明中心论的思路。比如在第三章中描述人类早期各种文明兴起时，仍然集中描绘四大文明和游牧民族，对世界其他地区的文明关注较少，特别是从进入 18

---

① 杰里·H. 本特利（Jerry H. Bentley, 1949—2012）：《当今的世界史概念》，载《全球史评论》第一辑，第 161 页。
② 薛冰清：《"人类之网"：编织世界历史的新范式？》，《中华读书报》，2017 年 5 月 3 日第 9 版。

世纪后对人类整体历史的叙述，以西方兴起的工业革命为代表的工业化对人类历史产生的影响为核心展开，这种"中心与边缘"的描写角度不免呈现出西方主导和强势的痕迹，虽然本书与《西方的兴起》相比已经加大了对大洋洲、西伯利亚、撒哈拉沙漠以南地区的关注，但是与《新全球史》中呈现出来的对人类社会化的鸟瞰式全景相比，仍然略显不足。

最后谈一谈书后的推荐阅读书目。这些书目针对书中每一章节中提到的主题，分别介绍了相应领域较为经典或视角新颖的书目，涵盖考古学、黑猩猩研究、人类对火的运用、跨文化、有关近几个世纪以来旅行家们所著游记等广泛领域，涉及印度、早期澳大利亚和东南亚、西非中非、东亚各国、欧洲等诸多地区，并且既有入门读物也包含专业性较强的专著，对于想要进一步系统研究或对全球史感兴趣的普通大众，都是十分难得的阅读指南。但是，由于该书单是本书推出英文版时列举，因此今日再看，有的领域未体现出最新的研究思路，但作为经典之作，仍然值得认真研读。

［约翰·R.麦克尼尔、威廉·H.麦克尼尔：《麦克尼尔全球史：从史前到21世纪的人类网络》，王晋新等译，北京大学出版社，2017年］

"充满剑与火、血与泪的变革时代"

——读《火枪与账簿——早期经济全球化时代的中国与东亚世界》

王 彦

《火枪与账簿——早期经济全球化时代的中国与东亚世界》一书是中国经济史学家李伯重教授的又一力作。李教授担任香港科技大学讲座教授，清华大学教授、博士生导师，哈佛大学、密执安大学、加州理工等多家国外名校客座教授，著有《中国的早期近代经济》《江南农业的发展》《江南的早期工业》《多视角看江南经济史》等作品。李教授过去从事中国经济史研究，重点是明清江南经济史。《火枪与账簿——早期经济全球化时代的中国与东亚世界》的写作缘起于李教授近期研究的转变。在这本书中，李教授的研究领域从经济史拓展到了政治史、社会史和军事史，研究地域从江南拓展到了全国乃至东亚世界，研究时期则从明清缩小到了晚明。这是一本体现国际学术新潮流、面向社会大众的全球史研究著作，所涉及的时空范围是15世纪到17世纪中期的东亚世界。

本书共有七个章节和一个"代结语"，各章节分别考察了早期经济全球化的形成、早期经济全球化时代的军事革命以及具体到东亚世界的国际纷争、军事改革和晚明东亚世界的四大战役。在最后的"代结语"中则以"历史书写真的是可怖的"作为章节标题，总结了从15世纪到17世纪中期东亚世界乃至全球范围内充满"剑与火""血与泪"的早期经济全球化的历程。在第一章，作者说明了此书中的几个关键概念，分别是"新史潮""全球史""公共史学"以及"东亚世界"，并且指出15世纪到17世纪中期乃是世界历史大变局的开端。哲学家和史学家克罗齐（Benedetto Croce）说："一切历史都是当代史。" 指一切重大的历史变化都不是忽然发生的，如今日渐经济全球化的世界是早期经济全球化时代的延续，中国的现在则也是中国过去的延续。不同于传统教科书中描述的"闭关锁国的中国"，弗兰克（Andre Gunder Frank）在《白银资本》一书中得出的结论是"19世纪初期以前中国是世界上最大的贸易国。中国是世界贸易的中心，各国都来和中国做生意，中国产品出口到各国都是出超，对方必须使用国际贸易中的硬通货——白银来支付，因此在16—18世纪，世界银产量的一半流入了中国"。就像史景迁（Jonathan Spence）在《追寻现代中国》一书的序言中所说的那样："从1600年以后，中国作为一个国家的命运，就和其他国家交织在一起了，不得不和其他国家一道去搜寻稀有资源，交换货物，扩大知识。"因此在现代重新诠释历史非常必要。在谈及东亚世界时，最主要的问题在于：中国是一个东亚国家吗？中国巨大与多样，所以中国与亚洲其他地区的交流，也具有全方位的特点，同时所涉及的地区也各不相同。早期经济全球化时代的东亚世界主要由两个部分组成：一为中国，一为中国以外的国家与地区。本书所谈到的地区是亚洲东部地区，包括今天所说的东北亚、东南亚和中国三个区域。为了避免误解，作者使用"东亚世界"这个名词来称之。世界史上一段特殊的时期，即15世纪到17世纪中期，这个时期乃是"世界历史大变革的开端"。不同于我们熟知的清朝同治十一年（1872年）朝廷重臣李鸿章在一份奏折中说的"三千年未有之变革"。在作者看来，15世纪到17世纪中期的东亚世界不仅是早期经济全球化的重要参与者，东亚世界本身也发生了天翻地覆的变化。

从第二章到第三章中，作者详细介绍分析了早期经济全球化时代的历史发展，并且分别探讨了全球化、经济全球化的定义与特征。在早期经济全球化的发展中，丝绸之路创造了15世纪以前的世界贸易网络的雏形。在15世纪以前，世界各主要地区之间尚未有紧密的经济联系。在15世纪、16世纪和17世纪，前所未有的远洋航行的壮举相继出现，这三个世纪也被称为"大航海时代"。大航海时代国际贸易的主要内容是生丝与丝织品、陶瓷、茶叶、蔗糖以及香料，在其中充当货币的是白银。大航海时代可以被视为经济全球化的开始。这一时期的世界、商品、商人和白银共同构筑了早期经济全球化时代的国际贸易。随着经济全球化的开始，各主要国家的军事技术也在发展变革。在15世纪以前，军事技术传播的主要渠道是战场接触，即通过战争传播。16世纪以前的重大军事技术革命就是火药革命。火药的诞生划分了冷兵器时代与火器时代。自从宋代发明火器以来，金属管制火器得到很大的发展，但在制炮技术和火药方面存在着重大缺陷。这些缺陷在16世纪的西欧军事革命中得以改善。16世纪、17世纪西欧火器技术的进步是史无前例的，这些进步使得西欧在武器上获得了难以匹敌的地位。

此外，东亚世界里的文化圈也发生了演变。在15世纪以前文化视野中的东亚世界里，伊斯兰教产生了第二波东扩的浪潮，同时印度佛教也在亚洲得到广泛的传播。

在书中，李教授提到了"佛教长城"这一概念。从当时中国所处的地理位置来看，与中国有土地接壤的国家大多信仰佛教，这些佛教国家便成为一道中国与向东扩张的伊斯兰教国家的一堵长城，使得中国得以避免泛伊斯兰教的现象。总的来说，明代以前的东亚世界大体上形成了三个文化圈，即狭义的东亚的儒家文化圈、位于东南亚和南亚的婆罗门教文化圈和位于中亚的伊斯兰教文化圈。在中国，儒家在经历皇帝的支持后逐渐成为当时中国社会的主流意识形态，形成了"儒家独尊"现象。后来基督教的到来也没有改变这一状况。

早期经济全球化带来的不仅仅是经济的繁荣和文化的碰撞，还有与国家利益相伴的国际纷争。安南、日本的兴起和西洋人的到来使得明代中国不得不面对"北狄"与"南蛮"的陆上强权的斗争和东洋与西洋海上霸权的争夺。在一系列的斗争中，中华传统的朝贡体系失效了，东亚世界传统的国际关系格局发生了变化。处于乱世中心的晚明中国意识到自身岌岌可危的国家安全形势后采取了军事改革。然而，"划疆自守，不事远图"的中国国家传统国策与明朝的国防战略及问题重重的军队，使得晚明的军事改革运动面临很大的挑战。诞生于烽烟四起的东亚世界中的晚明军事改革运动最终没能力挽狂澜。在经历了中缅边境战争（1576—1606）、中日朝鲜战争（1592—1598）、明清辽东战争（1618—1644）和中荷台海战争（1661—1668）这四场战役后，明朝退出了历史的舞台。但晚明军事改革的历史遗产得以保留，并被清朝加以利用和发展。

就像李教授在"代结语"中所拟的小标题"历史书写真的是可怖的"那样，本书呈现给读者的是早期经济全球化发展历程中可怖的历史。在火枪与账簿的交织中，我们读到的是充满着"剑与火"和"血与泪"的历史。如今我们津津乐道的丝绸之路等早期世界贸易网络带来的并不只是繁荣和平的商业发展，还有背后的商人逐利与权力颠覆。这使得生活在早期世界贸易网络之中的普罗大众时时过着颠沛流离的生活，遭受大规模社会性改宗带来的记忆缺失。这让人不禁感慨"兴，百姓苦；亡，百姓苦"！此外，本书激发读者以"生于忧患而死于安乐"的责任感去审视当下的时代。回顾早期经济全球化的历史，中国一直是其中的重要角色，在很长一段时间里保持着世界领先的水平。中华文明在"佛教长城"的隔离下源远流长，这是中国之幸；但是明清时期在面对经济全球化发展的十字路口，中国没能把握机会转型成为英国那样的世界贸易强国着实令人扼腕叹息。在当下的时代里，每时每刻其他国家地区的发展变化都会产生"牵一发而动全身"的效果，置身于全球化的舞台上却拒绝演出是不可能的。这也为读者提供了新的出发点去思考今日中国在全球化中的定位与目标。

[李伯重:《火枪与账簿——早期经济全球化时代的中国与东亚世界》,生活·读书·新知三联书店,2017年]

"从旧生物体制到人类世的偶然之路"
——读《现代世界的起源：全球的、环境的述说，15—21世纪》

孟亚琪

2015年，南加利福尼亚惠蒂尔学院教授马立博出版了《现代世界的起源：全球的、环境的述说，15—21世纪》第三版（*The Origins of the Modern World: A Global and Environmental Narrative from the Fifteenth to the Twenty-First Century*, Third Edition），距2002年第一版出版已经过去了13年。作者自陈其写作目的之一是撰写一本教材，可见本书具有教科书的特征。它是各种全球史研究成果的综合，尤以贡德·弗兰克《白银资本》、彭慕兰《大分流》显著，而作者用本人的环境史研究将这些成果串联起来。最终，作者沿着时间的流向，绘制了一幅非欧洲中心论的、环境参与其中的人类现代世界形成过程的历史长卷。

现代世界形成的故事长久以来被以不同的方法或视角讲述着。仅考察《现代世界的起源》这一题目，就不止马立博一家。如艾伦·麦克法兰的《现代世界的诞生》，这本"中国特供"的著作讲述了一个名为英国的主角发明了"现代性"并将之扩展到世界的故事。这种叙事可追溯到以两位"马克思"（卡尔·马克思与马克斯·韦伯）为代表的19世纪欧洲社会学家。马立博在中文版序言中称这种传统的叙事范式为"西方的兴起"，其情节如下："现代性最初萌发于西欧，由那个时代和那个特殊地区的特殊原因所致；现代性导致了工业资本主义的产生，并且由欧洲人与其美国兄弟传播到全球。"他指出，这种叙述隐含的观点是，欧洲本身具有优越的特质；历史发展中欧洲处于主动地位，其他地区是从动的——这就是欧洲中心论。

全球史甫一诞生，就主动承担了反欧洲中心论的任务，然而尽管全球史学家们一再小心，仍然不免落入欧洲中心论或其他中心论的陷阱。全球史研究奠基人麦克尼尔的扛鼎之作《西方的兴起》将大量笔墨放在欧洲之外的文明的描述上，指出人类共同体漫长历史中，各文明你方唱罢我登场，各有其占优势的阶段，试图破除欧洲优越性"创世时"即存在的"神话"观。但当进入西方统治时代的叙事时（1500年以后），他却还是制出一幅欧洲主动辐射、其他地区被动接受的图纸。另外一些全球史著作则被质疑有陷入其他中心论的危险。和作者同属加州学派的彭慕兰、贡德·弗兰克就被一些评论家形容为介于"欧洲中心主义"与"中国中心主义"之间。

如果说作者的全球史同僚们在反欧洲中心论的论战中显得有些"宅心仁厚"，作者在反对欧洲中心论的立场上则表现得"出手狠辣"，甚至"不留余地"。他在导论中就旗帜鲜明地质疑"西方的兴起"，对欧洲中心论进行反攻。无论其支持者将欧洲中心论定位为"神话""意识形态"，还是败退到"理论""主导叙事"，作者都步步紧逼，指出其价值上的错误或逻辑上的缺陷。他"坚壁清野"：反对任何一种中心论，提出多中心论；反对欧洲例外论、"欧洲天然优越"观，强调"历史的偶然性"与"历史偶合"。同时，作者将这些特点渗透在其"述说"中。

如上所述，作者的叙事方式本身就是对欧洲中心论的一种反驳和颠覆。不同于传统的以欧洲为范式的三段分期（古代、中世纪、现代），作者根据人类获取能量的方式，将1800年以前的时代统称为"旧生物体制"，这一时期，"人类维持生命和从事生产所需的能量，大部分来自开发利用树木以及其他植物的生物质能"。在该体制下，一些农业帝国在人口数量、经济体量、文明成就上都较为成功，世界并非某一文明一家独大。尽管有辉煌灿烂，人类活动仍然受到该体制的限制，该限制突出体现在可利用土地不足造成了人口上限的瓶颈。作者指出，历史上世界人口每次增长，或由于可利用土地的扩大，或由于人类获得土地能量的能力的提升。

作者认为，1800年后，以英国为首的西欧能"摆脱旧生物体制的限制"，走向"人类世"，这一现象具有历史的偶然性，是历史偶合的结果。作者的这一理论，仿佛是历史学科的"量子论"，反驳着爱因斯坦的名言"上帝是不掷骰子的"，读来令人耳目一新。在作者的叙述中，哥伦布发现美洲首先就是一起偶然事件。天花瘟疫在西班牙征服美洲过程中起作用也具有偶然性。欧洲凭借武装和航海技术优势在印度洋建立统治地位也正巧在中国放弃印度洋主导地位之后发生——当时武装和航海技术上唯有中国可与欧洲匹敌。很多学者，包括麦克尼尔都将16世纪视为西方统治时代之肇始，然而马立博将西方统治开始的时间大大推迟。他认为，虽然16世纪后欧洲拥有了美洲、非洲广袤的殖民地，但19世纪以前，欧洲比之亚洲仍不占优势。支撑他观点的著作正是弗兰克的《白银资本》：中国因其特殊的银本位制对白银有着极大需求，而在新大陆发现以前，欧洲并无亚洲国家所需要的产品；新大陆上有着丰富的白银矿藏。这样，历史偶合发生了，欧洲得以大规模参与到印度洋贸易中。然而比之亚洲，欧洲在贸易上仍处于被动地位，甚至为了"争夺在亚洲市场进行贸易的优先权"，内部产生了激烈竞争。竞争的结果是，欧洲的军事技术大幅度进步，国家制度、经济制度等领域也产生变化，催生了民族国家的一些特征。如果说这一时期的欧洲内部竞争是一系列多米诺骨牌的重要一环，它的倒下本来也可能避免——如果西班牙在16世纪建立帝国的尝试成功的话。接着，多种力量偶合在一起，使得18世纪英国在欧洲内部竞争中脱颖而出，比如英国在英法七年战争的胜利，再如比之稍早，印度的莫卧儿王朝由于自身原因开始衰落，这为英国在印度的殖民活动提供了便利。然而比之中国，这一时期英国仍然处于劣势。19世纪的工业革命改变了局势，而工业革命同样是历史的偶合。作者的这一观点明显来自彭慕兰的《大分流》，同时也结合了自己的环境史研究。作者这样解释工业革命是如何在偶合下产生的：仔细考察工业革命前的中国与英国，就会发现传统上认为英国工业革命赖以发生的因素"人口的推动与自由市场的发展"中国并非没有，甚至比欧洲同侪更为先进：首先，中国的农业生产实现了专门化、商业化，水路运输系统也保证了商品的快速流动；其次，中国也并非像马尔萨斯所认为的那样听任人口增长到农业发展水平的极限而不加控制，中国也有其控制人口的方法。但与英国不同的是，在上述中国的先进性以及中国特殊的文化氛围的共同作用下，中国走向了旧生物体制下生产能力的极致——"劳动力密集型和土地资源消耗型"农业，而不是走向工业革命之路。反观英国，与中国同样濒临旧生物体制的极限，本来也可能走上与中国类似的道路，但是英国幸运地拥有殖民地来提供工业生产原料以及食物，也以殖民地作为工业制成品的市场；同时也拥有丰富的、开采成本极低的煤炭矿藏，以及重视煤炭开采的政府。这些因素的偶合，使得工业革命在英国首先产生。同样由于欧洲的内部竞争压力，英国人将工业革命的成果迅速投入军事工业，最终赢得了1842年鸦片战争的胜利，天平从此向西方倾斜。18世纪末的工业革命也标志着人类与自然关系的改变，人类的行为能力一举压倒了自然的力量，这就是"人类世"。

工业革命的故事还没有结束，它造成了南北差距的扩大。在欧洲中心论的叙事中，这个故事蒙上了"社会达尔文主义"的色彩，成为"身处世界顶层的人们的自我安慰的意识形态"。1900年欧洲（及其北美后裔）已经控制了世界的大部分地区，这仿佛是由于欧洲种族本身就拥有智慧、勤劳等美德，是天生的强者。然而作者告诉我们，这不过是因为欧洲在一个"历史的偶合点"中得到支配其他地区的实力：首先，西方国家在竞争压力下纷纷谋求工业化，其结果是增强了整个西方侵略亚非国家的军事实力；其次，19世纪70年代在西方侵略高潮中出现了环境史上鲜有的厄尔尼诺现象，这造成的粮食歉收也使得亚非国家雪上加霜，西方却凭借对亚非国家的侵略渡过危机，双方差距进一步扩大。作者想强调的是，既得利益者应该放弃扬扬自得的欧洲中心论，甚至应该感到庆幸和羞愧。

以工业革命为标志的"人类世"已经行进200年，前一百年的故事也告一段落，在本书第三版中，作者续写了后一百年的故事，即20世纪至今。值得一提的是，本书第一、二版的副标题是《全球的、生态的述说》（*A Global and Ecological Narrative*）。在英文解释中，"生态"（Ecology）在人与自然的关系中强调自然，而"环境"（environment）则以人类为中心。作者也意识到前两版对人与自然关系交代得不足，第三版修订后增加了"环境"的内容，侧重于这种关系的改变对人类自身的影响。这些修订中最为显著的就是新增章节"大转折"。同指工业革命，"大分流"形容的是对其产生原因的解释——英国与中国的"分道扬镳"，"大转折"则形容的是其后果——人与自然关系的扭转，人类的活动以前所未有的方式深刻影响着自然（如全球气候变暖、新一轮物种灭绝）。从第一版到第二版，作者对这种转折的思考也更为清醒：一、二版的结论章画下一个问号——"改变还是延续？"第三版则是笃定地回答"改变、延续及对未来的展望"："人类世"的后一百年既是前一百年的"延续"，同时也是"改变"。"延续"的既有人与自然的关系，也有美国执牛耳的世界格局，也有全球化的纵深发展；然而也存在着"改变"——人造活性氮、飞机、核能、计算机等技术连"前一百年"的人类都闻所未闻，而亚洲国家的崛起预示着未来可能进入亚洲主导的"亚洲世纪"。回到本书"安身立命"的环境，"人类世"中对化石能源的压榨，正如旧生物体制下中国农业劳动力的密集投入，或许未来同样会走向生态的界限，这些都值得我们警惕。

本书仍然留下几个问题。它虽然强调工业革命的发生与古希腊古罗马的科学传统关系不大，但是这种说法却对20世纪新生的新化学工业、计算机技术、核能利用等方面解释力不强。此外，作者在解释南北差距增大的问题上，很多细节也显得语焉不详、缺乏对照，如解释差点沦为殖民地的日本，其快速工业化是由于其拥有一个"决心为建立强大的军队创造物质条件的强力国家"，却对奥斯曼帝国、中国、拉美、东南亚国家一笔带过。同样面对西方优势的形成，缘何日本迅速形成了力挽狂澜的"强力"政府，而其他国家政权江河日下，作者没有一个令人信服的解释。

总体上，这本书无论是作为学术著作还是作为全球史教材都非常优秀。它用300页就提炼出人类600年历史，并了无痕迹地融合了全球史研究的众多成果。它的历史解释十分大胆,虽然对一些问题缺乏洞察,但可以作为未来激辩的出发点。

[马立博:《现代世界的起源:全球的、环境的述说,15—21世纪》,夏继果译,商务印书馆,2017年]

世界与个人：一战中的血与泪
——读《1916：全球史》

文源长

1916年是第一次世界大战的关键年份。这一年的深远影响不仅改变了战争的走向，而且在百年后的世界格局中依然有迹可循。基斯·杰弗里（Keith Jeffery）的《1916：全球史》（*1916: A Global History*）为我们描绘了一幅全景式的宏大画卷，以小见大地刻画了欧洲战场的残酷如何扩大到世界各地，以及不同国家在经历这次大战后怎样走向新纪元。全书共分为十二个章节，前十章通过战争中各类参与者的视角，描绘了亚洲、欧洲、中东以及非洲等地的残酷战争，后两章则着重梳理了美国参战以及俄罗斯十月革命的影响。结语部分中，基斯再次以战争中的人物经历将目光引向了和平，强调了战争的残酷以及和平的可贵。

20世纪最重要的节点是哪一年？很多人可能会说是一战开始的1914年。但是基斯在这本新书中提出1916年真正改变了大战的性质，让一战真正成为一场"世界大战"。通常人们对一战的关注点主要在欧洲的西线战场，因此我们会更愿意了解例如凡尔登战役、索姆河战役和日德兰海战等改变了西线的僵持局势的战争。然而，《1916：全球史》中则以一种宏大的视角描写了在世界的其他地方发生的战争，并且进一步发掘了这场战争中不同战线之间的相互作用以及对不同民族国家的影响。书中的第一章记录了发生在土耳其的加里波利战役。1916年伊始英法军队的成功撤离不仅在当时保留了宝贵的战力，同时也跨越时空为24年后的敦刻尔克大撤退提供了经验和信心。更重要的是加里波利见证了英国作为当时最大的殖民地帝国的解体。澳大利亚和新西兰都将1915年4月25日设立为"澳新军团日"（Anzac Day）并加以纪念，因为澳新军团在加里波利战役中的参与让两国真正形成了自己的国家意识，从而逐渐走向独立。战争中澳新军团中形成了血浓于水的精神纽带，不仅推动了两国在一个世纪后的今天成为实际上的独立国家，也昭示了大英帝国的崩溃，帝国与其殖民地从之前的主从关系转向了伙伴关系。诚如基斯在书中所说,"加里波利是'一战'中体现全球影响力的一个缩影"。

当我们以反思的形式叙述一场战争时,通常会以某一场战役是战争的"转折点"来定义其意义,或者战役本身的走向具有一定的胜负趋势,而基斯在描述战争时却不认为有这种趋势的存在。在他看来,战争没有胜负,不论是一战中的哪一场战役,都很难说哪一方获得了全面的胜利,每一场战役都是无数参与者的血与痛堆积而成的,因而当我们回顾一场战役,试图弄清其意义时,所得出的结论都远比单纯的胜利与失败要更加复杂。从加里波利到索姆河,最初人们对于战争中所包含的浪漫幻想逐渐破灭,战争给人们的记忆转而成为纯粹而全面的屠杀。基斯考察了索姆河战役中各方所作出的努力,不论是英法还是德军,都付出了巨大的牺牲。索姆河战役中,坦克首次被投入使用,同时炮击在前线推进中也起到了非常重要的作用。然而,在看到新技术被投入战争的同时也必须看到,它们带来了惨重的伤亡。倘若英军无法消灭德军的机枪和炮兵,那么步兵推进必然会带来巨大的伤亡;而缺少了坦克的配合,对方的防御力量则无法撼动,只有士兵徒劳的牺牲,以及村庄和城市被夷为平地。这些情况在当时英军和法军缺乏配合的情况下处处可见,双方缺乏协调的进攻所带来的看上去只是僵局,然而在僵局的背后却是大量徒劳的牺牲。从一个更广阔的视角看,我们评价一战时的西线战场在大部分时间都陷入了僵局,但是基斯提醒我们,僵局并不意味着没有伤亡,因为僵局的背后,不论哪一方都在作出大量的努力和进攻,僵局则是最残酷的一种结果,因为大量的人力、物力被消耗,而形势却没有获得多少改变,因此只能继续投入更多的人力、物力。不论是英法还是德军,索姆河都是一场残酷的消耗战。1916年9月法军的攻势给德军不断施加压力,但战略性胜利却从未真正实现。虽然索姆河会战减轻了凡尔登的压力,让盟军恢复了主动权,消耗了德国捉襟见肘的资源,但依然很难称其为一场胜利的战役。"如果我们要说是一场胜利的话,它无疑也是一场惨胜。"

基斯的书中这种对人的关怀与他的叙述视角密切相关。基斯选取了大量鲜为人知的研究成果和回忆录文献,注重从不同个人的视角来理解第一次世界大战。不仅有士兵、间谍、政客、护士和志愿者,同时也从亚洲、非洲、美国,当然也有欧洲的角度来观察一战。俄罗斯的布鲁西洛夫攻势使东线的优势倒向协约国,在这个大背景下罗马尼亚选择加入协约国参战。但是罗马尼亚的介入仅仅在前期产生了一些象征性的作用,而在战场上罗马尼亚的军队却节节败退,陷入了十分被动的局面,对协约国的战事并没有产生多大帮助。在这一背景下,成立于1914年的苏格兰女子医院参与了罗马尼亚的撤退。这支部队辗转于东线战场，也正是通过他们的眼睛，基斯让我们看到了这场战争的残酷。可以看到，后方的救护队不仅要在非常接近前线的危险地带和缺少医疗设备的条件下进行医疗，而且救援任务非常繁重。"医院建立起来后十二小时，所有的病床全部满员。"同时，这些人在辗转过程中也记录了在不同民族和国家的见闻，并为各地所认识。在这一过程中，不同地区的人相互交流，相互了解，也成为战场上独具特色的一角。在第二章中，基斯说"《纽约时报》善于发掘士兵们个人的故事"，毋宁说基斯善于发掘战争中个人的故事。这种从个人出发的视角为我们提供了看待战争的更多的方式，也让我们看到了战争不同的方面，从而更全面地了解这次战争，让未曾参与战争的我们理解战争的残酷，更加珍视来之不易的和平。

随着时间的继续，基斯将视角转向了中东、印度、中国和非洲。基斯在这些地方的研究中展现了与传统观点不同的理解。通常非洲在战争中的作用在历史研究中仅仅会占据几段的篇幅，但基斯所展现的则是这场战争对于非洲来讲同样具有重大的意义，和欧洲相同。大量的非洲殖民地士兵和劳工参与了战争，而在战争中他们所受到的惨无人道的对待和巨大消耗催生了非洲人民的反抗情绪。与澳新军团类似，非洲逐渐产生了独立意识，战争以这种形式推动了非洲走向独立。从这个意义上讲，一战之于非洲与一战之于欧洲具有同样重大的意义。意识到了这一点，才能说是真正以一种全球史的视角来看待第一次世界大战。

关于爱尔兰"复活节起义"的章节同样体现了这场战争的全球性。"复活节起义"不仅仅是一次爱尔兰本地的独立革命，基斯认为应当将其放在第一次世界大战的语境中加以理解。英国在爱尔兰的战时动员已经体现出了爱尔兰对英国统治的不满，对动员令的整体响应比在加拿大或澳大利亚等地差得多。而起义在筹划阶段也得到了德国的支持，第一次世界大战也为起义的策划和执行提供了契机。在都柏林的激烈战斗与索姆河不相上下，甚至很多英国增援军还认为他们是在法国与德军作战。这里基斯将爱尔兰人的反抗与比利时的情况作了对比。比利时被德国占领后，同样有着残酷的政治暴力和压迫。"兴登堡计划"迫使比利时人成为强制劳工，大量的比利时人参与了协约国的间谍网络。虽然当时比利时和爱尔兰的情况并不完全相同，但仍有一些粗通之处，例如两国政府都在施加压力加以控制，并激化了民族感情从而促使人民抵抗执政者的统治。而爱尔兰从战争中所获得的则是民族意识的觉醒，这也为他们未来的独立奠定了重要基础。爱尔兰并不是在1916年的复活节起义后即刻独立的，但它对后来的爱尔兰独立运动有着不可磨灭的影响，这次起义的意义是由已经独立的爱尔兰所赋予的。今天的爱尔兰将复活节起义视作其独立的起点，而这次起义本身同样具有全球性。

通篇下来，《1916：全球史》并不附和对一战的传统看法，其中所提出的观点和洞见具有极其深刻的全球视野，而这一点正是许多学者所忽略的。一战绝不仅仅发生在法国北部的西线战场，在1916年之后这场战争成为世界大战。战争的参与者也远不止士兵，卷入其中的有各色各样的人物，他们为我们现在了解这场人类历史上的浩劫提供了宝贵的视角。同时，这场战争在更加久远的时间线上塑造了我们现在的政治格局，对于当今世界的形成产生了跨越时空的影响。隐藏在这一切的背后是该书中所体现出的人文关怀，战争中没有绝对的胜利和失败，所有的血与泪所堆砌而成的结果不能仅仅以三言两语一概而论。

书中所涉及的历史知识，对于历史专业的学生来讲可能是非常熟悉的，其中大量的数据和文献记载显得有些枯燥无味。对于这样一本全景式的记录，可能需要一边参考地图一边读才能更好地理解书中的内容。但无论如何，基斯·杰弗里的这本遗作是对这场浩劫的一次很好的百年纪念。历史的意义不仅在于了解过去，同样还要理解当下，作为读者，《1916：全球史》可以让我们突破关于一战的一些陈旧见解，更深刻地了解一战的残酷，也更加珍视来之不易的和平。

［基斯·杰弗里：《1916：全球史》，徐添译，海南出版社，2017年］